U0140525

太极宫 始建于隋代初年，称大兴宫。唐睿宗景云元年（710）改称太极宫。因其为唐代京城正宫，故又称京大内。此图为太极宫残图，西安碑林博物馆藏。以安福门所在道路为界，将图中建筑隔成南北两区。北区为太极宫所在地，标注有中书省、安仁殿、千秋殿、百福殿、承庆殿、延嘉殿、甘露殿等殿宇；南区为皇城衙署所在区域，标注有将军监、大理寺、秘书省、尚书省等国家机构。在太极宫和皇城两区域的右侧标有建法寺、澄空寺、金仙观等寺观。从图中可清楚地看出唐皇城“井”字形的建筑布局形式。

唐太极宫残图

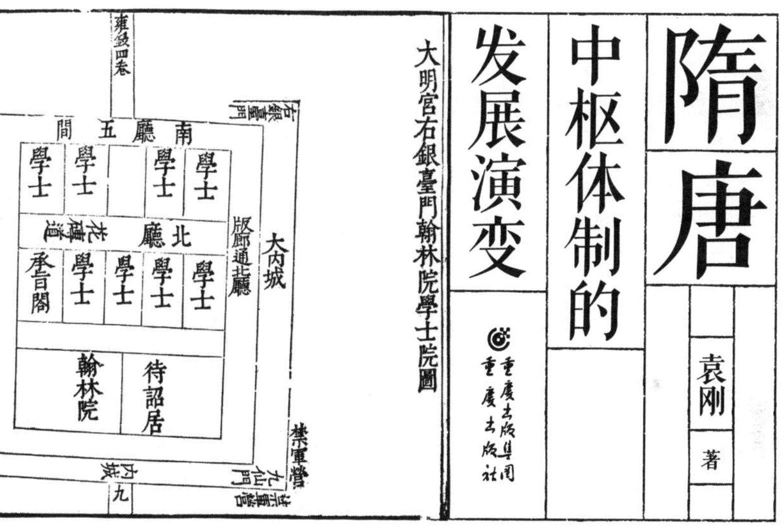

大明宮右銀臺門翰林院學士院圖

隋唐中枢体制的发展演变

袁刚 著

重庆出版集团
重庆出版社

图书在版编目（CIP）数据

隋唐中枢体制的发展演变 / 袁刚著. — 重庆 : 重庆出版社, 2023.11

ISBN 978-7-229-17800-0

Ⅰ. ①隋… Ⅱ. ①袁… Ⅲ. ①官制—研究—中国—隋唐时代 Ⅳ. ①D691.42

中国国家版本馆CIP数据核字（2023）第131001号

隋唐中枢体制的发展演变

SUI-TANG ZHONGSHU TIZHI DE FAZHAN YANBIAN

袁刚　著

出　　品：华章同人

出版监制：徐宪江　秦　琥

责任编辑：李　翔

责任印制：梁善池

营销编辑：史青苗　刘晓艳

责任校对：陈　丽

书籍设计：潘振宇

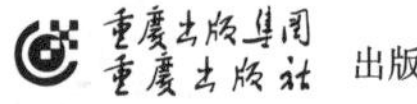

出版

（重庆市南岸区南滨路162号1幢）

北京盛通印刷股份有限公司　印刷

重庆出版集团图书发行有限公司　发行

邮购电话：010-85869375

全国新华书店经销

开本：889mm×1194mm　1/32　印张：9.875　字数：153千

2023年11月第1版　2023年11月第1次印刷

定价：68.00元

如有印装质量问题，请致电023-61520678

版权所有，侵权必究

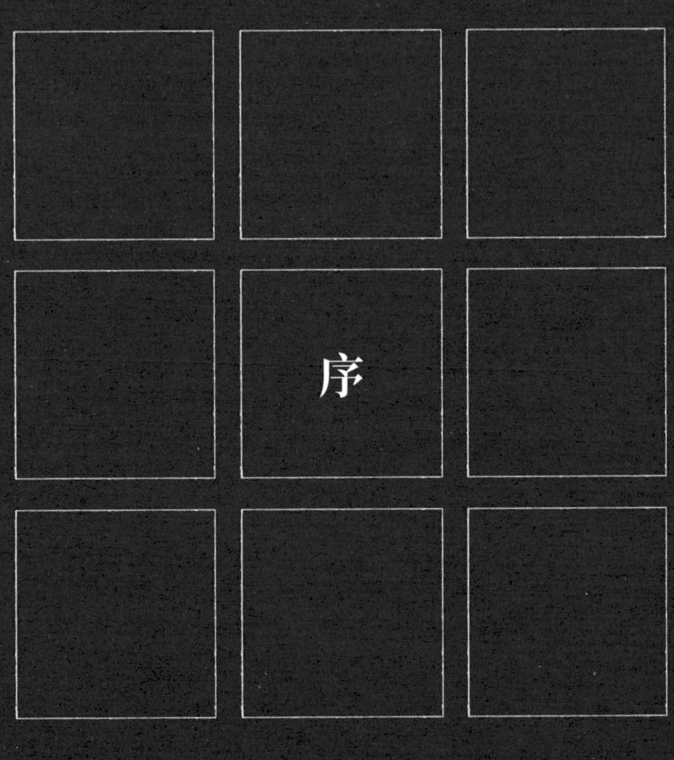

序

袁刚君以其新著《隋唐中枢体制的发展演变》见示，其内容论及唐代前后期政治制度的不同。拜读之后，颇受教益。

关于唐代前期的政治制度(包括官制)，从中枢决策机构到地方基层官府，从上自侍中、中书令下至州县官，在《唐六典》《通典》两书中均有基本完全和系统的记载，使我们可以比较正确地理解唐代前期的政治制度；虽然其中一些疑难问题，还有待于进一步探讨。

唐代后期的政治制度如何以及这一制度从前期如何演变形成的过程，《新唐书》《唐会要》《册府元龟》诸书虽有记载，但都零散和无系统。依据这些记载，很难理解唐代后期的政治制度和它的形成过程。

理解唐代后期的政治制度是理解唐代后期历史的重要方面，据此才可能使我们理解全部唐代历史。但其重要意义不仅此也，还可使我们理解我国中世纪后期的历史。陈寅恪先生在《论韩愈》(《金明馆丛稿初编》)中说：

> 综括言之，唐代之史可分前后两期，前期结束南北朝相承之旧局面，后期开启赵宋以降之新局面，关于政治社会经济者如此，关于学术文化者亦莫不如此。

唐代后期乃我国中世纪史后期的开始阶段，此开始阶段的政治制度以及全面情况如何，对于理解我国中世纪史后期的重要性，可想见也。

关于唐代后期政治制度的研究，我认为应注意通识，所谓通识，其一即从史料和历史事例的分析入手。真实可据的史料有两类，一为表现个性真实者，一为表现通性真实者。以少数个性真实的史料，可解决一人一事一地的问题，但不能解决属于制度的问题；因制度的内涵，在时间上空间上都具有普遍性质，需要用通性真实的史料，考核论述。如果使用个性真实的史料，就必须是大量的无遗漏的，使其从个性真实变为通性真实的史料。这就要求研究者，以巨大精力，花较长时间，不惮烦地分析大量以至完全无遗漏的历史事例，从中得出结论。这是一件十分艰巨的任务。

袁刚君这一著作应是完成此艰巨任务的一次尝试，拜读之后，深感其功力颇深，提出一些切中要害的问题，提出一些创新见解，获得可喜成果。愿唐史学界出现更多的这种尝试，则此亟待深入细致研究的重大课题，完成有日。余将拭目以待之。

王永兴

1993年6月于北京大学蔚秀园

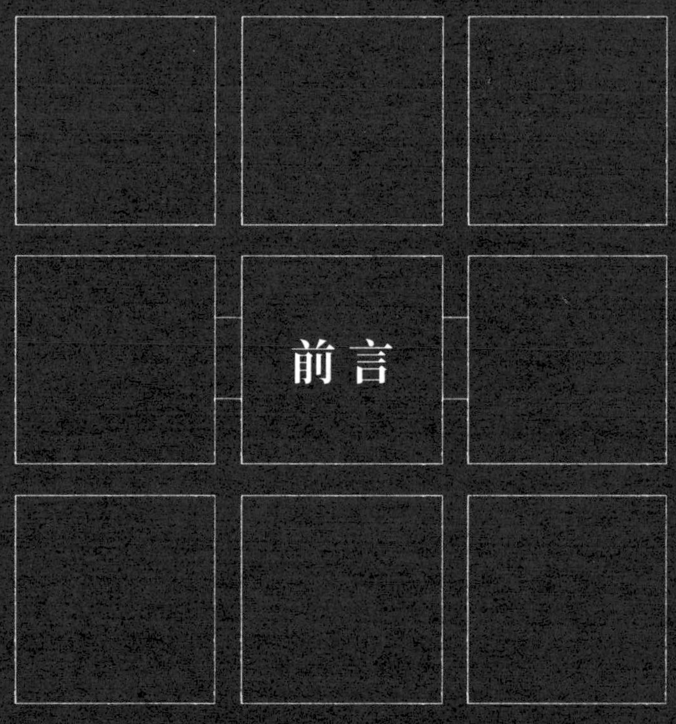

前言

中枢体制，指的是国家最高权力的组织体制及其运行机制。它不仅关系到国家的治乱兴衰，而且它的构成也反映整个社会政治制度、经济制度和阶级关系的变迁。因此，深入研究隋唐中枢体制的发展演变，无疑具有重要意义。

隋唐王朝是我国封建社会的盛世，又是封建社会内部发生重大转折的历史时期。王朝盛时，不惟国力强大，经济发达，典章制度亦蔚然存备，成为后世的楷模。就中枢政治制度而言，两代统治者多有创革，人们广为称颂的三省制度，此时已发展得相当完备，它和均田、租庸调、府兵等制一样，被认为是封建盛世赖以建立的基础。然而，中唐之际，这些制度都发生了显著的变化，到唐后期，大土地所有制取代了均田制，两税法取代了租庸调，募兵制取代了府兵制，南北朝以来强固的人身依附关系也渐趋松弛，总之，整个社会的经济、政治以及阶级关系等各方面都呈现出明显的转折。对此，学术界从各个不同角度，进行了大量的研究，人们逐渐认识到，中唐时发生的一系列变革所体现的社会转折，比单纯的皇朝更替更富有划时代的意义。

史学界对隋唐时期的土地制度、赋税制度和阶级关系等进行了相当充分的研究，获得了令人信服的成果。而相比之下，对中枢体制发展演变的研究就显得很薄弱。当然，关于隋唐中枢政治制度的研究也有一些论著，但大都集中于三省制度方面[1]，而对整个中枢的发展演变，特别是对唐后期中枢体制研究的文章，就极为罕见。有的学者论述了中唐时期大量出现的差遣使职，注意到了当时行政制度变革的某些方面[2]，但未能从中枢体制的角度立论，没有对整个中枢体制的发展演变作全面的考察，中枢体制的重大转折以及唐后期的新中枢实际上一直没有真正被揭示[3]。时至今日，学术界还普遍认为：三省体制虽在唐后期遭到了巨大的破坏，却仍然与整个王朝相始终，这显然与整个大变革的时代潮流不相称。在整个社会内部无论是经济基础，还是上层建筑都发生划时代的转折之际，中枢体制，这一最敏感地反映着社会变迁的政治制度，不发生相应的变化是不可能的。本书即试图顺着隋唐社会历史发展的脉络，对隋唐中枢体制的发展演变作一较全面的考察，希望能揭示这个重大转折以及产生这个转折的历史背景。

我们认为，隋唐中枢体制在中唐以后也发生了巨大的变化，一个由“新三头”——翰林、枢密、“中书门下”共同组成的新中枢完全取代了以中书、门下、尚书三省组成的旧中枢，三省虽存名号却唯剩躯壳，实际上已不发挥作用。长期以来，人们对三省制赞誉过多，分析不中肯，对活跃在唐后期政治舞台上，发挥着巨大作用的翰林学士、枢密使等职官注意甚少[4]，更没有注意到以他们为核心组成的唐后期新中枢。这种状况的产生，旧史记载的缺陷是一大因素。人们研究隋唐官制所依据的史料主要为《大唐六典》(以下简称《唐六典》或《六典》)、《通典》、《隋书》和两《唐书》官志等，《大唐六典》编纂于玄宗开元之时，记载的是唐代前期的制度，不幸的是，新、旧《唐书》职官志的编写者没有对整个唐代官制作认真的总结，而是盲目依从《六典》所载中枢官制，《旧唐书》基本上是抄袭《六典》原文，《新唐书》除有少许增补，文句上有些更动外，也多是照抄《六典》。宋人陈振孙《直斋书录解题》卷六《唐六典三十卷》条云："案《新(唐)书·百官志》皆取此书，即太宗贞观六年(632)所定官令也。"赵彦卫《云麓漫钞》卷五亦云："本朝(宋)修《唐书》……今观《百官志》，乃《唐六典》。"两《唐书》所载中枢官体系，完全是依照《唐六典》三省六部九寺诸监的体系排列，《通典》职官部分也是按照旧的体系编纂。因此，翰林学士、枢密使等一些后起重要职官或没有记载(《六典》《通典》)，或记载得十分简略(两《唐书》)，论者若不加详审，就会将《六典》所载三省六部九寺诸监系统，误作为整个唐代的中央职官。后人有关隋唐官制的论著，大都没有摆脱《唐六典》的窠臼。如杨树藩、沈任远诸先生论述隋唐政制的长篇专著，对唐后期的翰林学士、枢密使等重要职官就很少提及。因此，唐代整个中枢的重大转折以及唐后期的中枢新体制，至今仍暧昧不明，这不能不说是隋唐史研究中的一大缺陷。

本书既旨在揭示隋唐中枢体制的转折，就必须做溯源析流的工作。但鉴于学术界对三省制度已有大量的研究，许多问题无需我们详论，所以本书对三省制不作面面俱到的叙述，而是力求抓住三省体制的实质，抓住制度的特点，勾画出制度发展演变的轨迹，并分析体制转变的内在原因。对唐后期新中枢体制，则尽量作详细的考论，以补旧史记载的缺陷。我们努力搜集了散见于旧史纪传、壁记及各类文集中的史料，对“新三头”的建置、沿革、特点、职能和结构、工作制度等问题进行多方面的考证，希望能将被长期遮掩的新中枢体制揭示于学术界。但由于论题较大，牵涉面广，问题复杂，本文疏漏错讹之处必定很多，恳请专家学者不吝指正。

注释

1 论述三省制度的论文数量很多，可参见本文后附录。论述隋唐中枢政治制度的专著主要有（一）杨树藩《唐代政制史》，（二）沈任远《隋唐政治制度》，（三）筑山治三郎《唐代政治制度之研究》，（四）王素《三省制略论》，（五）周道济《汉唐宰相制度》，（六）孙国栋《唐代三省制之发展研究》，（七）曾资生《中国政治制度史》第四册，（八）李俊《中国宰相制度》等，所论基本上都是三省制度。

2 陈仲安《唐代的使职差遣制》；砺波护《唐代政治社会史研究》。

3 贾宪保《论中晚唐的中枢体制》（载《陕西师大学报》一九八五年第四期）提出唐后期形成了一个由皇帝、宰相、翰林学士、神策军中尉和枢密使构成的新中枢体制，但文章过于简略，虽提出了观点，对整个中枢体制的发展演变，特别是唐后期新中枢的职能、结构、特点等许多问题都未加展开，还未能揭示中枢体制的重大转折。但是，提出唐后期有一个新中枢体制，其首创之功不可没。拙文《唐代的翰林学士》（论文提要见《文史哲》一九八五年第六期）提出唐后期以“新三头”翰林、枢密、“中书门下”构成的新中枢取代了三省旧体制，但文章惟对翰林学士有详细的论考，整个中枢体制的发展演变和重大转折亦未详作论述。

4 论述翰林学士、枢密使的文章虽也有一些，但较之论述三省制度的文章要少得多，参见文后附录。

目录

第一章

隋唐中枢体制的建立与禁省制度

众所周知，秦汉以三公九卿为中央政府，隋唐以三省六部为政务中枢，两种体制的演变交替，历时千载，古今中外学者虽多有论述，但问题仍然很多。本章着重从三省体制的形成特点及与之关系极大的禁省制度入手，对这个问题作进一步的探索。

我们知道，不论是三公九卿职官系统，还是三省六部职官系统，都是专制皇权支配下的封建统治机构，其性质没有变化，但是，组织和运行机制却有了很大的发展。隋唐三省中枢体制区别于秦汉三公九卿制度的最大特点是：决策机构的设置以及决策与行政的分职。这一特点，不仅是秦汉千年来中枢政治制度，而且也是隋唐中枢体制发展演变不可忽视的问题。

在封建专制制度下，国家最高权力属于君主，宫廷成了国家政治生活的中心。君主权力的核心是决策，“天下之事无小大皆决于上”[1]，国家大政必须通过皇帝的裁决，才能实施。但是，皇帝毕竟不能包揽天下事，且皇位继承制度决定“明君圣主”极少，于是，作为君主决策的补充，宰相谋臣的辅佐和参与策划就成为不可缺少的了。唐太宗说：“帝王之为国也，必藉匡辅之资。”[2]又说：“一朝忽无良相，如失两手。”[3]清人黄宗羲亦曰：“天子之子不皆贤，尚赖宰相传贤足相补救。”[4]因此，历朝都有少数大臣作为“匡辅”，和皇帝一起构成统治阶级的最高权力核心，即所谓政治中枢。

秦汉之际，丞相曾拥有很大的权力。其“掌丞天子，助理万机”[5]的特殊地位，可以说是一人之下，万人之上。《唐六典》卷一《尚书令》条曰：“秦变周法，天下之事皆决丞相府。”丞相不仅协助皇帝决策，而且奉旨执行。由于事繁权重，由丞相自行辟除掾属的丞相府幕僚日益膨胀。卫宏《汉旧仪》卷上曰：“丞相典天下诛讨赐夺，吏劳职烦，故吏众。”相府分曹办事，逐渐构成一个完整的行政网，使其一度成为既参掌决策，又执掌行政的权力机关。

决策权既与皇权密不可分，丞相权力的扩大必然为皇权所不容，为了加强对决策权的直接控制，皇帝逐渐把决策权转移于内廷宫禁，以御用的宫廷秘书来“代拟王言”，取代三公之一的丞相来协助决策。从汉武帝重用尚书官始，国家的大政方针往往决定于禁苑，丞相府只负责行政，以致决策与行政逐渐分职，形成内重外轻之势。在原三公九卿系统之外，新兴的中朝官系统在禁内逐渐操持国柄。自是内廷外朝的界限逐渐分明，朝中大事直接谋之于内廷亲信，外朝公卿长久未能进入政权核心，只负责日常行政事务。经过东汉、魏晋南北朝的发展，起先是尚书台，尔后是中书省和门下省，依次由宫廷御用侍从组织发展为国家的决策出令机关，其官员亦都由卑贱的宫职演变成正式的朝官，这是秦汉至隋唐千年来中枢最引人注目的变化。

君主决策权的运用，一般采用颁发诏书的形式。诏书是皇帝利用文书颁布的命令，古时因写在丝纶之上，又称“纶命”；隋唐时用麻纸书写，故称“麻制”。刘知几曰：“诏命，皆人主所为。”[6]只有皇帝的命令才能称之为“诏”，所谓“王言所敷，惟诏令耳”[7]，它集中表达了皇帝的意志，具有无上的威严。南朝人刘勰曰：“皇帝御宇，其言也神。”[8]唐人赵蕤曰：“帝者，体天则地，有言有令，而天下太平。”[9]但是，诏命所系，虽事关重大，帝王却并不亲自书诏，历代皆有所谓“司言”之官。先秦司言之任多由“史官”，有所谓左史、右史、内史、外史，秦及西汉初则专任御史。由于这时还没有发生决策与行政分权，这类史官虽掌王言，却不谋议，所以除秦汉的御史大夫外，职都不显，在中枢中也无甚地位。但汉武帝以后情况就大不一样了，由于决策权移入内廷宫禁，掌司王言的宫官已不是单纯地草诏，而是直接或间接地参与决策，参掌机衡，代表皇帝发布命令，其地位日益显著。尚书、中书、侍中等官，就都是通过掌司王言、出纳诏命而致身通显的。

尚书原为少府属官，起初不过是主管收发文书的小吏。《唐六典》卷一《尚书令》条载，秦“置尚书于禁中，有令丞，掌通章奏而已”。由于汉武帝后尚书参议表奏，出纳王命，其身份迅即发生变化。汉成帝建始四年（公元前29年），尚书分曹办事[10]，其组织和机构也迅速发展，成为御用的内廷机关。至东汉初，“光武亲总吏职，天下事皆上尚书，与人主参决，乃下三（公）府”[11]，其决策事权逐渐固定，同时，尚书称台，其台、曹、郎曹三级组织也已具体化，成为事实上的国家施政机关。关于两汉尚书职事，《北堂书钞》卷五九《尚书总》条遍引诸书，条列云：“典机密”“典枢机”“参机衡”“总万机”，又引《汉官解诂》云：“机事所总，号令攸发。出纳诏命，齐众喉舌。”所谓“机事”“机密”“机衡”“枢机”“万机”等，其实就是指决策事务，即在内廷宫禁机要之地参与国家大政的决策，其具体形式即所谓“出纳诏命”。《北堂书钞》卷五一引《汉旧仪》云：“尚书令兼掌诏奏。”《文心雕龙·诏策第十九》曰：“两汉诏诰，职在尚书。”《艺文类聚》卷四八《职官四·尚书》条引汉明帝诏曰：“尚书，盖古之纳言，出纳朕命，机事不密则害成，可不慎欤？”说明出纳诏命事关重大，是军国大计之所系，而被视为皇帝的“喉舌”。又《通典》卷二二《职官四·尚书省》述东汉尚书台：

> 出纳王命，敷奏万机，盖政令之所由宣，选举之所由定，罪赏之所由正。斯乃文昌天府，众务渊薮，内外所折衷，远近所禀仰。

就其职事性质来说，尚书已成为国家最高决策机构是无可置疑的。皇帝利用尚书宫官，把决策大权逐渐引渡到自己的卧室，终于实现了决策权与行政权的分离。

决策机构的设置，使汉代中枢体制发生了巨大变化，早在西汉昭帝时，霍光以大司马大将军录尚书事，“政事一决于光”[12]。自后匡辅之臣只有加录尚书事衔，和决策机构结合，才能参预决策，算是真宰相；反之，则徒有宰相之名，却无宰相之实。东汉时，“众务悉归尚书，三公但受成事而已”[13]。

魏晋南北朝时期，决策机构又发生了新的变化。《困学记闻》卷十三《考史》条云：

> 汉政归尚书，魏晋政归中书，后魏政归门下，于是三省分矣。

这里所谓“政”，即指的“出纳诏命”，典掌机密，也就是决策事务。就是说，尚书的决策地位被新的决策机构取代，出现了新的分权分职。如果把两汉尚书取代三公看成是我国中枢政制发展史上决策与行政的第一次分职，那么，魏晋南北朝时期中书、门下取代尚书决策则是第二次。尚书决策权被剥夺的原因与三公之一的丞相有关。东汉末，尚书称省[14]，有令、仆、六尚，合称“八座”，郎曹组织多达三十六个，不仅侵夺三公事权，也掠取九卿职事，几乎包揽了一切政务，而不限于决策。但其所掌事务越多，相去权力核心也就越远。其组织机构越庞大，皇帝的禁宫就越无法容纳，最后也就走到了穷途末路，以致被撵出禁宫，不再担当机衡之任，而失去决策权，成为执行官。魏文帝黄初(220—226)初，将前王国秘书改为中书，置监、令，代尚书典出纳诏命，史称曹魏中书监、令“内握机柄”，“典综机密”[15]，“号为专任”[16]。西晋承曹魏，中书职任贵重尤甚，被称为“凤凰池”。[17]同时，门下省也参与出纳诏命，与中书分权，地位扶摇直上。《晋书》卷四五《任恺传》载：任恺为侍中，“总门下枢要”，“万机大小，多管综之”。尚书省已完全成为执行机构了，中书省和门下省交替掌机衡，成了新的决策机关。

中书、门下之成为决策机构，也完全是通过起草诏书、出纳王命这一阶梯。《册府元龟》卷五五〇《词臣部・总序》曰：“魏制，中书监、令并管机密，掌赞诏命，典作文书。属官通事郎，掌草诏，即汉尚书郎之任。”而尚书省决策权的丧失，正是由于被剥夺了诏书起草出纳的职事。《通典》卷二二《职官四・尚书省》载：“自魏晋重中书之官，居喉舌之任，则尚书之职，稍以疏远；至梁陈，举国机要，悉在中书，献纳之任，又归门下，而尚书但听命受事而已。”由于匡辅之臣必须与决策机构结合才真正有权，这时，三公必须兼中书令、侍中才是真宰相，甚至出现了干脆就以中书令、侍中当宰辅之任的情况。《初学记》卷十一注：“古者宰相本是三公，至魏晋中书令掌王言，才望既重，多以诸公兼之，近世以来，若三公无其人则阙，而中书令当宰辅之任。”可见，决策机构的变动牵动着相职的转移，出纳诏命，典掌机密成了宰相职权的标志。

东晋南北朝时，由于诏命所寄时有变更，使决策机构动荡游移，枢密之任或分于散骑、集书[18]，或政归舍人省[19]，或权在内秘书[20]。但是，中书、门下两省的决策地位仍在不断发展、巩固，大致说来，南朝政归中书，北朝“尤重门下”[21]，尚书省掌执行，则自魏晋以来历朝不变，业已固定化，“于是，三省分矣”。

隋朝集汉魏以来制度变化之大成，在总结经验的基础上，对中枢机构进行了全面的厘整。文帝初即位，即采取了两项重大措施：其一为彻底废除三公府及其僚属。《旧唐书》卷四三《职官二·中书令》注：“隋文帝废三公府僚，令中书令（内史令）与侍中（纳言）知政事，遂为宰相之职。”其二为废除凌驾于三省之上的录尚书事。《通典》卷二二《职官四·录尚书》载：“自魏晋以后，亦公卿权重者为之，职无不总。……自隋而无。”这两项措施推掉了压在三省头上的两顶磨，使宰相名号直接和决策机构挂上了钩，三省作为政务中枢的地位终于突出起来，成为名副其实的最高政务机关。隋还对三省内部机构进行了调整。隋以前，尚书、中书两省机构发展得比较完备，文帝对前代规制名号加以总结，使之定职、定编、定名，机构更加完善化了。至炀帝时，又对门下机构进行了调整，大业三年（607），炀帝“分门下、太仆二司，取殿内监名，以为殿内省”，将原属门下省的带有宫廷服务性质的尚食、尚药、御府等局分出，使门下省成为单纯的政务机关。又“移吏部给事郎名为门下之职，位次黄门下，置四人，从五品，省读奏案”[22]。完善了门下省直属三级官体制。门下机构的完善，标志着三省机构的最后成型。隋文帝还“废（内史）监，置令二人”[23]。历代相沿的内史（中书）监（从二品）自此不再置。同时，尚书省的尚书令（正二品）也不常置。于是，尚书仆射二人、内史令二人、纳言二人成为三省首长，他们各领本省庶政，又同为法定宰相。三省各为独立机构，各有所职，互相配合，相持平衡，共执国柄，隋唐以三省为政务中枢的体制正式建立了。

隋唐中枢体制建立后，史学界一般认为：三省已“完全脱离了内朝官的地位”[24]，“一变汉代内外朝为浑一政府”[25]；其官“先后由宫官转变为朝官”[26]，似乎此时内外朝界限已泯然不存，内廷仅有宦官，三省则皆为外朝官。征诸史籍，我们发现事实并非如此，澄清这一点，对于我们了解隋唐中枢体制的特点及决策机构的性质，是极为重要的。

我们知道，三省皆起于宫禁。蔡邕《独断》曰：“禁中者，门户有禁，非侍御者不得入，故曰禁中。孝元皇后父大司马阳平侯名禁，当时避之，故曰省中。”又颜师古释“省”曰：“省，察也。言入此中皆当察视，不可妄也。”[27]由于尚书、中书、门下皆出自禁省，遂得以“省”为官署名。然而随着决策权的丧失，尚书省早在魏晋时已被撵出宫禁，中书、门下两省至隋唐时虽也在禁外设立了衙署，但仍有一部设在禁内。《唐六典》卷七《工部尚书》条注：

按，中书、门下，凡有三所，并在宫城之内。

参阅历代相传的隋大兴宫（即唐太极宫）图[28]，可知中书、门下两省各分二部，一部居禁内，称“内省”；一部居禁外，称“外省”。查文献：《资治通鉴》卷一八七武德二年有“门下内省”的记载；《贞观政要》卷一《政体第二》有“中书内省”的记载，元人戈直注曰：“唐制，中书内省，在禁中。”又《旧唐书》卷八二《许敬宗传》：“乾封初，以敬宗年老，不能行步，特令与司空李勣每朝日各乘小马入禁门至内省。”按，此处内省当系门下内省，许敬宗、李勣时皆宰相，入设于门下内省的政事堂议政也。由此可以确知隋唐中枢决策机构的中书省和门下省并没有被撵出宫禁，二者皆有内省在禁中，以掌机衡之任。

把决策机构分为内外两部，并非始于隋唐，北魏前期掌诏令的秘书省就有内外之分。[29]又据《北齐书》卷四二《崔劼传》：

天保初，以议禅代，除给事黄门侍郎，加国子祭酒，直内省，典机密。

是北齐决策机构也有内外之分，而且以内省典机密。由此可知，自汉武帝把决策大权移入宫禁，直到隋唐，历代机密决策出令都固定在禁内，国家最高权力的中心一直就没有离开过皇帝的住地，这是三省中枢体制形成的一个重要特点。

禁省制度是皇帝制度的一个重要部分，禁省的设置，不仅是为了保卫皇帝的安全，也在于维护皇帝的特权。由于宫内嫔妃很多，大臣朝士不便擅入，东汉时，禁中“悉用阉人，不复杂调它士”[30]。宦官把持宫禁，曾一度造成宦官擅政，对中枢政局造成了很大影响。所以，顾炎武说：“宦官之盛，繇于宫嫔之多，而人主不欲近刑人，则当以远色为本。”[31]汉魏以来宫禁制度虽严，但禁内也有某些地域准许朝士出入，并设有办事机构，这一地域即所谓“中朝”，其官谓“中朝官”。叶梦得《石林燕语》卷二载：

古者天子三朝：外朝、内朝(即中朝)、燕朝。

所谓“朝”，指朝会，即皇帝依据政务和朝仪的区别，在皇宫的三个不同地点坐朝听政，举行典礼，因此皇宫也就划分为三重。程大昌《雍录》卷三曰：

隋大兴宫为唐太极宫，图载西内(即太极宫)有外朝、中朝、内朝(即燕朝)三重。

可见，隋唐沿袭汉魏，也有三朝的建制，也就是说，仍然存在所谓中朝和中朝官。

太极宫初名大兴宫，始建于隋文帝时，是隋和唐初的皇宫和政治中枢所在地。太极宫分南北二部，南面称皇城，北面为宫城，因城门有禁，又称宫禁。宫城内西有妃嫔居住的掖庭宫和宦官所居的内侍省，东有太子所居的东宫，北有玄武门；宫内主体由北而南分为两重，即所谓燕朝和中朝，出禁外，即是外朝。《唐六典》卷七《工部尚书》条记载其三朝建制曰：

> 宫城在皇城之北，南面三门，中曰承天，东曰长乐，西曰永安。若元正冬至，大陈设燕会，赦过宥罪，除旧布新，受万国之朝贡、四夷之宾客，则御承天门以听政。(原注：盖古之外朝也。)
>
> 其北曰太极门，其内曰太极殿，朔望则坐而视朝焉。(原注：盖古之中朝也。)
>
> 次北曰朱明门……又北曰两仪门，其内曰两仪殿，常日听政而视事焉。[原注：盖古之内(燕)朝也。](参见附录图一)

据此，太极宫以承天门、太极殿、两仪殿为中心，划分为三重，承天门外是外朝，即禁外。禁内最深处是以两仪殿为中心的燕朝，亦谓之“后宫”，是皇帝、皇后常居之处，皇帝常日坐两仪殿视事，只有少数大臣可以应召入内和皇帝商讨军国大事。中朝以太极殿为中心，在两仪殿前两仪门外，和后宫有一道墙相隔，由于皇帝经常至此与宰相论政，其实际政务活动最为频繁。唐高祖李渊的登基大典即在此殿举行，并将殿名“大兴”改为“太极”。[32]大殿前左右两廊外是中书内省和门下内省，中书居西，门下居东，另有文属于两省的弘文馆和史馆机构。由于决策机构集中于此，所以中朝地域成了隋唐政治的实际中心，汇集了巨大的权力。

中书、门下两省在禁中有办事机构，其官员可以经常出入宫禁，侍奉皇帝，因此被称为“供奉官”[33]。供奉官在中朝办事，可以随时面见皇帝，其政治地位显然较一般大臣更为优越，类似于两汉的中朝官。另一方面，中书、门下两省在禁外又设“外省”机构，有相当人员是在外省，即外朝办事，或轮流入值内省办公，说明他们又具有朝官身份，也可以视为外朝官。这种建制便于沟通内外，密切决策机构与执行机构的联系。这说明隋唐供奉官又不完全同于两汉的中朝官。

中书、门下外省所在的禁外皇城，亦称子午城。皇城以尚书省为中心，集中了中央政府几乎所有衙署。《长安志》卷七记皇城有“南北七街，东西五街，其间并列台、省、寺、卫”，是封建政府的行政中心。将中央官署集中于宫禁南面，并在其外围另筑皇城，乃是隋文帝的创举。[34]这一创革，使中央各行政衙署更加集中，更加规整，其与禁宫决策机构相对而居，成为一个施政整体，提高了行政效率，也加强了皇帝对行政机构的控制。

但是，皇城和宫城大有差别，隋唐时禁内外界限十分明显。贞观八年(634)，左仆射房玄龄在路上碰见主管百工的少府监窦德素，问“北门近来更何营造”？太宗知道后大为恼怒，说：“君但知南衙事，我北门少有营造，何预君事。”[35]可见禁内事务即皇帝家事，宰相大臣是不准过问的。皇帝既然把决策机构安置在家门内，宰相议政决策就必须入阁门进皇帝的家，出入宫禁犹如出入皇帝卧室，为了戒备非常，以防不虞，供奉官，即使是宰相入禁省亦要搜身，即所谓“监搜”，又称“霸制”。[36]这一制度乃承袭魏晋，直到唐末才稍有缓解。《石林燕语》卷二云：

> 自魏晋以来，凡入殿奏事官，以御史一人立殿门外搜索，而后许入，谓之监搜……至唐犹然。

宇文绍奕考异注曰：

> 唐制，百官入宫殿门必搜，非止为奏事官也。大和元年(827)诏，今后坐朝，众僚既退，宰臣复进奏，

其监搜宜停止，谓宰臣勿搜，非皆罢也。

若不遵守规定，守门官就要受到严厉的处罚，《新唐书》卷九九《戴胄传》载：

长孙无忌被召，不解佩刀入东上阁。尚书右仆射封德彝论监门校尉不觉，罪当死。

可见宫禁守卫相当严密，禁内外界限十分明显。宰相入宫议政要搜身，这和秦汉时“丞相进，天子御座为起，在舆为下，丞相有病，皇帝法驾亲自问疾”[37]的境况相比，真是不可同日而语，充分说明了专制皇权的进一步强化。决策权与皇权既不可分割，决策机构这时已是牢牢地掌握在皇帝的手掌心了。

注释

1 《史记》卷六《秦始皇本纪》。

2 《帝范·求贤第三》。

3 《贞观政要》卷二《任贤第三》。

4 《明夷待访录》。

5 《汉书》卷十九上《百官公卿表第七上》。

6 《史通》卷五《载文》。

7 《四库提要·诏令奏议类·叙》。

8 《文心雕龙·诏策第十九》。

9 《长短经》。

10 《通典》卷二二《职官四·尚书省》条："置尚书五人，一人为仆射，四人分为四曹。"

11 《唐六典》卷一《尚书令》条。

12 《汉书》卷六八《霍光传》。

13 《通典》卷二二《职官四·尚书令》。

14 《初学记》卷十一引《续汉官志》有尚书省名。

15 《三国志·魏书》卷九《夏侯玄传》。

16 《三国志·魏书》卷十四《蒋济传》。

17 《晋书》卷三九《荀勖传》载：勖以中书监改"守尚书令。勖久在中书，专管机事，及失之，甚罔罔怅恨。或有贺之者，勖曰：'夺我凤凰池，诸君贺我邪？'"

18 《通典》卷二一《职官三·散骑常侍》条："东晋……中书职入散骑省，故散骑亦掌表诏焉。……宋置（散骑常侍）四人，属集书省。……梁谓之散骑省……常侍亦四人，功高者一人为祭酒，与侍中高功者一人对掌禁令……"

19 《南齐书》卷五六《倖臣传·序》："建武世，诏命殆不关中书，专出舍人。"又《通典》卷二一《职官三·中书舍人》条："齐永平初，中书通事舍人四员，各住一省，时谓'四户'，权倾天下。"致有舍人省（《隋书》卷二七《百官中》）之称号，出现了"寒人掌机要"的局面。

20 《资治通鉴》卷一二六宋文帝元嘉二十九年记"宗爱为宰相，录三省"，胡三省注："魏盖以尚书、侍中、中秘书为三省。"中秘书又称"内秘书"。同书卷一三六南齐永明四年记北魏"内秘书令李冲"，胡三省注曰："秘书省在禁中，故谓之内秘书令，亦谓之中秘。"其职掌据《魏书》卷三六《李敷传》为："内参机密，出入诏令。"盖中书之任也。

21 《通典》卷二一《职官三·宰相》。

22 《隋书》卷二八《百官下》。

23 《隋书》卷二八《百官下》。

24 魏俊超《试论中国封建社会相职的演变》。

25 孙国栋《唐代三省制之发展研究》卷一《引论》。

26 王素《三省制略论》第六章第四节。

27 《汉书》卷七《昭帝纪》颜师古注。

28 见《长安图志》卷上。

29 参见陈琳国《北魏前期中央官制述略》。

30 《后汉书》卷七八《宦者传·序》。

31 《日知录》卷九。

32 《旧唐书》卷一《高祖纪》。

33 《资治通鉴》卷二一五唐玄宗天宝四载载："诸杨日夜誉兼琼，且言（杨）钊善樗蒲，引之见上，得随供奉官出入禁中。"胡三省注："唐制，中书、门下省官皆供奉官也。"

34 《长安志》卷七记："自两汉以后，至于晋、齐、梁、陈，并有人家在宫阙之间，隋文帝以为不便于民，于是皇城之内唯列府、寺，不使杂人居止，公私有便，风俗齐肃，实隋文新意也。"隋以前宫阙之间住有人家，可见百官衙署并不集中，也不可能有皇城。

35 《贞观政要》卷二《纳谏第五·直谏》。

36 《旧唐书》卷一七上《文宗纪上》。《册府元龟》卷九九《帝王部·推诚》。

37 《通志》卷五二《职官略·宰相总序》。

第二章

三省的职能与结构

前辈学者对三省制度的研究可谓多矣，但由于对三省的职能关系、工作程序和内部组织、结构缺乏深入的剖析，因而头绪不清，溢美之词不尽得体，不确之论时有所见。作为封建时代的中枢体制，三省制确有其极大的优越性，但其真正存在的时间大约仅在隋及唐代前期，不出百年就发生了变形并很快遭到破坏。除去社会政治变迁及权力斗争的背景外，三省体制的变故也有其内部结构和组织目标方面的原因，此又是学界多所忽略的。

三省早在汉魏之际已实行分权，但隋以前，三省，特别是中书省和门下省的职责权限和相互关系还很不明确，谈不上是权能配合的中枢体。而构成隋唐中枢的中书、门下、尚书三省，则各自既是独立的机构，又相集为一个统一的整体。

隋唐三省在运行机制上纳入了同一轨道。所谓三省分权，其实即施政过程中的三道程序。在君主专制制度下，国家权力系于君主一身，在运作中则以皇帝的诏令来体现，三省的工作运转，正是围绕着皇帝的诏书来进行。具体地说，就是中书、门下两省以皇帝的名义草拟和颁发诏令，尚书省执行诏令。《朱子语类》卷一二八有一段叙述三省制诏程序及其运行机制的话：

> 唐初，每事先经由中书省，中书做定将上，得旨，再下中书，中书付门下。或有未当，则门下缴驳，

又上中书。中书又将上，得旨，再下中书，中书又下门下。若事可行，门下即下尚书省。尚书省但主书填“奉行”而已。

三省的运转配合如此协调周密，特别是诏令的制作更相当缜密，往往要多次反覆。诏令的制作程序可以说是决策程序，如果再加上执行程序，就构成一个完整的施政过程。三省职事相加，正是这样一个完整的过程。

但是，三省的职能性质在隋唐正史和官修政典的记载中却很不明确，所见多半是各省属官职掌的记注。据此，宋人作过一些概括。如赵昇《朝野类要》卷二云：“中书拟定，门下进画，尚书奉行。”陈振孙《直斋书录解题》卷六《职官类·唐六典》条称：“中书造命，门下审覆，尚书奉行。”王应麟《困学记闻》卷十三《考史·汉魏六朝》条注：“中书主受命，门下主封驳，尚书主奉行。”《文献通考》卷五〇《职官四·门下省》引胡致堂曰：“中书出令，门下审驳，分为二省，而尚书受成，颁之有司。”除尚书主奉行被一致公认外，对中书、门下两省职事的归纳，存在着一些差别。这说明古人对中书、门下两省职事性质的理解是有分歧的。对此，当今学界并未加以注意，其认识至今依然含混不清。

对三省职能性质认识不清的关键，在于对两省职事性质认识的模糊。如前所述，两汉以来，中枢机构有了内外朝之分以及决策与行政的区别，确切地说，即决策归于内朝，行政归于外朝。[1]隋和唐初时中书、门下两省既然仍然具有内朝地位，在禁中设有内省，说明隋唐中枢三省仍然有内外朝的划分，且仍然是内朝掌决策，外朝掌行政。唐太宗曾说："中书、门下，机要之司"[2]，明确指出两省是朝廷的机要决策机构。由此可见，中书、门下两省的职能性质是大致相同的，都是皇帝的决策辅助机构。两省地处宫禁，"对居近密"[3]，具有同等的地位，这和隋以前机衡之任偏重于一省，中书、门下交替出令的情况相比，应该说是体制上的调整和完善。

中书、门下两省既职能性质相同，其人员编制、组织结构亦大体相同。两省参预决策的直属政务官都分为三级：中书省有中书令二员（正三品）、中书侍郎二员（正四品）、中书舍人六员（正五品上），共合十员；门下省有侍中二员、黄门侍郎二员、给事中四员，共合八员，品秩与中书三级官对应相等。两省直属三级官体制的第一级中书令和侍中各为本省首长，"总判省事"[4]，又同为法定正宰相，"佐天子而执（统）大政"[5]。第二级官的两省侍郎各为本省次长，"掌贰令（侍中）之职"[6]，"通判省事"[7]，一般又多加差遣衔"参议"大政，任副宰相。两省直属第三级官的中书舍人和给事中各在本省掌具体政务，"分判省事"[8]，作为宰相、副相的助手，被称为"宰相判官"[9]。三级政务官不同程度地参预枢机，在决策机构中"总判""通判""分判"省事，上下级关系十分明确。又据《唐六典》所载中书、门下两省编制统计，三级政务官以下，中书省设有下级令、史、书、吏221名，门下省68名。两省令、侍、给、舍及其直属令、史、书、吏通过权责和任务分配结成两套系统协调、精干而极具效率的工作班子，其人员编制和组织目标达到了和谐的统一。

中书省的具体工作为起草诏书和批札章奏，其性质都是代皇帝立言，是决策出令过程中的一道重要程序。单纯的草诏，只是秘书事务性工作，但中书令既身为宰相，“掌军国之政令”，其工作就绝非单纯的秘书事务。中书三级政务官以皇帝的名义批札百司奏钞章表，书草诏令制敕，要经过反覆讨论，“宣署申覆”[10]，手续繁多，实际上是协助皇帝决策立法，制定政策。在批札草拟工作中，中书令和其副手侍郎以宰相身份审定把关，具体运笔则为舍人。据《唐六典》卷九《中书省·中书舍人》条：

> 六人分押尚书六司，凡有章表，皆商量可否，则与侍郎及令连署而进奏。

又钱易《南部新书》乙篇载：

> 凡中书有军国政事，则中书舍人各执所见，杂署其名，谓之五花判事，其舍人中选一人明练政事者，

专典机密，谓之解事舍人。

这里所述“六人分押尚书六司”的“六押”制度和“五花判事”，正是作为“宰相判官”的中书舍人批札奏章的制度。由于百司章奏总汇尚书省，经门下送达中书省，所以中书舍人批札奏章，按尚书六部进行分工，“分押六司”，六员舍人各押一部，进行对口监督，以“平奏报”[11]。“平”乃“批”之意，即有权处理一般政务，提出初步意见，交令、侍定夺。而所谓“五花判事”，据《新唐书》卷四七《百官二·中书省》条：“大事舍人为商量状，与本状皆下紫微令，判二状之是否，然后乃奏。”此事《唐会要》卷五五《省号下·中书舍人》条有更详尽的记载：

> 开元二年(714)十二月二十日，紫微令姚崇奏：“中书舍人六员，每一人商量事，诸舍人同押，连署状进说。凡事有是非，理均与夺，人心既异，所见或殊，抑使雷同，情有不尽。臣令商量，其大事执见不同者，望请便作商量状，连本状同进。若状语交互，恐烦圣思，臣既是官长，望于两状后略言二理优劣，奏听进止。则人各尽能，官无留事。”敕曰：“可。”

可见“五花判事”就是中书舍人“佐宰相判案”，[12]为最高决策提供参谋和咨询。凡系军国大事，舍人六员得各执所见，广为商讨，集思广益，提出“商量状”，拟定各种备选方案，供宰相作最优选择，起到决策智囊团的作用。而有时，宰相也会主动找中书舍人，“谘访政事以自广”[13]，所以中书舍人中“明练政事者”又获得了“解事舍人”的美称。舍人“五花判事”后，中书令把商量状集中，并根据自己的选择略陈己见，写下简略的批语，然后，交皇帝作最后裁夺。此制对于提高中枢决策的科学性、正确性具有重要意义，因此，中书舍人在朝政决策中极为活跃，地位崇重，成为“文士之极任，朝廷之盛选”[14]，而为文学才华之士竟趋之鹄的。

军国大政经过皇帝裁定，就要制为诏令送有关官司执行。草拟诏书是中书省的中心工作，《唐六典》卷九《中书省·中书舍人》条称：

> 其中书舍人在省，以年深者为阁老，兼判本省杂事，一人专掌画，谓之知制诰，得食政事之食，余俱分署制敕。

舍人一人执笔掌画，得预宰相政事堂会议，食政事之食，是直接进入了高层决策核心，充当机要秘书，其余舍人则“分署制敕”，轮流值班，待命草诏。

中书诏令制作的程序，大概先由皇帝出旨，或将经皇帝批准的宰相政事堂议决制为“词头”，由令、侍交舍人起草，若“词头”有误，中书舍人可以将其封还，并附状说明理由，“奏而改正之”[15]。舍人草诏是代表皇帝立言，不仅内容严肃，文字要求也很严格，要用四六骈俪体，“按典故起草进画”[16]。为草好诏书，舍人呕心沥血，苦思冥想，施展其全部才华，有时也不免要翻阅资料。张鷟《朝野佥载》卷二载：

阳滔为中书舍人时，促命制敕，令史持库钥他适，无旧本检寻，乃斫窗取得之，时人号为斫窗舍人。

阳滔的窘迫之状，活现了舍人工作的艰难辛苦。诏书草好后，交令、侍审定，最后审者、草者都署名，乃转交门下省。

门下省的总职责，可以用“出纳帝命”[17]来概括。所谓出纳，即传达。当然，门下官既居宰相之重，出纳非简单的上通下达。《通典》据唐令式所述门下直属三级官，都有“驳正违失”[18]的职掌。凡上行下达的百司表奏，中书所拟诏敕，都要经过门下省的审议把关。这样，门下出纳时即以审议封驳为手段，参预立法决策。也只有门下省颁发的诏书，才称符合手续，才具有法律效力。《唐大诏令集》所载诏令，多以“门下”或门下省的别称“东台”“鸾台”“黄门”等起首，而没有一件是以中书或尚书起首的，说明诏令的颁发权在门下省，其对诏令的审议封驳，成为决策出令的又一道重要程序。

门下省的工作程序，史书记载很零散。《唐六典》卷八《门下省》有一段注文，作了一个简略的排列：

复奏，画可讫，留门下省为案。更写一通，侍中注制可，印逢，署送尚书省施行。

据此，诏敕在门下审复大约要经过如下几道手续：

首先，重要敕令必须经门下三级政务官审阅，有时还得向皇帝复奏，由皇帝“画可”。所谓“画可”，即皇帝在中书草拟的诏书上画一“可”或“敕”字，表示批准同意，这是诏令获得法律效力不可缺少的手续。宇文化及弑隋炀帝，立炀帝孙秦王浩为傀儡时，“令卫士七十余人守之，遣令史取其画敕”[19]。可见连矫诏发令亦不得不履行这一手续。又见陆游《老学庵笔记》卷八载：“自唐至本朝，‘中书门下’出敕，其‘敕’字毕（必）平正浑厚。”说明皇帝画敕的手续自唐至宋一贯遵行，而且皇帝画敕也相当认真，来不得半点潦草与马虎。

经皇帝画敕的中书诏书，要留在门下省存档，由门下吏“更写一通”。门下省置有“书令史二十二人”负责抄写诏书，“甲库令史七人”[20]，负责存档工作，另有能书、装璜、修补制敕匠等吏[21]协助工作。诏书抄好后，由侍中画押，“注制可”，说明此诏乃是经过皇帝批准的，然后审议者侍郎、给事中和侍中一样都要签署姓名。这样，中书诏敕就变成了门下诏敕。如果认为从中书经门下下达尚书的诏敕为同一张纸，当是极大的误会。

门下诏敕下达尚书执行之前，必须经过“玺封”，也称“印逢”，即盖上皇帝的印玺。这道手续十分重要，“玺者，印也；印者，信也”。[22]只有盖了皇帝印玺的门下诏敕，才具有法律效力。皇帝印玺有八，隋称“玺”，唐称“宝”，八宝用途各有不同[23]，有符宝郎专为保管。《通典》卷二一《职官三》载侍中职事，“侍从负宝”居其首，表面上看似乎是历史遗留下来的宫职，实际上掌印事权重大，玺封表示皇帝对诏令作出了最后裁定，因此，皇帝“法驾行幸”时，“则八玺为五舆，函封从于黄钺之内”[24]，由侍中“负宝以从”[25]，以确保朝廷政令不致稽缓。门下诏敕盖印后由侍中、侍郎亲自“监封”[26]，密缝封口，以防泄漏机密，这样才算完成了最后一道手续。然后，下达尚书省。

中书所拟诏敕若有违失，门下可以驳正，封还中书重拟，即所谓“封驳”。唐太宗说：“国家本置中书、门下以相检察，中书诏敕或有差失，则门下当行驳正。”[27]这一手续大约进行于侍中向皇帝复奏、画可之前，具体执行主要为给事中。《唐会要》卷五四《省号上·给事中》条载：

凡制命颁行，事有不可，给事中职合封进。

又《新唐书》卷四七《百官二·门下省·给事中》条云：

诏敕不便者，涂窜而奏还，谓之涂归。

所谓“涂归”，也就是用墨笔于中书诏敕后批改，陈述意见，以驳归中书重写，即“批敕”[28]。《唐会要》卷五四《省号上·中书省》载开元十九年（731）四月二十六日敕云：“有驳正者，便即落下墨涂讫，仍于甲上具注事由，并牒中书省。”所谓“甲”，即敕甲，又称封甲，指诏书的外封。[29]有权用墨笔直接在诏敕上涂改，并在封面上“具注事由”，表示异议，可谓非同小可。封驳有“脱误”，朝廷也不以为罪。[30]给事中以“涂归”为手段，对大政方针陈述意见，当然是参预了中枢决策，并对整个制令出诏程序具有不可低估的重要影响。有唐一代，给事中封驳诏书的事例史不绝书[31]，受到了统治阶级的高度重视。

给事中封驳中书诏敕，成为主掌门下政务的骨干。凡中书诏敕和批札都须经给事中审阅，大事则上侍中、侍郎审议、复奏，小事则不必复奏，由给事中以皇帝的名义直接“署而颁之”[32]。给事中和中书舍人一样，处于中枢权力的要冲，既为机衡之任，当然要严守机密，不出差错。唐人张鷟撰《龙筋凤髓判》卷一载：

> 中书舍人王秀漏泄机密，断绞。
>
> 给事中杨珍奏状错，以崔午为崔牛，断笞三十，征铜四斤。

其处罚之严厉及工作制度之严格，由此可见一斑。

门下审议手续的完成，也是整个制令出诏程序的完成。门下省的封驳、复奏、玺封等手续，性质仍然是辅助决策立法，而不应视为是司法，其于决策立法的意义，较之中书批答草拟并不逊色。所以，《资治通鉴》卷二一七唐玄宗天宝十三载曰："唐初，诏敕皆中书、门下官有文者为之。"说明制令出诏是两省共同的职事，二者既分工又配合，互相制约，使中枢决策有序可循，因而切实可行，"鲜有败事"[33]。两省以其制令出诏程序，和君臣入阁常朝御前会议及宰相政事堂议决紧密结合，形成唐代极有成效的决策机制，对开创"贞观之治"生动活泼的政治局面，发挥了巨大作用。

"尚书主奉行"，即施行制敕。尚书省不是决策机关，其与中书、门下两省不仅职事性质不同，内部组织和工作程序也差异极大。尚书省的机构组织和人员编制都较两省庞大，有都省(又称都堂)、六部、二十四司三级机构。五品以上仆、尚、丞、郎官有52名，六品员外郎29名，加上书、令、史等下级官总计有员1432名。[34]《隋书》卷二八《百官下》总论其职事曰:“尚书省,事无不总。”由于尚书省总汇了全国行政,事繁责重,需要维持一个部门齐全的官署和众多的管理人员,以履行其职责。所以,贞观名臣刘洎云:“尚书,万机本。”[35]开元名相张九龄亦谓:“尚书,国之理本。”[36]唐太宗强调说:“尚书省,天下纲维,百司所禀,若有一事失,天下必有受其弊者。”[37]唐高宗亦称:“中台(尚书省)政本,众务所归,分列曹僚,司存是属。”[38]宋人归纳为:“王政之本,系于中台,天下所宗,谓之会府。”[39]说明尚书省事权与地位也极为重要。作为国家行政管理总枢,尚书省施行制敕也有一套严密的程序和制度。

尚书省的中心工作是怎样贯彻执行诏令制敕。门下诏敕下达尚书省,须先经都省长官的审阅,若发现差错,可“不奉诏”[40],甚至“封还诏书”[41],但一般都是奉敕力行。诏敕经都省执政官(左右仆射、丞、郎)审阅后,再颁部、司“详定”,各部、司要根据具体政务和行政法规,进行可行性论证、审定,并闻奏于上。永泰二年(766)四月十五日有敕曰:“敕到南省,有不便于事者,省司详定闻奏,然后施行。”[42]所谓“施行”,乃是将诏敕制为具体政令,送交有司执行,原门下诏敕则要由都省存档并别录进呈于宫内。[43]诸司郎中和员外郎对于都省颁下的门下诏敕若认为不便执行,也有权封还,[44]而两省对于难作具体判断的政事,有时也并不忙于草成政令,而是先付尚书部、司“商量”。开元十九年四月二十六日有敕称：“尚书省诸司，有敕后起请及敕付所司商量事，并录所请及商量状，送门下及中书省，各连于元（原）敕后，所申仍于元（原）敕年月前云起请及商量如后。”[45]将商量状附于原敕后进呈，两省再据以制令出诏，使决策与行政不致脱节。

尚书省施行制敕还要进行会商，“凡庶务，皆会而决之”[46]。都省有都堂会议，又称“八座会议”[47]；部、司有部司会议。按规定，六部尚书每天上午都往都省，有事则开会商讨，午时则在都堂会食，[48]下午乃回本部处置部务。可见，“尚书主奉行”并不是盲目听命，作为政务官，仆、尚、丞、郎都有机会从行政的角度，对国家大政表示意见，或根据制敕所确定的大政方针制定具体施政方案。但就尚书省的基本职责而言，其职能目标是行政管理，而不是制令决策，这一点绝不能混淆，毕竟居于禁外皇城，与中枢机要相去甚远。另外，尚书对诏敕的封还及商量一般是在诏敕颁布之后，与门下封驳在诏敕颁布之前不同，很难说是参预决策。所以，《唐六典》卷一《尚书令》条云：“其国政枢密，皆委中书；八座之官，但受其成事而已。”

尚书省的内部机构也完全是按照行政管理这一目标来设置的，按照行政事类，尚书省分设六个部，每部再按事类分设四个司，是谓六部二十四司。六部二十四司所进行的细密分工，几乎总括了全国各项行政。但作为行政总枢，尚书部、司并不躬亲具体事务，而是将门下诏敕用黄纸[49]草成政令，盖上部、司的印章[50]，由都省发遣[51]，交中央诸寺、监和地方州、府、县具体执行。尚书省与中央诸寺、监在施政中有政令承受关系，史称“九卿之职，亦中台之辅”[52]。从唐太极宫皇城衙署建制图我们可清楚看到，尚书省居于皇城正中，一度称“中台”，九寺五监诸卫府皆布列于其周围，尚书省实处于行政节制中心的地位。所以，《唐会要》卷七八《诸使中·诸使杂录上》明确地称诸寺、监、卫、府为“王者之有司，各勤所守，以奉职事。尚书准旧章立程度以颁之”。尚书省主政务，诸寺、监主事务，此即所谓“总群官而听曰省，分务而专治曰寺”[53]。正因为如此，唐太宗称尚书省为“百司所禀，若有一事失，天下必有受其弊者”。尚书省是行政管理总枢，诸寺、监为行政事务机关。[54]尚书省以节制和督促为手段执行制敕，“凡内外百司所受之事，皆印其发日，为之程限。尚书省施行制敕，案成则给程以钞之，若急速者，不出其日”[55]。所谓“程限”，即规定办“案”的期限，务求其行政的高效率。

如上所述，我们看到，三省围绕着皇帝的诏敕运转，中书草诏，门下审复，尚书执行，合成完整有机的施政体系。另一方面，三省首长既各领本省庶政，又以宰相身份联袂入朝，在门下内省的政事堂“共议国政”[56]，通过政事堂会议将三个不同的机构整合为一个统一的中枢体。这样，三省权能配合，既各自发挥自己的职能，又相集发挥整体功效，推动着整个国家机器的正常运转。

对于这种三位一体、相互协调的体制，学术界一般归纳为“三权分立”“三省并重”。强调“三权分立”，表面上看似乎不错，但这种归纳相当模糊，根本没有道出三省分权的实质。从我们上面对三省的职能性质和工作程序的粗略分析可知，三省分权其实有两个层次，首先还是汉魏以来根据内外朝划分而区分的决策与行政的分职，这是最本质的分权分职，其次才是决策权内草诏制令与审复封驳的分职。更确切地说，第一层是中书、门下两省行使的辅政决策事权与尚书省行使的行政管理事权的分立。第二层是在此基础上，决策权又一分为二，中书主草诏制令，门下主审复封驳，成为辅政决策的两道程序。中书、门下两省虽有分工，但论事权性质却都是决策，即事权性质同一而不可分，我们不能光论其分而不论其合。两省同在内廷掌枢密机要，与尚书事权则迥然相异。这层关系不可忽视，不问决策与行政分职的内在实质而笼统地把三省分工说成是“三权分立”，或夸大其中任何一省的权力，都会离开三省制的本来涵义。如“中书主出令”[57]的提法就不太准确，出令就是决策，应是中书、门下两省共同行使的权力，不能归之于一省。

必须强调的是，制令出诏既分为两道程序，两省之间的权力平衡与制约关系是相当明显的，两省与尚书省之间也存在着明显的权力制衡关系。使三省互相牵制，以免出现宰相专权，是三省中枢体制的重要内涵。但是，不能因为三省之间互相牵制就认定有所谓“三省并重”。两者“对居近密”，职事性质一致，庶几平等，但与尚书省的权力关系却不能这样看，居于内廷的两省既为辅政决策机构，内重外轻之势非常明显，这种形势自汉武帝重用“中朝官”以来就已形成，甚至一直延续到清朝南书房、军机处体制，千年大势不可逆转，也不可动摇，而决不会在君主专制体制空前强化的隋唐王朝出现例外。

从衙署建制来看，三省所体现出的决策与行政及其轻重区分的特点更是明显。《通典》卷二一《职官三・中书省》载：

> 时谓尚书省为南省，门下、中书为北省。亦谓门下省为左省，中书省为右省，或通谓之两省。

这里的南北、左右的别称正是依据三省在太极宫中的位置而取的。中书省和门下省同处北面宫城，共掌决策，二位一体，以致通谓“北省”，或干脆统称“两省”。龙朔二年(662)，中书省曾改称西台，门下省改称东台，[58]两省左右对称，东西相属，与主行政的尚书省则隔着宫墙，南北分开。史称：“南省地疏于北省”[59]，这种东西、南北的建制构型，其实就体现了划分为两个层次的三权分立的权力结构，体现了三省的不同职能目标方向。

内外朝的轻重情势，说明中枢决策权与皇权密不可分，中枢决策必须由皇帝牢牢控制。前一章我们已讲到魏晋隋唐时代大臣入禁宫有“监搜”“霸制”，宰相大臣入朝议政要被搜身，一方面是显露了皇权的专制与霸道，另一方面也说明两省决策机构处在皇帝的严密控制之下。而禁内外界限越是严格，内外朝的轻重之势就越更分明。

然而，由于尚书仆射官秩高于中书令、侍中，史书记载又往往居先，论者一般误以为隋及唐初尚书省的权力地位高于中书、门下两省[60]，或认定“尚书省为宰相机关兼行政机关”[61]。这种误解，正是因为没有正确分析三省分权的内在结构和实质。我们知道，宰相的主要职权是协助皇帝决策，从体制上看，尚书令、仆的“宰相职”是因为能入内廷参预政事堂会议和入阁朝议，而不是因其总领尚书省。尚书省既不主决策，当然不能称为宰相机关。既然中枢最高权力被皇帝牢牢地抓在宫禁之内，从动态的权力运作过程看，两省亲接天子，决策出令，显然处于更有权的地位，这是由三省分权的内在结构所决定的，品秩等并不能说明问题，也不能因史乘所载的少许例证来颠倒这种轻重关系。

早在20世纪30年代，日本学者内藤乾吉氏曾提出过一种看法，认为三省制是天子和贵族的“合意”体制。中书省代表天子的“意思”草诏，是天子的秘书机关；门下省代表贵族的

"意思"，对中书下达的诏敕进行审查封驳，是贵族的"同意机关"；尚书省是执行机关。皇帝的意见必须经过贵族的"同意"，给事中的封驳即具体代表了贵族的意向。并进而得出了唐朝政治不是皇帝独裁政治，而是"贵族政治"的结论。[62]内藤氏的论点在日本史学界至今仍有影响[63]，香港学者孙国栋氏又据此进一步发挥说："君主虽名为行政领袖，其实只有同意权。"[64]似乎皇权已受到三省的极大限制。这些看法完全颠倒了三省的权力关系。特别是夸大了门下封驳的意义，将其独立于皇权之外，这显然是极端错误的。其致误的原因，也是没有正确地理解三省分权的实质，特别是没有正确理解中书、门下两省作为决策辅助机构的实质。

如前所述，三省分权只是围绕着皇帝诏书将施政过程分成三道程序，和现代西方政体的立法、行政、司法三权分立有本质区别。中书、门下两省是以皇帝的名义草拟和颁发诏令，且门下审复的第一个手续就是向皇帝复奏画敕，最后一个手续是用皇帝的宝玺进行"印逢"，也就是出令必须得到皇帝的批准，其工作运转受到了皇帝的严密控制，其权力完全是皇帝所赋予，其官员也完全由皇帝任免，不可能代表贵族的"意思"。两省都只是决策辅助机构，不是独立于皇权之外的最高立法和司法机关。另外，隋唐一般政务决策的宰相政事堂会议也凌驾在两省之上，并不因其会址设在门下内省就受门下省控制。皇帝亲自参加的入阁朝议则是御前最高决策会议，更是高踞于三省之上。当然，无论是政事堂会议还是入阁常朝议决，其形成诏令颁布执行都离不开三省，离不开两省制令程序的制约，但这和“合意体制”“贵族政治”性质迥然相异。吴兢《贞观政要》卷一《政体第二》记有贞观年间唐太宗与侍臣讨论两省工作关系的几段意味深长的对话，贞观元年(627)，太宗谓黄门侍郎王珪曰：

> 中书所出诏敕，颇有意见不同，或兼错失而相正以否。元(原)置中书、门下，本拟相防过误。人之意见，每或不同，有所是非，本为公事。或有护己之短，忌闻其失，有是有非，衔以为怨。或有苟避私隙，相惜颜面，知非政事，遂即施行。难违一官之小情，顿为万人之大弊。此实亡国之政，卿辈特须在意防也。隋日内外庶官，政以依违，而致祸乱，人多不能深思此理。当时皆谓祸不及身，面从背言，不以为患。后至大乱一起，家国俱丧，虽有脱身之人，纵不遭刑戮，皆辛苦仅免，甚为时论所贬黜。卿等特须灭私徇公，坚守直道，庶事相启沃，勿上下雷同也。

唐太宗这段话明确地告诉我们，最高统治者委门下以封驳权，为制令出诏设置两道程序，目的在于避免最高决策中可能出现的“错失”，“相防过误”，性质是为了协助和辅佐皇帝治国，而绝不与皇权对立。唐太宗甚至指陈前朝隋炀帝“依违而致祸乱”“家国俱丧”的沉痛教训，以隋炀帝作为反面教员，提请朝臣注意，并恳切地要求门下省官员能严守职责，“灭私徇公，坚守直道”，发挥纠检职能，主动担当辅助决策的责任。太宗并严正指出：“苟避私隙”，“相惜颜面”，“知非政事”而不封驳是“亡国之政”。贞观三年(629)，唐太宗再次向侍臣宰相们强调：

> 中书、门下，机要之司。擢才而居，委任实重。诏敕如有不稳便，皆须执论。比来惟觉阿旨顺情，唯唯苟过，遂无一言谏诤者，岂是道理？若惟署诏敕、行文书而已，人谁不堪？何烦简择，以相委付？自今诏敕疑有不稳便，必须执言，无得妄有畏惧，知而寝默。

对“阿旨顺情，唯唯苟过”而不敢封驳的渎职行为大加申斥。贞观四年(630)，唐太宗又对宰相萧瑀论说隋文帝“至察多疑”，“不肯信任百司，每事皆自决断，虽则劳神苦形，未能尽合于理”，以致朝臣“亦不敢直言，宰相以下，惟即承顺而已”。唐太宗表示自己与隋文帝不同，“朕意则不然，以天下之广，四海之众，千端万绪，须合变通，皆委百司商量，宰相筹划，于事稳便，方可奏行。岂得以一日万机，独断一人之虑也。且日断十事，五条不中，中者信善，其如不中者何？以日继月，乃至累年，乖谬既多，不亡何待？岂如广任贤良，高居深视，法令严肃，谁敢为非？”宰相百司既都是辅佐协助皇帝施政，皇帝最担心的就是臣下自动弃职。为此，唐太宗再次强调：

> 若诏敕颁下有未稳便者，必须执奏，不得顺旨便即施行，务尽臣下之意。

皇帝既然三令五申地要求臣下担当封驳的责任，所谓牵制皇帝的“同意权”之说就没有任何说服力。三省分权既是按照皇帝的意志，在皇权的控制下的分权分职，“合意体制”的说法显然是站不住脚的了。[65]值得注意的是，以上所引《贞观政要》唐太宗君臣的数段对话，作者吴兢将其归纳为“政体”，即对中枢政治体制进行讨论，说明作者是慧眼独具，而当今学界更不可不加以注意。

我们虽然反对三省体制是“合意体制”的说法，但并不否认三省制对皇权存在着一定的制约。决策出令既有程序，从制度上讲，两省的设置也就不能不对皇权产生一定的制约。但这种制约的前提是皇帝的心甘情愿，因而又极有限度。皇帝不情愿时，往往随心所欲，不遵循制度。如垂拱三年（687），武则天使人持“手敕”推鞫宰相刘祎之，祎之不服，抗议道：“不经凤阁（中书省）、鸾台（门下省），何名为敕？”不承认未经两省制令程序而发出的诏令的合法性和权威性。结果却以“拒捍制使”的罪名“赐死于家”[66]，这充分说明皇权乃是凌驾于三省之上的至高无上的权力。皇帝不循制度，也是三省体制很快被扭曲变形的主要原因。

设官分职依据的是职事，根据职事性质和职能目标进一步剖析三省的内部组织，可以加深我们对三省分权体制的认识，并进而探求日后三省体制发生变故的内在潜因。

从历史发展来看，尚书省形成较早，机构发展得最为完备。按行政事类，尚书省分设六部，每部再按事类分设四个司，是谓六部二十四司，其部、司名及其职事据《唐六典》载：

> 吏部：辖吏部、司封、司勋、考功四司，“掌天下官吏选授、勋封、考课之政令”。（卷二）
>
> 户部：辖户部、度支、金部、仓部四司，“掌天下户口、井田之政令”。（卷三）
>
> 礼部：辖礼部、祠部、膳部、主客四司，“掌天下礼仪、祠祭、燕飨、贡举之政令”。（卷四）
>
> 兵部：辖兵部、职方、驾部、库部四司，“掌天下军卫，武官选授之政令”。（卷五）
>
> 刑部：辖刑部、都官、比部、司门四司，“掌天下刑法及徒隶、勾覆、关禁之政令”。（卷六）

工部：辖工部、屯田、虞部、水部四司，“掌天下百工、屯田、山泽之政令”。（卷七）

尚书省各级机构依据行政管理这一总目标，通过权责和任务分配，构成系统协调的整体。其都堂、六部、二十四司机构分工合理，编制完备，齐整划一，上下级的统属关系相当明确，各层级的管理幅度也较适中，形成自上而下的金字塔形结构。由于组织结构与职能目标达到了高度的统一，成为一个高度稳定的组织系统，并因此而定制千年，其六部诸司作为封建王朝行政管理总枢的地位，直至清末才被新的内阁衙门所取代。

中书、门下两省的人员编制虽较尚书省要少得多，但组织机构似更为复杂。前面我们述及两省直属三级政务官依据辅政决策这一总目标组成了两套责任权限分明，上下级关系明确，精干而极具效率的工作班子，但两省除直属三级政务官以外，还有庞杂的文属系统。两省部属分成直属和文属两类截然有别的部分，如《唐六典》载门下省职事官，先述侍中、侍郎、给事中及所属诸书吏等，然后才次第述及散骑、谏议、补阙、拾遗、起居郎等，而别为一组。中书省也是在中书令、侍郎、舍人及诸书吏之后，次第述散骑、补阙、拾遗、起居等，也别为一组，而不是以品位高低排列。如门下省的左散骑常侍（从三品）排在给事中（正五品上）之后，中书省的右散骑常侍（从三品）和谏议大夫（正四品）也排在中书舍人（正五品上）之后[67]。这两组官，前者为直属，后者为文属，界限清楚，泾渭分明。所谓文属，即附属[68]，按其职事，可分为四大系统：

其一为侍从事务官系统，包括中书省的通事舍人，门下省的典仪、符宝郎、城门郎。

其二为史官系统，包括门下省的起居郎、中书省的起居舍人及史馆人员。

其三为馆职系统，即门下省的弘文馆和中书省的集贤殿书院。

其四为谏官系统，包括左、右散骑常侍、谏议大夫、补阙、拾遗等。

从表面上看，文属官分隶两省，左右对称，形式上可谓齐整，但其组织目标并不一致。两省设官的基本目标是制令出诏，辅助决策，而文属官各系统的人员、机构并不都是按这一目标来编制，更不在两省制令出诏程序之内，因而其组织极不稳定，变化多端。

文属官挂名于两省，大概主要是由于历史的渊源。如通事舍人、符宝郎、城门郎等事务性侍从宫官，隋以前就隶属于两省。且中书、门下两省的前身也是卑下的宫职，作为内廷供奉官，两省过去就兼领禁内图书及文章顾问之职，这又是馆职文属于两省的渊源。弘文馆和集贤殿书院主要是侍从文化机构，集贤馆有“四库书总八万一千九百九十卷”[69]，集贤学士有时与机要决策有些关系，但非其本职。弘文馆设于武德四年（621），初名修文馆，太宗时精选天下贤良兼学士，于“听朝之余，引入内殿，讲论文义，商量政事”[70]。却也属帝王一时兴到之举，而非制度。史馆原隶秘书省，由于唐代史书由“宰相监修”，“贞观三年（629）闰十二月移史馆于门下省北”[71]，似乎史馆与两省的关系要大一些。唐制，凡仗下议政事，史官执简记录、注记，得备闻机务。所以，“大明宫初成，置史馆，以中书地切枢密，记事者宜其附近，史官、谏议大夫尹愔遂奏移于中书省北，其地本尚药局内药院”[72]。但永徽以后，史官于“仗下后谋议皆不得闻，其所记注但于制敕内采录，更无他事”[73]。可见史官在任何机要决策场合都无发言权，只是事务官，而非政务官，很难说是两省首长的真正下属，因为修史与机要决策毕竟不是同一性质的事。谏官系统虽然都是政务官，进谏可以说是参预决策，但也不在两省制令出诏程序之内。

我们知道，职官内部组织系统应该具有明确而稳定的目标，但文属各系统与两省直属政务官的设官目标大都不一致，结构上并不是一个有机的整体。文属各系统各有其不同的职能目标，多有其相对的独立性，相互之间亦无统属关系，和两省首长的上下级关系也不明确，组织也极为松散。如谏官系统各职官，虽分隶两省，实际上却自成系统，职不可分。《旧唐书》卷四三《职官二·中书省》述曰："右（散骑）常侍、补阙、拾遗，掌事同左省。"可见左右职事相同，并无差别，本无必要将其分开，分隶两个不同的机构。隋朝时，谏官都属于门下省，唐统治者为了平衡两省编制，分一半隶于中书，完全是出于形式上的考虑，而从职事上看，这种分法实有些不伦不类。谏官职事可谓崇重，贞观元年（627），唐太宗根据王珪的倡议，下令"自今中书、门下及三品以上入阁议事，皆命谏官随之，有失辄谏"[74]。高级谏官品位崇高，入阁议事时往往与宰相分庭抗礼，可"十日一上封事，直论得失"[75]。而且，"谏官论事不须宰相先知"[76]，说明其与两省首长根本没有统属关系，两省首长根本就不能对谏官发号施令。谏官虽与决策有关，得入禁中与闻政事，但史料表明，谏官不加"同中书门下"等差遣衔是不能入门下内省的政事堂议政的，虽是供奉官，却不能参加两省制令出诏程序。《南部新书》丁篇载："两省谏议，无事不入，每遇入省，有厨食四孔炙。"说明谏官平时不居内省，只是偶尔才入，不能和两省直属官同当机衡之任。谏官入谏只是入阁朝议时得立仗下，对象主要是皇帝，效果则要看皇帝是否能虚心纳谏，因而极有限度。谏官系统完全可以视为一个独立的机构，所以至建中（780—783）以后，"别铸谏院印"[77]，实际上已独立于两省之外。

从以上对两省的组织职能目标和内部机构的分析我们可

以确知，构成两省决策体系的只是令、侍、给、舍三级十八员政务官及少许书吏，文属系统基本上与此没有关系。所以，我们分析三省运行机制完全可以撇开文属官系统，将其搁置不顾，或排斥于两省体制之外。学术界有不少人认为两省谏官设置的完善，始标志着两省机构的正式确立，把三省制正式成立的时间误解为唐初而不是隋代[78]，这又是没有剖析两省的组织目标和内部结构而产生的错误。

实际上，隋朝时，两省直属三级政务官体制已经确立，内史（中书）省虽基本没有拖上长长的文属官尾巴，却不影响其草诏职事。隋唐之际，两省属官编制变化很大，但变化的也主要是文属，直属三级政务官基本未动。唐统治者人为地追求形式上的完美，为平衡两省编制而刻意求工，将职事相同的官硬分为左右，分隶两省，又将职事不同的几类官“文属”于某一省，形式上虽称齐整，但却违背了组织机构与职能目标相一致的原则，造成机构组织内涵的复杂化。由于设官总目标的不一致，两省内部结构很不稳定，其在高宗武后之后迅速发生变化也就不可避免。同时，真正掌机衡的两省直属三级官虽分为左右，但职能目标一致，其后来的合二而一也是势所必然，玄宗时出现的“中书门下”实体机构即可作如是观。同样的道理，尚书省既无关中枢机要决策，其首长左、右仆射不久被挤出宰相行列，二品大员不加“同中书门下三品”衔竟不再能参议国政，也就不足为怪了。

注释

1 参见劳干《汉代尚书的职任及其和内朝的关系》。

2 《资治通鉴》卷一九三，唐太宗贞观三年。

3 《资治通鉴》卷一八六唐高祖武德元年。胡三省注云："黄门侍郎居门下省，谓之东省；中书侍郎居中书省，谓之西省，故曰对居近密。"

4 《通典》卷二一《职官三・中书令・侍中》。

5 《唐六典》卷八《侍中》、卷九《中书令》。

6 《唐六典》卷九《中书侍郎》、卷八《门下侍郎》。

7 《通典》卷二一《职官三・中书侍郎・门下侍郎》。

8 《通典》卷二一《职官三・中书舍人・给事中》。

9 钱易《南部新书》丁篇载："中书舍人，时谓宰相判官。"又见《太平广记》卷一八七引《卢氏杂说》。

10 《唐六典》卷九《中书令》。

11 《旧唐书》卷一八《杨炎传》。

12 《唐会要》卷五五《省号下・中书舍人》。

13 《旧唐书》卷一一九《常衮传》。又《唐会要》卷五五《中书舍人》载："开元五年（717）高仲舒为中书舍人，侍中宋璟每询访故事。时又有中书舍人崔琳达于政治，璟等亦礼焉。尝谓人曰：'古事问高仲舒，今事问崔琳，又何疑也。'"

14 《通典》卷二一《职官三・中书舍人》。

15 16 《唐六典》卷九《中书舍人》。

17 《唐六典》卷八《侍中》。

18 《通典》卷二一《职官三・门下省》。

19 《资治通鉴》卷一八五唐高祖武德元年。

20 《唐六典》卷八《门下省》。

21 《新唐书》卷四七《百官二・门下省》。

22 蔡邕《独断》卷上。

23 据《唐六典》卷八《门下省・符宝郎》条："八宝，一曰神宝，所以承百王，镇万国；二曰授命宝，所以修封禅，礼神祇；三曰皇帝行宝，答疏于王公则用之；四曰皇帝之宝，劳来勋贤则用之；五曰皇帝信宝，征召臣下则用之；六曰天子行宝，答四夷书则用之；七曰天子之宝，慰抚蛮夷则用之；八曰天子信宝，发番国兵则用之。"另参见《隋书》卷十二《礼七・印绶》。

24 《唐六典》卷八《侍中》。

25 《新唐书》卷二四《车服志》。

26 《通典》卷二一《职官三・侍中・门下侍郎》。

27 《资治通鉴》卷一九二，唐太宗贞观元年。

28 《旧唐书》卷一四八《李藩传》："李藩为给事中，制敕有不可，遂于黄敕后批之。吏曰：宜别连白纸。藩曰：别以白纸是文状，岂是批敕邪。"

29 庞元英《文昌杂录》卷三。

30 《旧唐书》卷一七二《萧仿传》："萧仿……以封驳脱误，法当罚。侍讲学士孔温曰：'给事中驳奏，为朝廷论得失，与有司奏事不类，不应罚。'诏'可'。"

31 参见顾炎武《日知录》卷九八《封驳》条。

32 《唐六典》卷八《门下省・给事中》。

33 《资治通鉴》卷一九三贞观三年载："故事，凡军国大事，则中书舍人各执所见，杂署其名，谓之五花判事，中书侍郎、中书令省审之；给事中、黄门侍郎驳正之。上始申明旧制，由是鲜有败事。"这里称"故事""旧制"，说明两省制令出诏程序并非太宗首创，而是隋唐相循的制度。

34 据《唐六典》卷一、二、三、四、五、六、七《尚书都省・吏部》《户部》《礼部》《兵部》《刑部》《工部》统计。

25 《新唐书》卷九九《刘洎传》。

36 《全唐文》卷二九二张九龄《故开府仪同三司行尚书左丞相燕国公赠太师张公（说）墓志铭》。原文为："尚书，国之理本，公悉更之。中书，朝之枢密，公亟掌之。"这里张九龄更把尚书省与中书省在职能目标上行政与决策的划分说得很清楚。中书，朝之枢密，乃机要决策机关；尚书，国之理本，是行政总枢。国之理本，即国家的行政管理是也。

37 《旧唐书》卷七〇《戴胄传》。

38 《唐会要》卷五七《尚书省诸司上・尚书省》。

39 王应麟《困学记闻》卷十三《考史》条。

40 《旧唐书》卷一八六《韦温传》。

41 《旧唐书》卷一五四《吕元膺传》。尚书左丞吕元膺封还诏书之事观《唐会要》卷五八《尚书省诸司中・左右丞》，有二例：元和十五年（820）三月，"吕元膺为左丞。时度支使潘孟阳、太府少卿王遂，互相奏论。孟阳除散骑常侍，遂为邓州刺史，皆假以美词。元膺封还诏书，请示曲直"。又，"江西观察使裴堪奏处州刺史李将顺贼赃，朝廷不覆按，遽贬将顺道州司户。元膺曰：廉使奏刺史赃罪，不覆验即谪去，纵堪之词足信，亦不可为天下法。又封还诏书，请发御史按问，宰臣不能夺"。

42 《唐会要》卷五七《尚书省诸司上・尚书省》。

43 《唐会要》卷五七《尚书省诸司上・尚书省》载："神龙二年（706）九月一日，敕下门下及都省，宜日别录制敕，每三月一进。"

44 《文苑英华》卷二八九载元稹《授韦审规等左司户部郎中等制》："尚书郎司天下政，上可以封还制诏，下可以免牧守。"同书同卷载崔嘏《授冯韬司封员外郎等制》云："（员外郎）分列宿之位，应覆被之荣，入可以封还诏书，出可以分领符竹。"

45 《唐会要》卷五七《尚书省诸司上・尚书省》。

46 《唐六典》卷一《尚书都省》。

47 《新唐书》卷九九《崔仁师传》。又《唐会要》卷五七《尚书省诸司上・尚书省》载贞观二年（628）唐太宗敕："尚书细务，属左右丞，惟大事应奏者，乃关左右仆射。"三年三月十日又敕："尚书细务属于左右丞，惟枉屈大事，合闻奏者，关于仆射。"仆射为法定宰相，每天上午要入政事堂议政，"八座会议"恐难经常参加，或亦由左、右丞代替，与六部尚书议施行制敕。

48 李肇《唐国史补》卷下。

49 《唐会要》卷五七《尚书省诸司上・尚书省》："上元三年（676）闰三月二十日，制：'尚书省颁下诸州、府、县，并宜用黄纸'。"

50 尚书省部、司亦有印，唐人赵璘撰《因话录》卷五载："尚书二十四司印，故事，悉纳值厅，每郎官交值时，吏人悬之手臂，颇觉为烦，杨虔州虞卿任吏部员外郎，始置柜加鐍以贮之，人以为便，至今不改。"

51 《唐六典》卷一《尚书都省》："凡制敕施行，京师诸司有符牒关移下诸州者，必由都省以遣。"

52 《唐会要》卷五七《尚书省》。

53 《旧唐书》卷八一《刘祥道传》。

54 参见严耕望《论唐代尚书省之职权与地位》，载《史语所集刊》第二四辑；《唐代六部与九寺诸监之关系》载《大陆杂志》第一辑第四册。严耕望先生并认为尚书省与诸寺监之间有上下级关系。

55 《旧唐书》卷四三《职官二·尚书省》。

56 《新唐书》卷四一《百官一》。

57 王素《三省制略论·序》称:“非中书不得出令。”

58 《唐会要》卷五四《省号上》。《新唐书》卷四七《百官二·中书省》记改中书省曰西台为龙朔元年(661),乃错。

59 晏殊《类要》卷一四引《柳氏家录》。

60 沈任远《隋唐政治制度》第二章称:“隋代亦是尚书省当权,唐初仍是如此。”王素《三省制略论》第七章第二节,黄利平《隋唐之际三省制的特点及尚书令的缺职》一文亦表述了这一观点。

61 见严耕望《论唐代尚书省之职权与地位)。又周道济《汉唐宰相制度》亦把唐代尚书省称为宰相机关。

62 内藤乾吉《唐の三省》,载《史林》第十五辑。

63 砺波护《唐の三省六部》,载《隋唐帝国と東ろジろ世界》,日本汲古书院版。

64 孙国栋《唐代三省制之发展研究》第一章·引论。

65 可参见王素《三省制略论》第八章中对内藤乾吉氏论点的驳斥。

66 《旧唐书》卷八七《刘祎之传》。

67 《旧唐书》《通典》《文献通考》职官部的排列顺序都与《唐六典》同，唯《新唐书》卷四七《百官二》门下省乃按官品排列，中书省的排列则同《唐六典》。

68 文属一词，见《通典》卷二一《职官三·通事舍人》条，其含义不很明确，或谓附属，一般指与两省首长没有直接统辖关系而附属或寄设在两省下的机构和人员。又《后汉书》志二六《百官三》记当时尚书台于少府“以文属焉”，即名义上尚书台属少府，实际上已是独立机构。

69 《唐会要》卷六四《史馆下·集贤院》。

70 《唐会要》卷六四《史馆下·弘文馆》。

71 72 《唐会要》卷六三《史馆上·史馆移置》。

73 《唐会要》卷五六《起居郎·起居舍人》。

74 《资治通鉴》卷一九二唐太宗贞观元年。

75 76 《唐会要》卷五五《省号下·谏议大夫》。

77 《册府元龟》卷六四《帝王部·发号令第三》。

78 参见王素《三省制略论》第七章；姚澄宇《唐三省制述论》；杨志玖、张国刚《发展变化中的唐五代官制（一）》，载《文史知识》一九八五年第七期。

第三章

宰相制度与政事堂

宰相是封建官僚体系中最关重要的职务，是政治中枢的当然成员。《新唐书》卷四六《百官一》曰："宰相之职，佐天子，总百官，治万事，其任重矣。然自汉以来，位号不同。而唐世宰相，名尤不正。"所谓"名尤不正"，说的是隋唐宰相名实不符，称号繁杂，变化多端，难以把握。对此，古今学者多有讨论，而意见不一。如何把握隋唐宰相制度？如何从其繁杂多变的名号中抓住实质，找出规律？笔者认为，其关键在于决策机制，在于深刻认识决策机构的变化及意义，这一点以往多为人们所忽视，因而正是本章所要着力分析的。

第一节　宰相职与政事堂

决策机构的建立，对于汉魏以来的宰相制度产生了决定性的影响，《历代职官表》卷一《内阁表》加按语总结隋以前宰相制度曰：

> 迨东汉安定时，众务悉由尚书，魏文帝又置中书监令，自是事归台阁，历南北朝皆以中书监、侍中、尚书令、仆射诸官参掌机密，并无常职，其事虽宰相之事，其官已非宰相之官矣。

又《通典》卷二一《职官三》曰：

> 自魏晋以来，宰相但以他官参掌机密，或委知政事者则是矣，无有常官。

所谓“参掌机密”，“委知政事”，即在内廷议政决策。由于决策与行政的分职，宰相只管决策，不负行政责任，“掌机密”“知政事”就成了宰相的代名词，凡能进入内廷决策机构参与决策者，都是领有宰相职事，宰相官号反而可有可无。隋文帝改制，取消了三公的宰相名义，三省首长成了法定正宰相。由于三省首长皆宰相，人们一般将隋唐宰相制度概括为“三省首长宰相制”，认为隋唐宰相就是尚书令（或左右仆射）、中书令和侍中。进而更有一种意见认为，“凡委任省外官或虽是省内官但非该省首长”为宰相，都是对这一制度的破坏[1]。这种观点很具代表性，乍一看，似乎不错，但仔细查阅史料，而一经推敲，就发现这种观点根本站不住脚，其错误的关键正是没有深刻理解决策机构和宰相职事的意义。

由于史书记载不详备，人们对隋唐宰相制度很容易产生误解，如《新唐书》卷四六《百官一》载:

> 以太宗尝为尚书令，臣下避不敢居其职，由是仆射为尚书省长官，与侍中、中书令号为宰相，其品位既崇，不欲轻以授人，故常以他官居宰相职，而假以他名。自太宗时，杜淹以吏部尚书参议朝政，魏徵以

秘书监参预朝政，其后，或曰参议得失、参知政事之类，其名非一，皆宰相职也。

这条被人们广为证引的史料，其实基本上是错误的。首先，所谓“太宗尝为尚书令，臣下避不敢居其职”，就不符合史实。早在隋朝，或隋以前，尚书令已多是阙而不置，隋充尚书令者惟杨素，已是“外示殊礼，内情甚薄”[2]。可见，缺令是隋朝既有制度，唐不过是承袭而已。如果说唐太宗尝居尚书令而唐臣避不敢居，那么武德八年(626)太宗亦任中书令[3]，唐臣何以不避中书令呢？足见其说非是。

其次，唐代“他官居宰相职而假以他名”，并非“自太宗时杜淹”始。杜淹入相的具体时间，《资治通鉴》系于太宗贞观元年(627)九月辛酉，其文曰：“御史大夫杜淹参预朝政，他官参预政事自此始。”是《通鉴》亦沿袭了《新唐书·百官志》的错误。据《新唐书》卷六一《宰相表上》：

武德元年(618)六月甲戌：赵国公(李)世民为尚书令，相国长史裴寂拜尚书右仆射，知政事。

这里出现了尚书右仆射加“知政事”衔的情况，因为当时尚书令不缺，裴寂任右仆射就不是尚书省首长，只是副贰，所以其为宰相要另加“知政事”衔。可见，裴寂才是唐朝第一位“加衔”宰相，说明唐开国之初就有“假他名”为宰相者。

其三，所载他官假“参预朝政”等衔“皆宰相职”，亦非唐朝的创置，早在隋朝时，这一现象就很普遍，唐不过是沿袭隋制而已。所谓三省首长“品位既崇，不欲轻以授人”的说法，既不符合史实，又容易造成误解，使人们认为“假以他名”为宰相是对宰相制度的破坏。

实际上，唐宰相一开始就不限于三省首长。“唐因隋制”，唐制度既然多因袭于隋，我们也就有必要对隋宰相制度作重点分析。

三省首长为宰相，《隋书·百官志》并没有明确记载，但是，在其他纪传中，当时无论皇帝或大臣，都对三省首长以宰相视之。如高颎、杨素分任左右仆射，文帝曰：“我以高颎、杨素为宰相。”[4]虞庆则为右仆射，文帝称其“位居宰相”[5]。又曾出敕示杨素曰：“仆射，国之宰辅。”[6]可见皇帝已明确把仆射当作宰相，当时人也以仆射高颎“为真宰相”[7]。又如，苏威任纳言（侍中），曾“与高颎参掌朝政”，及降唐，被唐太宗称为“隋朝宰辅”[8]。又据《隋唐嘉话》卷上：“李德林为内史令（中书令），与杨素共执隋政。”杨素为“国之宰辅”，内史令李德林与杨素“共执隋政”，显然也是宰相。可见，两省首长的宰相身份也很明确。隋两帝享国凡三十七年，以三省首长居宰相位者凡十七人（参见附表一），但除此以外，以他官居宰相职者，数亦不少，这些官拥有和三省首长同样的相职，也应视为宰相。

三省首长以外以他官假他名居宰相职者在隋文帝之初就有,《隋书》卷五六《令狐熙传》载:“高祖受禅之际,熙以本官行纳言事。”纳言既是宰相职,行纳言事当然就是行宰相事。又同书卷六四《陈茂传》:“及受禅,拜给事黄门侍郎,封魏城县男,每典机密。”陈茂典机密决策,所掌也是宰相职事。如果说令孤熙、陈茂的宰相身份还不甚明显,那么文帝族子、右卫大将军杨雄的宰相地位则是无可置疑的。据《隋书》卷四三《观德王雄传》:

> 高祖受禅,除左卫将军,兼宗正卿,俄迁右卫大将军,参预朝政,进封广平王。……雄时贵宠,冠绝一时,与高颎、虞庆则、苏威称为“四贵”。

杨雄与法定宰相高颎、苏威等平起平坐,其宰相身份应该确认。但杨雄的本官为右卫大将军,不是三省首长,其被加入“四贵”行列完全是因为加有“参预朝政”衔。参预朝政,即参与决策,任宰相职事。由于杨雄“宽容下士,朝野倾属”,后来受到隋文帝猜忌,开皇九年(589)八月,拜为司空,“外示优崇,实夺其权也”[9],所谓“夺其权”,当然是指宰相权。

文帝时非三省首长为宰相者,还有内史侍郎薛道衡和兵部尚书柳述。薛道衡由于“久当枢要,才名益显,太子诸王争相与交”,高颎、杨素也“雅相推重”[10]。文帝之婿柳述,深得文帝宠爱，仁寿中，杨素被疏忌，“柳述任寄逾重，拜兵部尚书，参掌机密”[11]。柳述以兵部尚书掌机密，《通典》卷十九《职官典一》，同书卷二一《职官典三·宰相》条、《新唐书》卷七三上《宰相世系三上》均将其列为宰相，可见，柳述的宰相身份亦是无可置疑的。

炀帝时，他官入相的情况更加普遍，而三省首长为宰相者反倒逐渐减少。炀帝后期，除纳言苏威外，三省首长几乎绝迹。据史书：

《旧唐书》卷六三《裴矩传》：“大业初，拜民部侍郎，俄迁黄门侍郎，参预朝政。”

《隋书》卷六七《裴蕴传》：“未几，擢授御史大夫，与裴矩、虞世基参掌机密。”

《隋书》卷六七《虞世基传》：“帝重其才，亲礼逾厚，专典机密，与纳言苏威、左翊卫大将军宇文述、黄门侍郎裴矩、御史大夫裴蕴等参掌朝政。”

《旧唐书》卷六三《萧瑀传》：“累加银青光禄大夫、内史侍郎，既以后帝之亲，委以机务。”

《隋书》卷六一《宇文述传》：“还至江都宫，敕述与苏威常典选举，参预朝政，述时贵重，委任与苏威等，其亲爱则过之。”

《隋书》卷四一《苏威传》：“高颎、贺若弼等之诛也，威坐与相连，免官。岁余，拜鲁郡太守，俄召还，参预朝政。”大业四年（608），拜太常卿，“帝以威先朝旧臣，渐加委任。后岁余，复加纳言，与左翊卫大将军宇文述、黄门侍郎裴矩、御史大夫裴蕴、内史侍郎虞世基参掌朝政，时人称为‘五贵’”。

隋末实际宰相当为“五贵”，除苏威任纳言外，其他四人皆以他官假他名居宰相职。其中裴蕴、宇文述根本不是三省官，宇文述甚至为军官，加“参预朝政”衔后，其权势竟甚于正宰相苏威。《新唐书》卷一〇五《长孙无忌传》载宰相许敬宗上唐高宗言：“陛下不见隋室乎，宇文化及父宰相……。”也确认宇文述的宰相身份。可见其时宰相以他官兼任，已形成制度。

据上引材料，隋三省首长以外的宰相所假“他名”凡有：典机密、知机密、当枢要、参预朝政、参掌机密、参知机务、参掌朝政、委以机务、参军机密等十数种，未有定名，极不规整，史书记载也不统一。如柳述，《隋书》本传记其以兵部尚书“参掌机密”；《通典》卷十九《职官一·宰相》条却记为“参军机密”；同书卷二一《职官三·宰相》条又记为“参掌机事”；《新唐书》卷七三《宰相世系表上》则记为“参知机务”。又如裴矩，《旧唐书》本传记其以民部尚书“参预朝政”，《隋书·裴蕴传》却记为“参掌机密”，同书《虞世基传》又记为“参掌朝政”。这些衔名既不规整，显然不是正式官号，也没有品秩，“因人而命，皆出于临时”[12]，属临时性差遣。但是，加其衔就可以参与军国大政的谋议决策，任宰相职事，我们将其皆归之为差遣宰相。如裴矩，民部尚书（正三品）是其本官，“参掌机密”“参掌朝政”等是差遣衔，加其衔即可任宰相职事，在这里，官与职有明显的区分。官与职不一致，是隋唐宰相制度一个重要特点。

差遣宰相官与职的区分十分明显，三省首长尚书令仆、侍中、中书令是不是也存在着官与职的区分呢？回答是肯定的，只是人们未加注意而已。《新唐书》卷四六《百官一》载：

> 初，唐因隋制，以三省之长中书令、侍中、尚书令共议国政，此宰相职也。

又曰：

> 参议得失、参知政事之类，其名非一，皆宰相职也。

这里明确地提出了“宰相职”。什么是宰相职？上面讲得很清楚，即“共议国政”“参知政事”；亦即掌机要、典机密，也就是参预决策。三省首长各领本省庶政，皆有其本职，“共议国政”则是兼职了。如尚书令本官所领本职是总行政，参预决策是兼职，因此，尚书令就有本职与兼职两种职事，论其兼职是宰相，论其本职就不是宰相。本官即本职，其官与职的区别也是很明显的，只不过尚书令兼宰相职渊源更早，且已固定，并非临时性差遣而已。尚书令是法定正宰相，不是差遣宰相，但和差遣宰相一样都是以本官兼宰相职，本质上并无二致。两省首长中书令、侍中也有本官与兼职的区别，但情况与尚书令又有不同，两省既为内廷决策机构，两省首长的本职为“佐天子而执大政”，即决策，宰相职名义上虽说是兼，但本职却和兼职一致，可以说是名实相符，为当然宰相，对此，史书也是有所记载的。如《通典》卷十九《职官一·宰相》：

> 隋有内史、纳言是真宰相（原注：柳述为兵部尚书参军机密，又杨素为右仆射，与高颎专掌朝政）。大唐侍中、中书令为真宰相。

同书卷二一《职官三·宰相》条又载：

> 隋有内史、纳言（原注：即中书令、侍中）是为宰相，亦有他官参与焉（原注：柳述为兵部尚书参掌机事，又杨素为右仆射，与高颎专掌朝政）。大唐侍中、中书令是真宰相（原注：尚书左右仆射亦尝为宰相），其余以他官参掌者无定员。

杜佑《通典》两次强调了隋唐“真宰相”为侍中、中书令，而把尚书仆射与差遣宰相相提并论，这两段记载长期以来不为人所注意，更不为人所理解[13]，初看起来似乎与前引《隋书·高颎传》等记载相悖，仔细推敲一下，我们就发现杜佑的记述独具慧眼，是极有见地的。查其他史书，也有相应的记载，如《旧唐书》卷四三《职官二·中书令》条称：“隋文帝废三公府僚，令中书与侍中知政事，遂为宰相之职。”《册府元龟》卷三〇八《宰辅部·总序》亦记曰：“隋……朝之众务，总于台阁，内史令、纳言是为宰辅，或以他官参掌机事及专掌朝政者并为辅弼。”这里也都没有提及尚书令仆，理由很清楚，因为尚书本官不主决策，身份不能和两省首长相比。这就使我们领悟到，隋唐宰相制度的实质在于决策机构。史称“中书职任，机务之司，不必他名，亦为宰相”[14]，“唯侍中机密所出，不必他名，尝为宰相之职”[15]。就是说，惟两省首长本官与兼职一致，是当然宰相；其他非决策机构长官包括尚书令仆为宰相者都是以本官兼职，不是当然宰相。

自从决策机构建立以来，宰相职就必须与决策机构结合，尚书省既早已不为决策机构，录尚书事衔的取消也就势所必然。但实际上自魏晋至隋，录尚书事衔竟保留了几百年，这可以看作是旧制度的影响遗存。隋承汉魏，尚书令和两省首长一样被法定为正宰相，其品秩和地位甚至更高，为此迷惑了很多人。人们据此提出了“三省首长宰相制”，把决策与行政混为一谈，没有深入发掘决策机构的意义。实际上，三省首长之所以为正宰相，侍中、中书令是因为两省是决策机构，尚书令则是因为尚书省曾经是决策机构。但必须看到，隋唐时尚书省已不是决策机构，尚书令仆任正宰相是因为旧制度的遗留影响，和两省首长是有差别的，其在唐太宗后不久就被剔出了决策者的行列，原因也正在于此。这说明隋唐宰相制度的实质在于决策机构，“三省首长宰相制”不但不符合历史实际，反而会引起误会，认为宰相非三省首长不能当，这更是错误的。

唐初因隋之旧，三省首长以外的差遣宰相比比皆是，但武德年间，差遣宰相的名号与隋制却有些不同，出现了大量以本官兼、判检校纳言（侍中）、内史令（中书令）者，如《资治通鉴》卷八五载武德元年六月辛丑“内史令延安靖公窦威薨，以将作大匠窦抗兼纳言；黄门侍郎陈叔达判纳言”。胡三省注曰：“兼、判皆非正官。”《新唐书》卷四六《百官一》亦曰：“至于检校、兼、守、判、知之类，皆非本制。”既非本制，非正官，兼、判纳言就不是正式宰相，而是以本官兼职，属于临时性差遣。如窦抗本官为将作大匠；陈叔达本官为黄门侍郎，兼、判纳言是其差遣衔，加之即可以入禁中参议决策。可见，兼、判纳言和“参预机密”等衔具有同样的意义。

据《新唐书》卷六一《宰相表上》，武德年间兼、判纳言、中书令者数目很多，占当时宰相总额的三分之一：

武德二年(619)正月甲子，(陈)叔达兼纳言。十月己亥，黄门侍郎、凉州总管杨恭仁遥领纳言。

武德三年(620)三月甲戌，中书侍郎封德彝兼中书令。六年(623)正除中书令，杨恭仁入为吏部尚书兼中书令。

武德七年(624)十二月庚午，太子詹事裴矩检校侍中。

武德八年(625)十一月庚子，天策府司马宇文士及权检校侍中，九年迁中书令。

这些兼、判、检校侍中、中书令者，往往一年或两年内正除，最长有达三年者。所有以兼、判为宰相者中，没有一例是兼、判尚书令仆的，两省长官又以兼、判门下侍中(纳言)者为多。贞观以后，兼、判侍中、中书令者逐渐减少，各种不规则的差遣衔名逐渐增多，如“参议朝政”“参知机密”之类，虽然又改换了衔名，但性质不变，都是以他官参与决策，任宰相职。《新唐书》卷六一《宰相表·序》曰：“唐因隋旧，以三省长官为宰相，已而又以他官参议，而称号不一，出于临时，最后乃有同品、平章之名，然其为职业则一也。”既然差遣宰相在隋唐两朝开国就存在，虽非本制，却极为普遍，说明这正是隋唐宰相制度的重要内容，是隋唐宰相一个不可分割的组成部分，谈不上是对隋唐宰相制度的破坏。凡行宰相职者，不管其本官为何，都应视为宰相，近人沈任远氏云："隋唐两代均无宰相之官名，而却有很多人行宰相职权"，"隋唐职官无宰相名称，但对掌握相权的人，公私均以宰相名之。"[16]说的就是这种情况。这里既包括三省首长，也包括差遣宰相，我们看重的是其职，而不是其官，这样，才是抓住了隋唐宰相制度的实质，名号变化虽多，职事却始终是一致的。

大量差遣宰相和三省首长一起构成决策者的群体，凡能参预朝廷核心机密，参与国家大政决策的人都是宰相。三省首长中书令、侍中和左右仆射合称"四辅"[17]，"共议国政"，是正宰相。[18]他官加差遣衔参议国政者，则为副宰相。[19]"称号不一"，"然其为职业则一也"，"皆宰相职"。隋享国三十七年，有宰相二十八人，除三省首长外，还有差遣宰相十一人。唐历时二百八十九年，其宰相数，据《新唐书》卷七五《宰相世系表五下》统计为三百六十九人，而其中"再入五十七人"，"三入十二人"，"四入三人"，"五入三人"，总计是四百四十四人次。实际上，唐宰相还不至此数，宋人吕夏卿统计为三百七十一人[20]；近人周道济统计为三百七十三人[21]，有的人计数还更多。而据《汉书·百官公卿表》，西汉二百三十年间仅有宰相四十五人。其数和唐朝不可相比。唐代前期，宰相员额一般保持在五六人以上，有时多达十余人。"先天（712—713）末，宰相至十七人。"[22]实行集体决策，是隋唐宰相制度的一大特色。

宰相群体与决策机构紧密结合，既然实行集体决策，“共议国政”，就必然要有一个议政的场所，这个议政之所即设于门下内省的政事堂。《大唐新语》卷十载：

> 旧制，宰相臣尝于门下省议事，谓之政事堂，故长孙无忌、魏徵、房玄龄等，以他官兼政事者，皆云知门下省事。弘道初，裴炎自侍中转中书令，执朝政，始移政事堂于中书省，至今以为故事。

门下政事堂作为宰相议政决策之所，既称“旧制”，说明早就存在，由来已久。但由于史书记载不明确，关于政事堂设置的具体时间却引起了后人的争论。《旧唐书・职官二》、《唐会要》、《通典》和《大唐新语》一样，含糊其词地称为“旧制”[23]，《新唐书・百官一》和《资治通鉴》或曰“初”，或云“故事”[24]，都没有确定的具体时间，于是，一般人多据唐人李华所撰《中书政事堂记》“自武德以来，常于门下省议事，即以议事之所谓之政事堂”的记载，认为政事堂始置于唐初[25]，甚至被认为是唐太宗的创举[26]。

政事堂设置的时间，其实并不复杂。政事堂起先并不是一个权力机关，只是宰相们的“议政之所”，《旧唐书》卷四二《百官一》所载唐武德七年（624）定令及以后的历次变换，唐官署序列中均无政事堂，因此，史书或不作记载，或记载很简略。但是，既然集体宰相定制于隋朝，宰相集体议事之所的政事堂，毫无疑问亦当始置于隋朝[27]。唐代史料记政事堂多称“故事”“旧制”。既是“故”“旧”，就不是唐人的创新，政事堂议政作为宰相制度的一项内容，和宰相制度一样，也是“唐沿隋旧”。

政事堂，顾名思义，即议政决策的厅堂，又称“政事院”[28]、“政事省”[29]，或“政府”[30]。政事，即军国大政决策事务。政事堂初设于门下省，和隋唐制度因袭北朝，而北朝“尤重门下官，多以侍中辅政”[31]有关。隋大业三年（607）以前，门下负有皇帝衣、食、住、行等侍从宫职，和皇帝的关系最为亲近，宰相议政之所设在门下省，其意图是明确的。值得注意的是，隋朝仆射多兼纳言之职，如高颎开皇元年（581）二月以尚书左仆射兼纳言[32]；唐武德年间兼、判宰相者，亦多兼纳言（侍中），所谓“以他官兼政事者，皆云知门下省事”，说明设在门下内省的政事堂，正是所谓机衡之地，是中枢机要的核心。宰相职必须与其结合，就是说，凡为宰相，必须得入禁内机衡之地的政事堂议决国政，不能入者就不是宰相。因此，宰相互相之间称呼曰“堂老”[33]，他们是经常在政事堂见面的。

政事堂制度和三省施政体系紧密地联系在一起，是三省中枢体制的一个重要组成部分。《文献通考》卷五〇《职官考四·门下省》引司马光上言曰：

其后又置政事堂，盖以中书出诏令，门下掌封驳，日有争论纷纭不决，故使两省先于政事堂议定，然后奏闻。

这段话把政事堂设置的原因说成是为避免两省的争执，显然有错，但认为政事堂议政在中书草诏、门下封驳等程序之前，则是正确的。按制度，宰相们先在政事堂议政，然后回本司工作。凡军国大事，都要在这里经宰相集体讨论，所议内容相当广泛。李华《中书政事堂记》曰：

政事堂者，君不可以枉道于天，反道于地，覆道于社稷，无道于黎元，此堂得以议之。臣不可悖道于君，逆道于仁，黩道于货，乱道于刑，克一方之命，变王者之制，此堂得以易之。兵不可以擅兴，权不可以擅与，货不可以擅蓄，王泽不可以擅夺，君恩不可以擅间，私仇不可以擅报，公爵不可以擅私，此堂得以诛之。

事不可以轻入重，罪不可以生入死，法不可以剥害于人，财不可以擅加于赋，情不可以委之于倖，乱不可以启之于萌，法紊不赏，爵紊不封，闻荒不救，见馑不矜，逆谏自贤，违道变古，此堂得以杀之。故曰："庙堂之上，樽俎之前，有兵、有刑、有梃、有刃、有斧钺、有鸩毒、有夷族、有破家，登此堂者得以行之。"[34]

可见，政事堂汇集了很大的权力。宰相议决的结果，需要作为政令向下贯彻者，则制为“词头”，交中书省草诏，通过三省施政渠道颁下。这样，政事堂议政和三省运转密切配合，成为整个决策程序中的重要一环。

政事堂开会时，通常先由中书令于皇帝处领旨，再让众宰相讨论，议政时有一执笔宰相，“执政事笔”[35]，又称“执事宰相笔”[36]。执笔宰相为会议执行主席，由“宰相更直掌事”[37]，轮流担任，起先是每一人十天，后改为一人一天[38]。又有中书舍人一人作为会议秘书列席会议，在会上专“掌画”[39]，作记录。会议一般每日上午进行，宰相上午在政事堂议政，下午回省处理庶务，所谓“午前视禁中，午后视省中”[40]，“午前决朝政，午后决省事”[41]，一般要到“午后六刻始出归第”[42]。午时又有会食之制，“政事堂有会食之床”[43]，皇帝“每日出内厨食以赐宰相，馔可食十数人”[44]，所“供馔弥美”，又称“公膳”[45]。宰相会食，又似工作午餐，会食时，“百寮无敢谒见者”[46]，通过会食，可以增加磋商大政的机会，融洽宰相之间的感情。政事堂既为机要之地，有严格的纪律，“非公事入中书（政事堂），每犯夺一月俸”[47]，非宰相议政则不得入内，“故事，宰臣不于政事堂邀客”，中官传旨也不得入于此。[48]这些制度在发展中逐渐完善，使政事堂议政成为朝政决策的一项根本性制度。

第二节　决策机构的变化与宰相制度的发展

隋唐中枢体制建立以后，一直处在不断的发展和变化之中。隋及唐前期，几乎每一个新皇帝上台，都要对三省的机构、人员编制或名称作一番调整，宰相名号也随之不断地变换。从隋文帝到唐玄宗的一个半世纪里，三省首长的名号变换竟有十三次。据《隋书》、《唐会要》及新、旧《唐书》，兹列一简表如下：

年代	尚书省	门下省	中书省	备注
隋开皇元年（581）	尚书令、左右仆射各一人	纳言二人	内史监、令各一人	尚书令无员，内史监寻废，置令二人
大业十二年（616）	左右仆射	侍内	内史令	
唐武德元年（618）	尚书令	纳言	内史令	
武德四年（621）	尚书令	侍中	中书令	
武德九年（626）	左右仆射	侍中	中书令	
龙朔二年（662）	左右匡政	左相	右相	
咸亨元年（670）	左右仆射	侍中	中书令	
光宅元年（684）	文昌左右相	纳言	内史令	
神龙元年（705）	左右仆射	侍中	中书令	
开元元年（713）	左右丞相	黄门监	紫微令	
开元五年（717）	左右丞相	侍中	中书令	
天宝元年（742）	左右仆射	左相	右相	
至德二年（757）	左右仆射	侍中	中书令	自后不变

正宰相的名号不断地变换，副宰相名号的变换更加频繁。但这些变化只是表面现象，名号虽变，实质却未变，且多为帝王兴到之举，并无太大的实际意义。我们所要着重讨论的变化，主要是中枢体制内部结构以及权力关系等实质性的变化。

众所周知，隋朝和唐武德贞观时期的中枢权力基本上是掌握在北周系统的门阀贵族——“关陇集团”手中，所谓“创业君臣，俱是贵族”[49]，特别是正宰相——三省首长，多由关陇勋贵或皇亲外戚担任。但是，随着社会各种关系和势力的发展消长，在唐建立三十年之后，也就是高宗朝武后掌权之时，这种局面发生了激剧变化，庶族地主通过科举入仕以及其他各种渠道参与政权，开始打入政治中枢，并得到了武则天的大力扶植，中枢的格局发生了巨大变化。史学界对武则天打击关陇勋贵及李氏皇族，提倡科举起用新人，使统治阶级内部的权力关系发生转变有比较充分的研究，但对中枢体制内部结构和建制的变化却很少有人探讨，实际上后一种变化对唐代政治的影响是更为深远的。

中枢体制内部结构的变化，首先是与决策机构紧密联系在一起的禁省制度的变化。唐高宗时，禁省制度曾有过一次大的调整，这一调整，是由“移宫”事件而发端的。据《唐会要》卷三〇《大明宫》条载：龙朔三年(663)四月二十二日，唐高宗“移仗就蓬莱宫新作含元殿。二十五日，始御紫宸殿听政，百僚奉贺，新宫成也”。这个新宫，即大明宫。自后，唐历代皇帝便常居此宫，大明宫遂取代太极宫，成为唐政治中枢所在地和主要朝会之所。

大明宫又称东内，在太极宫东北的龙首原上，最初建于唐太宗时。《唐会要》卷三〇《大明宫》条曰：“贞观八年（634）十月，营永安宫，至九年正月，改名大明宫，以备太上皇清暑。”因太上皇当年崩驾，宫未建成而止。高宗龙朔二年（662）又重建，“改名蓬莱宫，北据高原，南望爽垲”，第二年建成，至长安元年（701）再改称大明宫。关于唐高宗移居大明宫的原因，史书记载为“高宗染风痹，以（太极）宫内湫湿”[50]。唐高宗染有疾病当是事实，李商隐《潇湘录》载：“高宗承祧后，多患头风，召医于四方，终不可疗。”许多史书都有这方面的记载。但是，仅因此就放弃设备齐全的朝会正衙，而另居新宫，实是难以置信，笔者认为，其中必有更重要的背景和原因。

《旧唐书》卷五一《后妃上·高宗废后王氏、良娣萧氏传》有一段记载：

> 则天频见王、萧二庶人被发沥血，如死时状。武后恶之，祷以巫祝，又移居蓬莱宫，复见，故多在东都。

这段话可以说是道出了移宫的政治背景和真正原因。此事《资治通鉴》系于永徽六年（655）[51]。我们知道，这一年十月，唐高宗不顾以长孙无忌为首的关陇贵族元老的强烈反对，“废皇后王氏为庶人，立昭仪武氏为皇后”[52]，引发了激烈而又残酷的政治斗争，是唐代历史上一桩影响极为深远的大事。武则天出身寒微，以其美色和智谋征服了唐高宗，破除重重阻力，入主后宫，被立为皇后，并进而控制了朝政。《旧唐书》卷六《则天皇后纪》载：

> 永徽六年，废王皇后而立武宸妃为皇后，高宗称天皇，武后亦称天后，后素多智计，兼涉文史。帝自显庆（655—661）已后，多苦风疾，百司表奏，皆委天后详决，自此内辅国政数十年，威势与帝无异，当时称为“二圣”。

又据《资治通鉴》卷二〇〇，武则天在高宗显庆五年（660）“始委以政事，权与人主侔”。而三年后，即龙朔二年（662），朝廷即下令重修大明宫，四年后（龙朔三年）即发生了移宫事件，很清楚，移宫发生在武则天掌权之后。我们可以完全相信，移宫不一定是唐高宗的主意，原因也不会是因为他染有风疾，联系到废立皇后时那场激烈的政治斗争，我们有理由认为，移宫乃出于武则天的旨意，是武则天对付政敌的需要。

我们知道，围绕着废立皇后，高宗永徽年间朝廷中枢曾有过激烈的争论。唐太宗临死时，以宰相皇舅长孙无忌辅政，令“长孙无忌检校中书令，知尚书、门下省事”，胡三省曰：“长孙无忌盖总三省之事。”[53]其在太极宫中枢各机构的势力可以说是根深蒂固的。当时宰相褚遂良、柳奭、于志宁、来济、韩瑗等，大都是门阀贵族，强烈反对立武则天为皇后。如长孙无忌说：王皇后出身“名家”，“岂可轻废”？褚遂良说：“陛下必欲易皇后，伏请妙择天下令族，何必武氏？”韩瑗说：“匹夫匹妇，犹相选择，况天子乎？”来济说：“王者立后，上法乾坤，必择礼教名家。”[54]这些旧贵族出身的宰相都是武则天的死对头，武则天对于太宗时留下的旧中枢成员显然是不会信任的。太极宫中枢三省既为门阀贵族垄断，难以为武氏所用，为了摆脱关陇集团的控制，武则天掌权后毅然放弃旧宫衙署，而移居新宫，另立新署，这显然是一个气魄宏伟的政治举动。到后来，武则天甚至干脆离开关陇贵族集团的巢穴，移都洛阳，号为“神都”，而“终身不归长安”[55]。更可见武则天与旧贵族斗争的决心。

移居大明宫，武则天一方面可以摆脱旧宰相官僚的包围，另一方面，又可以根据自己的需要，调整禁省之内的中枢机构。在移居大明宫听政的同时，中枢决策机构的中书省和门下省也随之迁入，原太极宫中朝地域的机构基本上都搬进了大明宫，外朝尚书六部九寺五监则仍留在太极宫皇城内，禁省各机构的建制于是发生了巨大的变化。

按唐制："天子居曰'衙'。"[56]大明宫内部南北布列，分为南、北衙，南衙为皇城，北衙为宫城，亦具有外朝、中朝、燕朝的规制。《石林燕语》卷二载：

唐以宣正殿为前殿，谓之"正衙"，即古之内朝也；以紫宸殿为便殿，谓之"上阁"，即古之燕朝也；而外别有含元殿（即外朝）。

据此，大明宫以含元殿、宣政殿、紫宸殿三大殿为中心，分为三部，是为三朝，分别相当于太极宫的承天门、太极殿和两仪殿。含元殿南面广大地域曰"朝堂"，"如承天之制"[57]。但中朝和燕朝的建制却有了很大的变化。据近年考古发掘图[58]，大明宫南北衙建制和太极宫有很大的不同，南北衙以宣政殿为界限，一道东西向的宫墙将大明宫拦腰截断，其北为宫城，其南为皇城，宣政殿两旁为东、西上阁门，西有延英门、光顺门，东有崇明门，以分断禁内外。而中书省和门下省则布列在宣政殿前东西两侧，已在宫禁之外矣！原来的中朝这时变成了外朝。《隋唐嘉话》下篇载：

武后临朝，薛怀义势倾当时，虽王主皆下，苏良嗣仆射遇诸朝，怀义偃蹇不为礼，良嗣大怒，使左右牵拽，搭面数十。武后知曰："阿师当北门出入，南衙宰相往来，勿犯也。”

可见此时宰相所居已称“南衙”，禁宫内外南北界限十分严格。中书、门下两省完全被驱逐出了宫城，而居于皇城，实际上已不存在中书内省和门下内省了。决策机构被撵出宫禁，宰相议政居于禁外，致使其决策地位大为削弱，实际权力自然降低了。这是唐代政治史上的一大变局。将决策机构撵出宫禁，降低宰相的权力地位，是武则天打击政敌，扫除唐开国以来把持中枢政权的关陇勋贵的绝妙一招。

值得注意的是，也正是在这个时刻，出现了所谓“北门学士”。《资治通鉴》卷二〇二唐高宗上元二年(675)载：

> 天后多引文学之士，著作郎元万倾、左史刘祎之等，朝廷奏议百司表疏，时密令参决，以分宰相之权，时人谓之“北门学士”。(胡三省注曰：“不经南衙，于北门出入，故云然。”)

北门学士是完全听命于武则天的文词之士，他们官品较低，不是关陇勋贵，也不属南衙系统，武则天让他们出入禁宫，代为谋划，“以分宰相之权”。联系起将中书、门下两省撵出宫禁的举动，可以说不是偶然，一内一外，一进一出，武则天的政治目的实在是再明显不过了。

关于“北门学士”出现的时间，《旧唐书》卷八七《刘祎之传》和上引《通鉴》一致，都记“上元中”，《唐会要》卷五七《翰林院》条则稍早，为“乾封（666—668）已后”[59]，则大约是龙朔三年（663）迁居大明宫后三五年之间的事，说明决策机构被撵出宫禁和北门学士居中用事是密切相关的。既然决策权与皇权密不可分，内廷毕竟不能缺少决策的助手，在禁内没有决策助手的情况下北门学士便应运而生了，这件事对唐代中枢政制的影响极大，直接引起了后来中枢体制的一系列变化。自后君相关系极不正常，内廷私臣宦官窃权之事时有所见，且逐渐坐大。北门学士在禁中谋议的时间就长达“二十余年”[60]，而北门学士之后，又有新的私臣学士出现，他们都不是南衙宰相所辖的职事官。这样，被隔于外廷的宰相的决策权横遭剥夺，决策机构和宰相制度都相应地发生了巨大的变化。

宫省制度的变化，促使决策机构的内部组织结构也发生了变化。李华《中书政事堂记》载：

> 高宗光宅元年（684），裴炎自侍中除中书令，执事宰相笔，乃迁政事堂于中书省。

政事堂由门下迁至中书，是唐代中枢政制发展史上的一件大事，考其迁移时间，李华所记的“光宅元年”并非高宗年号，高宗李治在这年前，即弘道元年（683）十二月已崩，光宅元年乃是武则天“临朝称制”的第一年，也是武则天向当女皇迈进的重要时刻。在此之前，武则天运用政治手腕，任用北门学士，已经完全控制了朝政局势。麟德元年（664），唐高宗曾一度与宰相上官仪密谋废后，武则天发觉后先发制人，结果，“则天遂诛（上官）仪及（王）伏胜等，并赐太子忠死，自是政归武后，天子拱手而已”[61]。至“上元三年（676），高宗以风疹欲逊位，令天后摄知国事”[62]。可见高宗在世时武则天已经是实际上的皇帝，高宗一死，武则天当皇帝只待黄袍加身，地位已相当巩固，主要政敌早已被斩尽杀绝，到这时，完全可以不再任用私臣，而委政于国家正式机构了。于是，武则天便着手整顿决策机构，政事堂由门下省迁中书省，正是在这种政治背景下发生的。

和唐太宗强调两省分权互相纠检不同，武则天整顿两省机构的目的是提高工作效率。由于两省分立，“中书出诏令，门下掌封驳，日有争论，纷纭不决”，下一道诏书，手续繁多，严重影响了效率。马端临认为，“两省之分，所以使之为仇敌矣”[63]，是有一定道理的。中书草诏，门下封驳的目的既为提高政令的可行性，使二省互相监督，以减少专权，而宰相群体和政事堂集体议事决策制度的完善，实际上也可以实现上述目的，又可以避免扯皮的弊病。同时，两省既被撵出宫禁，和皇帝的关系逐渐疏远，枢机之任相对减少，也就没有必要分为两道程序，动不动就涂归封驳了。所以，职事性质相同的两省的合并是必然的，武则天可以说是第一个认识到并适应了这种发展趋势的人。其采取的步骤正是提高政事堂地位，合并两省中枢机构职事，而政事堂由门下迁于中书则是两省合并的第一步。

按决策程序和礼仪，中书省都在门下省之先，《唐国史补》卷下云："中书、门下官并于西省（中书省）上事，以便礼仪。"政事堂迁于中书省，似乎对宰相更为便利，光宅元年，中书令裴炎执政事笔，将政事堂迁于中书省，获得了武则天的批准。这一迁，加强了宰相和中书省的关系，使核心机密偏于中书，并重之势有所改观，门下审议封驳之任渐被架空，决策程序大为简化，效率却大为提高了。

武则天以后，中枢政局一度不稳，禁外两省合并的进程暂时停滞了一段时间，至唐玄宗时，合并的步伐又趋加快。《唐会要》卷五一《中书令》条载：

> 至开元十一年（723），张说奏改政事堂为中书门下，其政事印亦改为中书门下之印。

说明两省枢机决策职事的合并已经完成。马端临曰："唐以中书门下为政事堂，则已合而为一矣。"[64]然而，事实上的合并应该在名称的改变之前，也只有两省枢机职事已经合并之后，宰相张说才会奏请改名。因此，我们可以把从光宅元年至开元十一年的三十九年看成是一个过程，两省的合并是逐渐地完成的，政事堂置印则是两省合并的明确标志。政事堂何时置“政事印”，史书不载，但可以肯定在开元十一年之前，估计当在中书政事堂时期，即光宅元年之后。印是权力的凭证，单独有印，说明政事堂已由宰相会议厅发展为独立的决策机构，理论上是唐代中央最高中枢机关。政事堂改名“中书门下”，“政事印”也改称“中书门下之印”，但习惯上人们对“中书门下”仍以政事堂称之，或简称“中书”，又或称“相府”。[65]

中书门下（政事堂）内部建制分为堂前、堂后两部，堂前是宰相议政的办公厅，堂后有所谓“五房”机构，《新唐书》卷四六《百官一》载：

> 开元中，张说为相，又改政事堂号“中书门下”，列五房于其后：一曰吏房，二曰枢机房，三曰兵房，四曰户房，五曰刑礼房，分曹以主众务焉。

五房除枢机房外，和尚书六部大致对口，类似中书省的“六押”，对尚书六部施行直接督导。枢机房为机要室，主掌军机大事，是一个比较特殊的机关，《旧五代史》卷一四九《职官志》注引项安世《家说》云：

唐于政事堂后列五房，有枢密(即枢机)房，以主曹务，则枢密之任，宰相主之，未始他付。

又据《玉海》卷一六七《宋朝枢密院》条云:

开元中，设堂后五房，而机密自为一司，其职秘，独宰相得知。

可见枢机房地位在其他四房之上，在决策机构被撵出宫禁的情况下，于政事堂设置专门的“枢机房”，以掌机密，保住了外廷相府的机衡之任，使中书门下(政事堂)仍为机要之司，这应被视为一项重大创革。五房皆有属吏，即所谓“堂后官”，《旧唐书》卷一六九《王涯传》记有“中书(政事堂)房吏焦寓、焦璿，台吏李楚等十余人”。可见堂后五房人员和机构的设置都相当完善，是一个初具规模的官署。宰相平时在堂前的办公厅议政，有事即可直接交“堂后官”处理。除枢机房以外，吏、兵、户、刑礼四房“分曹以主众务”，所谓“众务”，不一定全是决策事务，恐怕也涉及行政管理，即把尚书省的某些职事揽进了政事堂，这从四房的名号也可以看出，因此，五房的建置也可以看成是三省职事合并的开始，到唐后期，五房所掌已主要是行政事务了。

中书门下(政事堂)处理日常政务有所谓“堂案”和“堂贴”，

乃是直接处理地方和中央各司事务的公文。李肇《唐国史补》卷下曰：

> 宰相判四方之事有堂案，处分百司有堂贴，不次押名曰花押。

所谓“花押”，即宰相签署政令的手续。又沈括《梦溪笔谈》卷一《故事》云：“唐中书（政事堂）指挥事，谓之堂帖子，曾见唐人堂帖，宰相签押，格如今之堂札子也。”可见，这种“指挥事”的形式一直沿袭到宋朝，这显然比中书制令，门下审议的繁杂程序简便得多，效率显然是提高了。政事堂直接发遣文书，五房又直接与尚书省对口挂钩，则中书省和门下省的枢机事务就所剩无几了，两省原班人马和机构虽依旧保存，实际上已成闲所，“五花判事”和“六押”制度也于此时废止[66]。中书舍人一人既得入堂前列席政事堂会议，食“政事之食”，实际上已和政事堂机构结合，成为堂官。此时，“政事堂有后门”，直通舍人院，由于“五花判事”和“六押”制度已停废，宰相只得屈尊下问，亲自到“中书舍人院咨访政事以自广”了。代宗时，宰相常衮妄自“尊大”，杜绝了这道后门，与舍人院“不相往来”[67]，政事堂和中书省也就彻底分家了。但是，唐政府并没有明令废除两省机构，中书门下（政事堂）的最高中枢地位也没有明确的法律规定，其演变主要还是根据实际政务的需要而自发地进行，并经过了漫长的发展阶段。直至唐亡，中书舍人仍然草诏，给事中依旧封驳，但却与宰相谋议脱节，不能参与核心机密，其性质和先前已是大不相同了。

在决策机构发生变化的同时，宰相名号也发生了变化。我们在前面述及隋及唐武德贞观时宰相名号混乱的情况，到高宗以后，宰相名号开始趋于统一，除两省首长中书令，侍中外，他官兼宰相者都要加"同中书门下三品"或"同中书门下平章事"衔，最后，宰相皆统一到"同中书门下平章事"这一固定衔上。《旧唐书》卷四三《职官二·中书省·中书令》注：

> (高宗)永淳(682—683)中，始诏郭正一、郭待举、魏玄同等，与中书门下同承受进旨平章事。自天后已后，两省长官及同中书门下三品并平章事为宰相，其仆射不带同中书门下三品者，但厘尚书省而已，总章二年(669)，东台侍郎张文瓘，西台侍郎戴至德等，始以同中书门下三品著之入衔，自是相承至今。永淳二年(683)，黄门侍郎刘齐贤知政事，称同中书门下平章事，自后两省长官及他官执政未至侍中、中书令者，皆称同中书门下平章事也。

据此，宰相名号的统一，永淳二年是转折点，这也正是决策机构发生重大变化的时刻。我们知道，两省合并，政事堂成为决策机构始于光宅元年（684），比宰相名号的统一晚一年，这在时间上相差无几，说明这两件大事的发展有着密切的关联，我们认为其所反映的正是宰相职与决策机构的进一步相结合。

考“平章事”名号，贞观时已两次出现，据《新唐书》卷四六《百官一》：“贞观八年（634），仆射李靖以疾辞位，诏疾小瘳，三两日一至中书门下平章事，而平章事之名盖起于此。其后，李勣以太子詹事同中书门下三品，谓同侍中、中书令也，而同三品之名盖起于此。然二名不专用，而他官居职者，犹假他名如故。”可见，这时的“平章事”“同三品”和参知政事等衔一样，都还只是临时性差遣，名号也不规整，“平章”二字只是作为动词用，即议论、商讨之意，也就是于政事堂商讨军国大事，“共议国政”。高宗“天后已后”，仆射已被逐出宰相的行列，差遣宰相在宰相群体中已居于多数，名号的繁杂带来很大不便，统一名号的出现，是制度发展的需要，标志着其已由临时性差遣发展为固定的使职。到后来，中书令和侍中也不常置，“同中书门下平章事”就成了唯一的宰相名号，“独为真宰相之官，至宋元丰以前皆然”。[68]

“同中书门下平章事”衔，同两汉以来的“录尚书事”极为相似。当两汉尚书省为决策机构时，三公必“录尚书事”，才得参与决策，才是真宰相。唐“同中书门下平章事”即“录”

中书门下（政事堂）事。举一个例子：《新唐书》卷六一《宰相表上》载武则天长寿元年（692）八月“授姚璹同凤阁鸾台平章事”；《南部新书》丙篇则记为“宰相姚璹，录‘中书门下’事”。可见，“同中书门下平章事”等同于“录中书门下事”，其既可以理解为“同侍中、中书令”（开元十一年前），也可以理解为录“中书门下（政事堂）”事（开元十一年后），即表示与决策机构结合的意思，明显地反映了宰相职与决策机构的结合。从形式上看，平章事也与录尚书事相似，严耕望氏称汉魏录尚书事仅为职称，而非官名，故虽历代皆有其人，而《职品令》不之载[69]，历代官志均不见“录尚书品秩”[70]。平章事也一样，没有品秩，“仅为职称，而非官名”。可见，虽然宰相名号统一了，官与职的区别仍然存在，平章事形式上不过是固定常设的使职。

中书门下（政事堂）的建立，两省枢机职事的合并，以及宰相名号的统一，不应看成是对隋唐宰相制度的破坏，而应看成是唐代前期中枢体制的重大发展。这时，决策机构、决策制度、决策人员三者达到了高度的统一，“决策机构宰相制”发展到了高峰。

这个发展起始于武则天掌权之时，完成于玄宗开元盛世。发展了的决策机制和武德贞观时期的两省决策已有很大的不同，在实际运用中有利也有弊，利是效率提高了，弊是纠检功能削弱了，这对当时及以后的中枢决策和政治生活带来了深远的影响，我们在后面还要进行详细考论的。

注释

1 王素《三省制略论》第七章第一节。

2 《隋书》卷四八《杨素传》。

3 《旧唐书》卷一《高祖本纪》

4 《隋书》卷五二《贺若弼传》。

5 《隋书》卷四〇《虞庆则传》。

6 《隋书》卷四八《杨素传》。

7 《隋书》卷四一《高颎传》。

8 《隋书》卷四一《苏威传》。

9 《隋书》卷四三《观德王雄传》。

10 《隋书》卷五七《薛道衡传》。

11 《隋书》卷四七《柳机附述传》。

12 叶梦得《石林燕语》卷三。

13 王素《三省制略论》第七章第一节注②认为杜佑的记载“系唐人据唐制推定，隋时中书令、侍中始由宫官转变为朝官，不可能与仆射占有同等地位”。不仅认为仆射为当然宰相，而且认为其地位优于侍中、中书令，认为杜的记载为错，显然，作者没有深刻理解决策机构的意义。

14 《通典》卷十九《职官一・宰相》。

15 《册府元龟》卷三〇八《宰辅部・总序》。

16 沈任远《隋唐政治制度》自序・第二章第一节。

17 《册府元龟》卷三〇八《宰辅部・总序》。

18 《大唐新语》卷十：“自武德至长安四年（704）已前，仆射并是正宰相。”《唐史论断》卷上亦称：“仆射、侍中、中书令为正宰相。”

19 《资治通鉴》卷二四三唐敬宗宝历元年，胡三省注：“所谓参议朝政，参加机务……虽皆宰相之职，然非正宰相也。”既非正宰相，则为副宰相。

20 《唐书直笔》卷四《新例须知条》。按，吕夏卿即《新唐书・宰相表》的作者，出自一人之手的两书对唐宰相人数的统计却不相同，可见唐宰相数多，名号繁杂，确实难以精确统计。

21 周道济《汉唐宰相制度》附表。

22 《新唐书》卷一二四《姚崇传》。

23 《唐会要》卷五一《中书令》条。《通典》卷二一《职官三・宰相》。

24 《资治通鉴》卷二〇三唐高宗弘道元年。

25 王素《三省制略论》第七章第二节。周道济《汉唐宰相制度》后编第二章。

26 姚澄宇《唐朝政事堂制度初探》。

27 王超《政事堂制度辩证》推测：“唐代政事堂议政制度，至迟始于唐高祖武德年间，很可能在北朝、隋代即有此制。”田昌五师认为，政事堂宰相集体议政，与北魏初期“八部大人”制有渊源关系，深受少数民族军事民主制的影响。王仲荦师认为，北魏有一个由氏族部落贵族和最有势力的武士侍从组织的“特别会议”，即“八部大人”制，以后随着封建化的加深，武士扈从逐渐变为封建勋贵，在禁中侍奉皇帝，职任则大抵和汉魏以来门下省的侍中、黄门侍郎相等，到隋唐，还沿袭北朝权在门下这一趋势，因此，决定中枢大政的宰相议事厅——政事堂，开始也设在门下省。二位老师的见解均为面赐，均认为政事堂制度早有渊源，并非唐朝始建。

28 《唐会要》卷五四《省号上・中书侍郎》条，《大唐新语》卷六。

29 《旧唐书》卷一九〇下《文苑下・萧颖士传》。

30 《资治通鉴》卷二一五唐玄宗天宝二年正月，胡三省注：“政府，谓政事堂。”

31 《通典》卷二一《职官三・宰相》。

32 《隋书》卷四一《高颎传》。

33 《唐国史补》卷中。

34 李华《中书政事堂记》，见《全唐文》卷三一六。

35 《新唐书》卷一一七《裴炎传》。

36 李华《中书政事堂记》，见《全唐文》卷三一六。

37 《新唐书》卷一四二《崔佑甫传》。

38 《唐会要》卷五一《官号·中书令》条。

39 《唐六典》卷九《中书省·中书舍人》。

40 《旧五代史》卷一四九《职官志》。

41 《资治通鉴》卷二〇八唐中宗神龙元年。

42 《旧唐书》卷一〇六《杨国忠传》。

43 《大唐传载》。

44 《旧唐书》卷一一九《常衮传》。

45 《太平广记》卷一六四引《谈宾录》。

46 《资治通鉴》卷二三六唐顺宗永贞元年。

47 《唐会要》卷二四《朔望朝参》条。

48 《旧唐书》卷一一二《李岘传》。

49 《唐会要》卷三六《氏族》。

50 《唐会要》卷三〇《大明宫》。

51 《资治通鉴》卷二〇〇。

52 《旧唐书》卷四《高宗上》。

53 《资治通鉴》卷一九八太宗贞观二十二年。

54 《资治通鉴》卷一九九高宗永徽六年。

55 《资治通鉴》卷二〇〇高宗永徽六年。

56 《新唐书》卷二三上《仪卫志上》。

57 《唐六典》卷七《尚书工部·工部员外郎》。

58 马得志《唐代长安与洛阳》图二《唐大明宫》。

59 《资治通鉴》卷二一七唐玄宗天宝十三载亦有此种记载。

60 《册府元龟》卷五五〇《词臣部·选任》载："周思茂为右史，时与左史范履冰、苗神客俱以文笔于禁中供奉，二十余年，至于政事损益，多预焉。"

61 《大唐新语》卷二。

62 《旧唐书》卷八四《郝处俊传》。

63 《文献通考》卷五〇《职官考四·门下省》。

64 《文献通考》卷五〇《职官考四·门下省》。

65 《旧唐书》卷一三五《韦渠年传》。

66 《旧唐书》卷一八上《武宗纪》载："天宝已前，中书除机密迁授之外，其他政事皆与中书舍人同商量。"据此，天宝以后已是不作商量了。又《旧唐书》卷一一八《杨炎传》："旧制，中书舍人分押尚书六曹，以平奏报，开元初废其职。"

67 《旧唐书》卷一一九《常衮传》。

68 《文献通考》卷四九《职官考三·宰相》。

69 严耕望《北魏尚书制度考》。

70 《南齐书》卷二二《褚渊传》。

第四章

内朝新机构的设置与《大唐六典》的编纂

唐玄宗开元二十六年（738），出现了两件对于唐代中枢政制的发展演变具有重要意义的大事：其一是正式设置了一个新的内朝机构——翰林学士院；其二是编纂成功了一部具有国家法典性质的政制文书——《大唐六典》[1]。这两件大事虽出现于同一年，但意义却截然相反。翰林学士院是三省施政系统以外直属于皇帝的内廷御用机构，其设置目的在于排斥中书门下决策体制，削弱宰相职权；编纂《大唐六典》则是总结唐建国一百二十年来的统治经验，主旨是重申以三省六部为核心的政府施政体系的地位，强调它的权限和职能。两件互相矛盾的大事出现于同一年，既有其偶然性又有其必然性。我们认为，这两件大事正是唐中枢体制以及整个职官制度发生重大转折的标志，具有划时代的意义。

下面，我们对这两件大事分别进行论述。

第一节　内朝新机构——翰林学士院的设置

由于不断变化的外部环境以及自身结构与职能的矛盾，以三省为核心的隋唐中枢体制，特别是两省决策体制一直在不断地发生变化。武则天后两省枢机职事的合并，最高权力机构中书门下（政事堂）的建立，是三省中枢体制为适应新的政治环境而作的调整和发展。但与此同时，破坏这一体制的各种事件也不断地发生，皇帝经常任用三省施政系统以外的私臣，或在三省机构之外另立机构，来取代其职事，这种发展与破坏，从一开始就几乎是同步进行的。

首先变化发展的是决策体制，首先遭到破坏的也是决策体制。我们知道，宰相必须和决策机构结合，才能参预决策，差遣宰相必须假以名号，才能入政事堂议政。但是，皇帝有时会撇开两省决策机构，召私臣直接入禁宫，不通过政事堂，不经两省决策程序谋议政事，发布命令，我们前面讲的北门学士，就属这种情况。封建君主往往喜欢耍弄两面手法，一方面竭力维护并完善三省体制，一方面又带头破坏三省制度。早在唐太宗时，破坏制度的情况就时有发生。太宗虽极力强调两省纠检职能，要求宰相奉公尽职，依程序决策，但另一方面，他却经常引诸学士，“会于禁中，内参谋猷”[2]，“商榷政事，或至夜分乃罢”[3]，撇开宰相和两省程序谋议政事。这显然是对法定决策机构的破坏。

学士都是一些什么人呢？

所谓学士，最初并不是官名，仅是指在学的贵族子弟或文人学者，魏晋南北朝时期，各类学士增置渐多，才开始有了以学士为名的官称。当时皇宫、东宫、宗王府、政府各部门、藩将节帅府多置有学士，但其官皆无品秩，政治地位大都不高，一般由寒门庶族充任。在门阀士族把持政治的时代，这些文人学士只是做些文字方面的工作，在政治上没有发言权，有时甚至不免遭挞受辱。[4]

唐时，学士开始介入政治斗争。武德初，唐太宗与李建成相倾轧时，延揽“十八学士”作为自己的智囊，策划发动了“玄武门之变”，夺得帝位后，十八学士“多至公辅”。[5]此后，学士参政日渐增多，不仅在内廷谋议，而且直接受命草语，制定政策，侵夺两省职事。从太宗到玄宗，朝廷设置了许多学士机构，《新唐书》卷四六《百官一》载：

> 学士之职，本以文学言语被顾问，出入侍从，因得参谋议，纳谏诤，其礼尤宠；而翰林院者，待诏之所也。……自太宗时，名儒学士时时召以草制，然犹未有名号；乾封以后，始号“北门学士”；玄宗初，置“翰林待诏”，以张说、陆坚、张九龄等为之，掌四方表疏批答，应和文章，既而又以中书务剧，文书多壅滞，乃选文学之士，号“翰林供奉”，与集贤院学士分掌制诏书敕。开元二十六年，又改翰林供奉为学士，别置学士院，专掌内命。凡拜免将相、号令征伐，皆用白麻。其后，选用益重，而礼遇益亲，至号为“内相”，又以为天子私人。……唐之学士，弘文、集贤分隶中书、门下省，而翰林学士独无所属。

学士从“时时召以草制”到“专掌内命”，地位日益重要。弘文馆和集贤书院尚文属于两省，算是三省职事官系统之内，但玄宗时建立的翰林学士院却“独无所属”，游离于三省体制之外，实际上是直属于皇帝的内朝新机构。

设立新的内朝机构，有其历史的必然性。我们知道，龙朔三年（663）移宫后，中书内省和门下内省被撵出禁宫，皇帝的住地没有决策机构长达六十多年，这与决策权与皇权密不可分的原则相背离。宰相在外朝决策，得不到皇帝的信任，重新建立内朝决策机构也就势所必然。武则天及中宗、睿宗朝的几十年间，中枢政局动荡不稳，虽然没有内廷决策机构，但决策草诏等重大政事大都由皇帝的私臣学士在内廷谋议定夺，武则天为皇后执政时，任用北门学士就长达二十余年，成为她得力的政治助手，外朝宰相遭到冷落，成为闲职。[6]武周晚期至唐中宗之时，宫廷女学士上官婉儿“独当书诏之任”[7]。婉儿自小“没入掖庭，辩慧善属文，明习吏事，则天爱之，自圣历（698）以后，百司表奏多令参决”，及中宗即位，“又使专掌制命，益委任之，拜为婕妤，用事于中”[8]。婉儿由于“恒掌宸翰，其军国谋猷，杀生大柄多其决”[9]，掌握了巨大的权力。武则天死后，武三思一度处境艰难，却因缘“通于婉儿”，婉儿将他“引入禁中”，“图议政事”，竟致宰相“张柬之等皆受制于三思”，武氏势力由是复振。自万岁通天（696）至景龙（707—710）十五年间，婉儿在内廷“轻弄权势，朝廷畏之”[10]，其实际权力较之外朝宰相实有过之而无不及。上官婉儿可以说是唐朝的第一个“内相”。

唐玄宗时，经常任用弘文馆学士和集贤书院学士。《册府元龟》卷五五〇《词臣部·总序》载："中宗朝制诏多出宫中，明皇始置丽正殿学士，又改为集仙、集贤，以典治书籍，然亦别草诏书。"可见任用学士私臣入禁中谋议草诏，自武则天将两省撵出宫禁之后，从未间断过。《旧唐书》卷四三《职官二·翰林院》条载高宗至玄宗历代帝王任用私臣学士的情况说：

> 永徽后，有许敬宗、上官仪，皆召入禁中驱使，未有名目。乾封中，刘懿之、刘祎之兄弟，周思茂、元万顷、范履冰皆以文词召入待诏，常于北门候进止，时号"北门学士"。天后时，苏味道、韦承庆皆待诏禁中。中宗时，上官昭容独当书诏之任。睿宗时，薛稷、贾膺福、崔湜又代其任。玄宗即位，张说、陆坚、张九龄、徐安贞、张垍等，召入禁中，谓之翰林待诏。

这些文人学士的参政和草诏，均属临时性差遣。虽然弘文馆和集贤书院是文属两省的朝廷正式机构，但官志并未载其有议政草诏的职责。"北门学士"和翰林待诏更不是正式官号。这些学士的共同特点是：皆由他官兼领，无品秩，他们的参政和草诏，均属非制。在朝廷置有法定宰相和专掌草诏的中书舍人的情况下，这些被临时差遣的学士的参政揽权，显然是直接破坏了法定中枢机构的职能，排斥了法定宰相的地位。

值得注意的是，这些新进文词之士，历官资格和声望都很浅，本官品秩皆很低下，而一入宫禁，便秉掌大政，有不少人后来被提拔为正式宰相，这样就使政治中枢的格局大为改观了。

随着内朝职权的不断扩大以及唐内政外交事务的繁复，宫廷内的各种文书逐渐增多，临时差遣弘文、集贤学士兼职已不敷需要。正是在这样的政治需要之下，一个新的内朝机关一一翰林学士院在玄宗开元二十六年(738)正式设置了。

翰林学士是唐代名目繁多的诸学士之一。“翰林”一词，最早见于汉扬雄著《长杨赋》[11]，《文选》卷九李善注云：“翰林，文翰之多，若林也。”又《说文解字》释“翰”曰：“翰，天鸡赤羽也。”古用羽毛为笔，故以翰代称。“翰林”为拟人之称，亦称“翰苑”，犹言文翰荟萃之处。梁钟嵘《诗品》卷中称郭璞为“翰林诗首”。但以“翰林”名官，则自唐始。

按唐制：凡乘舆所在，“皆有待诏之所，其待诏者，有词学、经术、合炼、僧道、卜祝、术艺、书奕，各别院以廪之，日晚而退”[12]。由于在这批待诏者中，“词学”最为所重，故冠以“翰林”之雅名。可见词学乃“翰林”之一，既非官名，亦非什么荣衔尊号，只是得出入禁宫，为皇帝宴居游艺、寻欢作乐献其词伎而已。《资治通鉴》卷二〇九中宗景龙三年载："上数与近臣学士宴集，令各效伎艺以为乐。"说明这个翰林杂班子中宗时就已存在。至玄宗"即位，始置翰林院，密迩禁廷"[13]，在宫禁为诸伎术正式设院，这个杂班子就可以更经常地和皇帝接近了。随着朝廷政治形势的发展，其中的文词之士逐渐参预政治，后来更选用朝官入充兼职，终于演变成为皇帝的近臣。韦执谊《翰林院故事》有一段话说：

> 玄宗以四隩大同，万枢委积，诏敕文诰，悉由中书，或虑当剧而不周，务速而时滞，宜有偏掌，列于宫中，承道迩言，以通密命。由是始选朝官有词艺学识者，入居翰林供奉别旨，于是中书舍人吕向，谏议大夫尹愔首充焉。虽有密近之殊，然亦未定名，制诏书敕犹或分在集贤，时中书舍人张九龄，中书侍郎徐安贞等迭居其职，皆被恩遇。至二十六年，始以翰林供奉改称学士，由是遂建学士(院)，俾专内命。

翰林从置"待诏"到置"供奉"，选朝官中有"词艺学识"者入居兼职；从与集贤书院学士分掌制诏书敕，到"俾专内命"，政治上的重要性日益显著。大诗人李白就因其诗才，以布衣被召入翰林，受到唐玄宗的礼遇，荣任过"翰林供奉"。其时翰林"人才与杂流并处"[14]，李白在翰林院主要是卖弄文笔，写诗陪皇帝寻欢作乐，做“应和文章”，但也担任过书诏之事。他在《翰林读书言怀呈集贤诸学士》诗中自称：“晨趋紫禁中，夕待金门诏。”[15]李阳冰《草堂集序》也说李白为“翰林供奉”时“置于金銮殿，出入翰林中，问以国政，潜草诏诰”[16]。从“批答表疏”到“潜草诏诰”，翰林与政治的关系越来越密切。开元二十六年（738），唐玄宗在翰林院之南别建学士院，正式设置翰林学士，文词之士遂从杂班子中脱颖而出，成为内廷直接听命于皇帝的机要秘书，学士草诏也就由临时性差遣发展为固定的使职。

翰林学士院的建立，对唐中枢体制产生了巨大的影响，内廷长达六十五年没有决策机构的状况宣告结束了。虽然当时学士院仅具雏型，职权还不稳固，但它一开始便“俾专内命”，不属三省系统，直接隶属于皇帝，与外廷宰相机构处于对峙状态。范祖禹曰：“中书门下，出纳王命之司也，故诏敕行焉，明皇始置翰林，而其职始分。既发号令，则宰相以下进退轻重系之矣。”[17]这样，内廷外朝便有了两个并行的决策机构，中枢权力的结构发生了明显的变化。

在北衙私臣学士接踵不断地操弄政柄的同时，内朝宦官也开始参预政治。唐初，曾严格限制宦官参政，太宗定制，“内侍省不置三品官……至永淳末，向七十年，权未假于内官，但在阁门守御，黄衣廪食而已”[18]。贞观时，虽“屡有阉官充外使”，但经魏徵进谏后，即行废止。[19]唐朝宦官参预政事，起始于武后当政之时。由于宫禁制度的严密化，中枢决策机构被逐出外廷之后，内外传达出纳不便由士人领掌，所以，“自太后临朝以来，喉舌之任，或出于阉人之口”[20]。到中宗时，“嬖幸猥多”[21]，出现了“宦官用权，(宰相窦)怀贞尤所畏敬，每亲事听诉，见无须者，误以接之”[22]的故事。到玄宗时，宦官“品官黄衣已上三千人，衣朱紫者千余人”，“中官稍称旨者，即授三品左右监门将军”。[23]玄宗经常“遣中使宣诏令”[24]，宦官得参预政事，权势急剧膨胀。时宦官“(杨)思勖屡将兵征讨，(高)力士常居中侍卫”[25]，最得玄宗信任，以致“钟绍京为宰相，而称义男于杨思勖之父”[26]。唐玄宗常说：“力士上直，吾寝则安。”[27]是时，“每四方进奏文表，必先呈力士，然后进御，小事便决之”[28]。高力士所处地位和其所掌职事其实就是后来的枢密使，只是当时还没有这一职衔而已。高力士可以说是第一个宦官宰相。

由于宦官参政和诸私臣学士在内中谋议草诏，武则天以后，内朝事权便一直在不断地扩展，外朝宰相的职权在不断地削弱，形成内重外轻之势。为了进一步控制外朝宰相，武则天声称：“要欲我家及外氏常一人为宰相。”[29]神龙以后，宰辅多由女主上官婕妤、安乐公主、太平公主等除授。如崔湜于景龙三年(709)除中书侍郎同平章事，即为上官婉儿所引。[30]安乐公主则“恃宠横纵，权倾天下，自王侯宰相已下除拜多出其门”[31]。太平公主更是“权移人主，军国大政，事必参决。如不朝谒，宰臣就第议其可否”[32]，景云二年(711)，“宰相有七，五出其门”[33]。宰相成了内朝女主的点缀品，外朝全为内朝所控制，决策机制遭到了极大的破坏。三省的中枢地位开始动摇了。

第二节 《大唐六典》的编纂与差遣使职的盛行

开元二十六年(738)，在翰林学士院正式建立的同时，唐政府编纂的大型职官典——《大唐六典》，在拖延十六年之后，宣告完成了。前面讲过，这两件同一年发生的事，意义是截然相反的。查《六典》，翰林学士院和翰林学士未著一字，清人顾炎武解释曰：“盖书成于张九龄，其时尚未置也。”[34]这或许可以相信。但设置翰林学士是破坏三省体制，编纂《唐六典》则是重申三省的权力地位，号称一代英主的唐玄宗在其统治的鼎盛时期对于至关重要的中枢官制竟举措矛盾，这是值得深究的。

我们知道，唐玄宗即位后，很快结束了长期动荡不安的政治局面，他任用姚崇、宋璟为相，大革前弊，锐意求治，至“不六七年，天下大治，河清海晏，物殷俗阜”[35]，很快把唐朝推上了鼎盛时期。开元十一年(723)，政事堂改名“中书门下”，设置了“五房”机构。就在这年的前一年，玄宗下令修纂《大唐六典》，刘肃《大唐新语》卷九云：“开元十年，玄宗诏(集贤)

书院撰《六典》以进。”说明开元之时唐最高统治者对调整国家机器是十分重视的。《六典》先后由四位宰相（张说、萧嵩、张九龄、李林甫）奉敕领衔监撰，至少有十二位大手笔（陆坚、徐坚、贺知章、韦述等）参加编纂。[36]统治阶级如此重视，其目的无非是总结唐建国一百二十年来治国兴邦的统治经验，重申旧有施政系统的法律效用和职能。对此，古人和近人作了很多研究，自宋朝以来就有不少争论。[37]大多数人认为《唐六典》是以开元时代现行官制为依据，反映了开元时期的职官制度。如著名史学家严耕望先生认为：“《六典》一书之编撰，以开元时代现行官制为纲领，以现行令式为材料……其性质即为一部开元时代现行职官志。”[38]《唐六典》是否真的反映了开元时代的现行制度？这个问题与唐代中枢体制的发展演变关系极大，有必要进一步探讨。

我们知道，自唐建立至玄宗开元盛世，一百二十多年来唐官制，特别是中枢官制发生了很大的变化，《六典》如果以开元现行官制为纲，应该反映这些变化。但《六典》不仅没有记载翰林学士院，开元十一年建置的中书门下（政事堂）这一国家重要中枢机构也未见记载。[39]中书门下建立于玄宗下令编修《六典》的第二年，有规模不小的五房办事机构，至《六典》编纂成功，中书门下作为国家中枢决策机构行使权力已有十五年，而修撰《六典》的四位宰相和十二位馆臣竟然视而不见，不加记载，这不能不使人惑疑。不仅如此，唐初以来大量出现的差遣副宰相及后来的正式宰相“同中书门下平章事”，《六典》也不加记载。查《六典》卷九《中书令》条，其正文后有一条很长的注文：“武德贞观故事……皆称同中书门下平章事也。”与《旧唐书》卷四三《中书令》条注文完全一致。这段注文简略地概述了唐代宰相制度的发展过程，特别是对宰相名号统一于“同中书门下平章事”的记载尤为明晰。(此条前面已引用)人们一般认为《旧唐书》系抄袭《六典》原文，但据日本1973年刊行的广池、内田本《大唐六典》[40]，上述注文之前有日本学者近卫家熙的批注：“此下疑脱注文，以旧唐志补之。”栏上又有内田智雄氏据宋残本所作的校注：“此下宋本无注文。”[41]此批文和校注极为重要，但却久未为史学界注意，人们对注文未加考订即加以引用，而误认为是《六典》所原有。退一步讲，即使这段注文不是后人据《旧唐书》添补，而为《六典》固有，宰相制度这一关系到国家治乱兴亡的根本性制度，号称为“行政法典”的《大唐六典》竟然不加详载，而仅以注文简述，也会使人惊诧，更何况被称为宰相府的中书门下(政事堂)竟没有一字述及。这样的官典如何能称之为“开元时代现行职官志”呢？

《大唐六典》不仅对三省体制的发展变化不加记载，而且对其时大量出现的差遣使职也未作叙述。

我们知道，从唐初到开元的百多年间，唐社会内部发生了很大的变化，在政治制度、经济制度和阶级关系等各方面都呈现出明显的转折。唐初均田制、租庸调制和府兵制的结合，使社会经济得到了发展，国力逐渐强盛，唐朝成了当时世界上最强大的国家。随着封建经济的发展，封建社会自身的矛盾也在逐渐尖锐化。由于土地兼并日胜一日，大量农民失去土地，逃移他乡，武则天之时，已是“天下户口，亡逃过半”[42]。由于劳动人口的逃散，建立在均田制之上的租庸调制和府兵制至玄宗时已名存实亡。史称：“开元之际，天宝以来，法令弛坏，兼并之弊，有逾于汉成、哀之间。”[43]广大农民不堪奴役，奋力反抗，封建依附关系更趋松弛，租佃关系逐渐发展，地主和农民两大阶级之间的关系呈现出新的格局。在上层统治者中，阶级关系也发生了很大的变动。我们知道，武则天采用残酷手段打击门阀世族，提倡科举制度，扶植庶族地主，直到武则天以后的中宗、睿宗和玄宗开元之时，掌权者多数还是武则天提拔的人，如开元名宰姚崇、宋璟、张说、张九龄等都是承武则天的提拔。其中二张更是科举入士的文词之士，宪宗时宰相李绛曾说：“武后命官猥多，而开元中有名者，皆出其选。”[44]得到武则天扶植的庶族地主开始全面掌权，士族门阀则逐渐退出历史舞台，唐政权的性质已大为改观了。

由于一百多年来社会经济和阶级关系的变化，整个上层建筑随之也发生了变化。在行政制度方面，差遣使职越来越多，不仅最高行政中枢出现了同中书门下平章事、翰林学士，地方上也设置了十道采访处置使、节度使等。[45]在中央各部门，上自宰相，下至尚书六部各司曹，几乎都有差遣使职喧宾夺主，取代旧有行政系统的职事。据何汝泉先生统计，差遣使职虽自唐高祖时起就时有所置，但至高宗武后时才开始增多，所置使职占全唐使职的12.6%，至玄宗时达于高潮，所置使职占全唐使职的34.5%。[46]在众多的使职中，尤以财政经济方面的为多，由于均田制的破坏，逃户增多，租庸调赋役受到威胁，武则天延载元年（694）置营田使[47]和督作使[48]，长安三年（703）又置括逃使[49]，睿宗景云元年（710）置支度使[50]等，都是为确保朝廷的赋税收入而置的专使。到玄宗开元元年（713）又设置盐池使[51]，开元二年置市舶使[52]，开元十一年置租庸使[53]，十二年发布《置劝农使安抚户口诏》，置劝农使和户口使[54]，同年八月派宇文融为括田使[55]，等等，反映了封建社会内部生产关系随着生产力的发展而实行的局部调整。但是，这个调整并不是统治阶级顺应时代潮流而自觉地推行的，这些使职大都是自发地产生，随事补苴，临时差遣，没有定制，其中更有不少由临时性差遣发展为固定的使职，不同程度地取代了原有职官系统的职事，造成职官制度的混乱。范祖禹说："自古官制之紊，未有如开元者。"[56]说的就是这种情况。至天宝时，使职越置越多，深入到政权的各个方面，如王鉷一人竟身兼二十余使[57]，杨国忠一身更"凡领四十余使"[58]，出现了"为使则重，为官则轻"[59]的情况。使职既独立于三省六部职官系统之外，显然是直接破坏了原有施政系统的职权。

武后至玄宗时期差遣使职的大量出现，说明唐初法定的三省六部体制已难以应付日益复杂的新情况，不能适应社会经济及阶级关系已经发生了变化的新形势，成为一种过时的制度。[60]但是，偏偏就在这大变革的时刻，唐政府却费很大功夫编纂《唐六典》。开元十年（722），玄宗“手写白麻纸凡六条，曰理、教、礼、政、刑、事典，令以类相从撰录以进”。《六典》编纂的体例是：“以令式入六司，像《周礼》六官之制，其沿革并入注。”[61]所谓令、式，《新唐书》卷五六《刑法志》曰：“令者，尊卑贵贱之等数，国家之制度也；格者，百官有司之所常行之事也；式者，其所常守之法也。”[62]《六典》既是令、式的汇集，具有法律效用，说明具有法典的性质。但《六典》对宰相以下各类差遣使职皆摒弃不载，武则天以来中枢体制的发展变化也未反映，却按武德贞观时的设官序列详述旧有职官系统。显然，统治者的目的十分明确，是以编制行政法典的形式重申三省体制的法定地位，强调其职能。同时，包括宰相“同中书门下平章事”在内的各类差遣使职则被视为非制，甚至中书门下（政事堂）这一中枢决策机构也不为法律所承认。可见，《唐六典》并不是开元时代现行的职官志，而是武德贞观时期旧制的整齐化。

开元二十五年（737），即《六典》纂成的前一年，唐政府曾对本朝职官“刊定职次，著为格令”，而其格令条文亦“皆武德贞观之旧制”。[63]这也说明统治者十分迷恋武德贞观时的旧有制度，他们主观上并不希望旧有的法定制度遭受破坏，而是力图维持不变。面对大变革的社会现实，最高统治者内心矛盾重重，举措失态，《唐六典》的修撰反映的就是这种情况。

由于开元之时的制度已经发生了很大变化，唐初的成法有许多已不符合现状的要求，所以《唐六典》在编纂过程中曾几度难产。刘肃《大唐新语》卷九云：

> 开元十年，玄宗诏(集贤)书院撰《六典》以进，时张说为丽正学士，以其事委徐坚。沉吟岁余，谓人曰：“坚承乏，已曾七度修书，有凭准皆似不难，唯《六典》历年措思，未知所从。”(张)说又令学士毋婴等，检前史职官，以今(令)式分入六司，以今朝《六典》象《周官》之制。然用功艰难，绵历数载。其后张九龄委陆善经，李林甫委苑咸，至二十六年，始奏上。

区区三十卷的《唐六典》，竟几度更换主编，费时十六年，撰书馆臣无所措手，只得以武德贞观时令式条文分入六司，附会《周礼》六官，敷衍圣旨，最后撰成“童牛角马不今不古之书”[64]。而其书虽成，却与现实抵牾，其中一些具体条例早已落后于历史发展的客观形势。不光是官制，其卷三所记田赋之制，卷五所记兵制等等，亦无不与现实相左。也正是因为此书与发展了的现实差距甚大，所以书编成后，“祇令宣示中外”，却始终没有“明诏施行”。[65]

唐最高统治者虽然主观上十分迷恋武德贞观时形式整齐的旧制度，但客观现实的变化和形势的发展却又迫使他们不得不作某些变通，以维持国家机器的统治机能。于是大耍两面手法，一方面重申三省体制的职能，一方面随事所需临时抓差，差遣使职的大量出现，就是统治者消极应变的产物。中枢体制的发展变化，也不是统治阶级有意识地进行的行政改革，开元时代唐玄宗对于中枢体制的矛盾举措，说明在大变革的时代潮流中唐最高统治者还处于盲目状态，并没有自觉地进行实质性改革。政治制度的变化不以统治者的意志为转移，它总是要随着社会经济政治和阶级关系的变化而变化。但政治制度既要通过掌握政权的统治者来设置，其变化又不能不通过统治者来实现。统治者虽不能阻止制度的变革，但却可以延缓或加速变革的进程。唐玄宗敕撰的《唐六典》，是一部复古复旧的行政法典，虽然未能真的将制度倒退到武德贞观时期，未能最终阻止行政制度的变革，但仍然对唐代政制，特别是中枢体制的发展演变产生了深远影响。在唐后期，虽然三省体制实质上已被取代，但作为法定形式却终唐之世也未取消。《唐六典》的法律条文甚至还经常被征引，三省名号作为居官的符号标志仍旧保留，并一直沿续到宋代，使中枢体制的转折长期被遮掩，若不究实质，只看形式，人们便会产生三省体制与唐政权相始终的印象。

由于唐中枢体制的变革不是统治阶级顺应时代潮流自觉地推行，所以中枢新旧体制的交替还要经过一段长时间的发展过程。隋唐时期的许多制度起先都不是经过立法定制设置，而是由于某种需要自发地产生，而一经产生，便为“故事”，形成惯例，以后得到统治阶级的认可，才逐渐形成制度。政事堂制度起先即为“故事”[66]；宰相制度起先也是“故事”。[67]诸如此类，举凡多有。开元二十六年设置的内朝新机构——翰林学士院，虽被视为非制，但翰林草诏却也已成“故事”，其要真正取代法定决策机构的职能，成为获得统治阶级认可的法定制度，尚须一段时间的发展。

注释

1　关于《大唐六典》编成的时间，《新唐书》卷五八《艺文志・职官类》记为“开元二十六年书成”。《唐会要》卷三六则谓：“（开元）二十七年二月，中书令张九龄等撰《六典》三十卷成，上之。”前后时间相差不大。刘肃《大唐新语》卷九亦记为开元二十六年。今依二十六年说。

2　韦执谊《翰林院故事》。

3　《资治通鉴》卷一九二唐高祖武德九年。

4　《隋书》卷六〇《段文振传》：“文振弟文操，大业中……帝令督秘书省学士，时学士颇存儒雅，文操辄鞭挞之，前后或至千数，时议者鄙之。”参见赵翼《陔余丛考》卷二六《学士》条。

5　韦执谊《翰林院故事》。

6 《旧唐书》卷九〇《王及善传》载武则天时宰相王及善“因病请假月余，则天都不问之，及善叹曰：‘岂有中书令而天子得一日不见乎？事可知矣。’乃上疏乞骸骨”。

7 《旧唐书》卷四三《职官三·翰林院》。

8 《资治通鉴》卷二〇八唐中宗神龙元年。

9 《太平广记》卷二七一《上官昭容》条引《景龙文馆记》。

10 《资治通鉴》卷二〇八唐中宗神龙元年。

11 《汉书》卷八七下《扬雄传》载《长杨赋》。有“聊因笔墨之成文章，故藉翰林以为主人”句。

12 《旧唐书》卷四三《职官二》。

13 《资治通鉴》卷二一七唐玄宗天宝十三载。

14 《文献通考》卷五四《职官考八·学士院》条引致堂胡氏曰。

15 见《全唐诗》卷一八三。

16 见《全唐文》卷四三七。

17 《唐鉴》卷十。

18 《旧唐书》卷一八四《宦官传·序》。

19 《贞观政要》卷五《公平第十六》。

20 吴兢《开元升平源》。

21 《资治通鉴》卷二一〇唐玄宗开元元年。

22 《旧唐书》卷一八三《外戚·窦怀贞传》。

23 《旧唐书》卷一八四《宦官传·序》。

24 《大唐新语》卷三。

25 《资治通鉴》卷二一三唐玄宗开元十八年。

26 《困学记闻》卷十四。

27 《资治通鉴》卷二一三玄宗开元十八年。

28 《旧唐书》卷一八四《宦官·高力士传》。

29 《新唐书》卷一〇《杨恭仁附杨执柔传》。

30 《资治通鉴》卷二〇九中宗景龙三年。

31 《旧唐书》卷一八三《外戚·武延秀附安乐公主传》。

32 《旧唐书》卷一八三《外戚·太平公主传》。

33 《大唐新语》卷九。

34 《日知录》卷二四《翰林》。

35 郑綮《开天传信记》。

36 王应麟《玉海》卷五一称：“知院四人，参撰官十二人。”

37 参见程大昌《考古编》卷九。

38 严耕望《略论〈唐六典〉之性质与施行问题》。王超《我国古代的行政法典——〈大唐六典〉》一文亦基本同意严氏的看法，云：“严文肯定《唐六典》是开元时现行制度，是正确的。”

39 查《六典》全文，仅卷九《中书省·中书舍人》条注文载：“（中书舍人）一人专掌画，谓之知制诰，得食政事之食。”

40 按，这是目前《六典》最好的版本，参见张弓《〈唐六典〉的编撰刊行和其他》。

41 《唐六典》最早版本为北宋元丰本，南宋绍兴四年（1134）重刻，今尚有绍兴本残卷存世，藏北京图书馆，内田氏即据日本所藏绍兴本残卷照片校注。参见张弓上揭文。

42 《旧唐书》卷八八《韦嗣立传》。

43 《通典》卷二《食货二・田制》。

44 《新唐书》卷一二五《李绛传》。

45 《唐会要》卷七八《诸使》中。

46 何汝泉《唐代使职的产生》。

47 《资治通鉴》卷二〇五武则天延载元年一月。

48 同上书同卷延载元年八月。

49 《大谷文书》二八三五号，参见池田温《中国古代籍帐研究》文书录文一三四。“周长安三年（703）三月括逃使牒并敦煌县牒。”

50 《唐会要》卷七八《诸使中・支度使》。

51 《唐会要》卷八八《盐池使》。

52 《旧唐书》卷六《玄宗纪》上。

53 《唐会要》卷八四《租庸使》。

54 《唐大诏令集》卷一一一，《唐会要》卷八五《户口使》。

55 《旧唐书》卷一〇五《宇文融传》。

56 《唐鉴》卷八。

57 《旧唐书》卷一〇五《王鉷传》。

58 《旧唐书》卷一〇六《杨国忠传》。

59 《唐国史补》下篇。

60 参见陈仲安《唐代的使职差遣制度》。

61 韦述《集贤记注》，陈振孙《直斋书录解题》卷六《唐六典》条引。

62 《新唐书》卷五六《刑法志》。

63 《通典》卷十九《职官一・总序》。

64 陈寅恪《隋唐制度渊源略论稿》。

65 吕温《代郑相公请删定施行六典、开元礼状》，见《全唐文》卷六二七。

66 《资治通鉴》卷二〇三唐高宗弘道元年。

67 《旧唐书》卷四三《职官二・中书令》条注文："武德贞观故事……。"

第五章

三省体制的崩溃与内朝事权的扩展

《大唐六典》是对旧三省体制的总结，翰林学士院是新中枢建置的开始。由于统治阶级不能顺应时代潮流进行自觉的政制改革，致使新旧体制的演变递嬗交织在一起，呈现出极为错纵复杂的局面。

大致说来，整个隋唐中枢体制的演变过程，以开元二十六年（738）为界，可以分为前后两期，再细致一点，又可以龙朔三年（663）的移宫事件，即武则天将决策机构中书内省和门下内省撵出宫禁作为标志，将前期分为两个阶段；以永贞元年（805）唐宪宗即位后设置“内相”——翰林学士承旨和枢密使作为标志，将后期分为两个阶段，共四个发展阶段。龙朔三年以前，整个隋代及唐初武德、贞观、永徽时期的七十二年为第一阶段，是三省中枢体制的创立和完善化时期；从龙朔三年到开元二十六年的七十五年时间为第二阶段，是三省体制进一步发展，同时又遭到初步破坏的时期；从开元二十六年到永贞元年的六十七年时间为第三阶段，是三省体制遭受严重破坏，以致最后崩溃，新的中枢体制酝酿成立的时期；永贞元年以后直到公元907年唐朝灭亡的一百零二年为第四阶段，是新中枢体制正式建立并全面掌权的时期。一般来说，前期两个阶段是三省体制占主导地位，虽然武则天以后大批私臣学士和差遣使职侵夺和破坏三省的职权，但并没有完全取代其职事，只有三省才为法定制度，三省以外的学士、使职皆被视为非制。后期两个阶段则是新体制占主导，在唐宪宗时并取得了法定地位，三省的主要职事已被取代，而唯剩躯壳。前期两个阶段的情况我们在前面四章中已作了大量论述，下面四章则主要论述后期两个阶段中枢体制发展演变的情况，本章先就第三阶段进行讨论。

我们在前一章论述了武则天掌权以来，内朝私臣学士和宦官操弄权柄，侵夺宰相职权，破坏三省体制，以致中枢长期动荡不稳的情况。玄宗即位后，大革前弊，开始任用宰相，但宰相居于外廷，远离皇权，决策机制已发生了很大变化，武德贞观时的制度不仅始终无法恢复，而且在继续不断地堕坏。《旧唐书》卷一〇六《杨国忠传》载:“开元已后，宰臣数少，始崇其任，不归本司。”宰相这时只于政事堂议事，而不再管本省庶政，两省给、舍与宰相疏远，而不复为“宰相判官”，纠检作用逐渐丧失了。到开元后期及天宝之时，出现了奸相李林甫和杨国忠长期擅政专权的局面。

值得注意的是，李林甫和杨国忠的入相和擅政，都是通过内官、妃主之援实现的。这说明即使外朝宰相专权，也必须内朝有人作后盾，内重外轻之势并没有改变。开元二十三年(735)，李林甫通过巴结玄宗宠爱的武惠妃和宦官高力士入相。为固权宠，李林甫又多结内官，“帝左右宠幸，未尝不厚以金帛为贿，由是帝之动静，林甫无不知之”[1]，“故出言进奏，动必称旨”[2]。李林甫通过勾结内官察知天子动静，大耍口蜜腹剑的伎俩而达到专权的目的。

另一方面，当时宰相集体议政决策制度的破坏，也是李林甫得以专权的原因之一。开元之初，已经出现了“伴食宰相”[3]，到李林甫入相，更是千方百计、变本加厉地垄断相权。据唐人柳珵撰《常侍言旨》载：

> 李林甫初拜相，窃知上意，及班旅退，佯为蹇步，上问：“何故脚疾？”对曰：“臣非脚疾，愿独奏事……”

入阁独奏，显然是破坏宰相集体议决，造成一宰揽权，但佯跛独奏的发明者并不是李林甫，而是开元贤相姚崇。《新唐书》卷一二四《姚崇传》载：

> 崇它日朝，众趋出，崇曳踵为有疾状，帝召问之，对曰：“臣损足。”曰：“无甚痛乎？”曰：“臣心有忧，痛不在足。”问以故，曰：“岐王，陛下爱弟，张说辅臣，而密乘车出入王家，恐为所误，故忧之。”于是出(张)说相州。

据此宋人庄季裕称：“林甫之术，盖祖于崇也。”[4]可见，早在李林甫入相之前，宰相集体议政制度已遭到破坏，这无疑给奸相的专权提供了方便。

为了达到长期专权的目的，李林甫恃权忌能，杜绝忠谠才贤入相之路。黄门侍郎陈希烈“以讲老庄得进”，“李林甫以希烈为上所爱，且柔佞易制，故引以为相，凡政事一决林甫，希烈但给唯诺。故事，宰相午后六刻乃出(政事堂)，林甫奏，今太平无事，巳时即还第，军国机务皆决于私家；主书抱成案诣希烈书名而已”。[5]就这样，奸相李林甫“秉钧二十年，朝野侧目，惮其威权”[6]。天宝十一载(752)，李林甫薨，继任者杨国忠以椒房之亲代其职，专横较李林甫更甚。“国忠注官时，呼左相陈希烈于座隅，给事中在列，曰：‘即对注拟，过门下了矣。’”有时更干脆“使胥吏于私第暗定官员，集百僚于尚书省对注唱，一日令毕，以夸神速，资格差谬，无复伦序”。[7]命官的所有手续均不履行，决策程序遭到了粗暴的践踏。李林甫、杨国忠的长期擅政专权，是三省中枢体制已经破败的明证。

内部机制缺损的三省制度更经不过战乱的打击，经安史之乱和奉天之难等一系列战乱的侵袭，三省中枢体制最后走向了全面崩溃。

天宝十四载(755)，爆发了安史之乱，强盛的唐朝由此转向衰弱。次年，太子李亨在灵武即皇帝位，是为肃宗。由于“从官单寡”[8]，其时肃宗麾下“文武官不满三十人，披草莱，立朝廷，制度草创，武人骄慢”[9]。中枢机构在战乱中遭到严重的破坏自不待言。

为了号令全国军民抗击叛军，收复两京，肃宗即位后立即组建新的中枢机要班子，史称“以杜鸿渐、崔漪并知中书舍人事”[10]，“时天下事殷，诏令多出于（中书舍人徐）浩”[11]。在任中书舍人草诏的同时，翰林学士的作用也突出起来。李肇《翰林志》载陆贽贞元三年（787）的上疏曰：

> 肃宗在灵武、凤翔，事多草创，权宜济急，遂破旧章，翰林之中，始掌书诏。

《旧唐书》卷四三《职官二》亦载：

> 至德已后，天下用兵，军国多务，深谋密诏，皆从中出，尤择名士，翰林学士得充选者，文士为荣。

翰林学士因亲接皇帝，所草多“深谋密诏”，其重要性显然已超过中书舍人。而宰相政事堂议事制度这时已完全废止，韦处厚《翰林学士记》载：

> 逮自至德，台辅伊说之命，将坛出车之诏，霈洽天壤之泽，遵扬顾命之重，议不及中书（政事堂）矣。

在外朝宰相机构于战乱中遭到巨大破坏之时，内朝事权得以迅速扩展。宦官势力更是恶性膨胀起来。

宦官李辅国，这时掌握了中枢大部分权力，《资治通鉴》卷二二一肃宗乾元二年载：

> 太子詹事李辅国，自上在灵武，判元帅行军司马事，侍直帷幄，宣传诏命，四方文奏，宝印符契，晨夕军号，一以委之。及还京师，专掌禁兵，常居内宅，制敕必经辅国押署，然后施行。宰相百司，非时奏事，皆因辅国关白、承旨。常于银台门决天下事，事无大小，辅国口为制敕，写付外施行，事毕闻奏……诸司无敢拒者。

李辅国竟盗用皇帝“制敕”，不经任何法定程序，不须审议封驳，甚至不用草拟，“轻重随意”，“口为制敕”，不仅彻底破坏了三省施政系统，而且直接威胁到皇权。

李辅国破坏决策程序，把持朝政的行径遭到了宰相李岘的抵制，也引起了肃宗的不满。李岘在肃宗面前“论制敕皆应由中书(政事堂)出，具陈辅国专权乱政之状”，肃宗“感寤”，乃下令：“比缘军国务殷，或宣口敕处分，诸色取索及权配囚徒，自今一切并停，如非正宣，并不得行。”所谓“正宣”，胡三省注曰：“正宣，宣命；凡出宣命，有底在中书(政事堂)，可以检覆，谓之正宣。”可见肃宗是以重申旧有决策程序，来限制李辅国的专权，同时下令："中外诸务，各归有司。"[12]企图恢复三省施政系统的职能。

自后，"诏敕不由中书（政事堂）出者，（李）岘必审覆"，[13]但是，这并未能扼制李辅国权势的发展，时李辅国"专掌禁兵"，宰相崔圆"惧其威权，倾心事之"[14]。另一名宰相李揆虽出身"山东甲族"，却"见辅国执子弟之礼，谓之'五父'"。辅国又将其"岳父"元擢及元擢弟元挹"引入台省"，操纵政治，甚至"矫诏移上皇居西内"，而"骄恣日甚，求为宰臣"，[15]居然提出了自己当宰相的要求。宦官任宰相，唐无先例，若假其名号，则内廷与外朝合为一体，其专政乱权就名正言顺了。对此，肃宗虽极不情愿，却未正面拒绝。上元二年（761）肃宗崩，代宗即位，辅国有定策功，"愈恣横，私奏曰：'大家但内里坐，外事听老奴处置。'代宗怒其不逊，以方握禁军"，敢怒不敢言。"乃尊为尚父，政无巨细，皆委参决。五月加司空、中书令。"[16]李辅国早已实际行使宰相职权，这时加"中书令"，就使他成为唐代第一个，也是唯一的名副其实的宦官宰相了。当然，代宗并不是真心假他大权，不久就派刺客把他杀了。[17]

李辅国垮台后，另一宦官头目程元振又在中枢擅权，"代辅国判元帅行军司马，专制禁兵……是时元振之权，甚于辅国，军中呼为十郎"[18]。为了抑制宦官势力，代宗一方面任用朝臣宰相来夺回被宦官窃取的权力，另一方面也开始任用亲信近臣翰林学士来和宦官抗争。广德元年（763）十一月，翰林学士柳伉上疏请斩“中外咸切齿而莫敢发言”的大宦官程元振。[19]由于柳伉“在禁林，职近而亲”[20]，大得代宗信任，最后取得了“削元振官爵，放归田里”[21]的重大胜利，这可以说是内朝翰林学士和宦官斗争的第一个回合。

程元振去后，宦官鱼朝恩又继起专权。朝恩“专典神策军，出入禁中”[22]，“专权使气，公卿不敢仰视，宰臣或决政事，不预谋者，则眦睚曰：‘天下之事，岂不由我乎？’”[23]平定安史叛乱的唐名将李光弼竟也“惧朝恩之害，不敢入朝”[24]。朝恩甚至“谋将易执政，以震朝廷”[25]。大历五年（770）三月，代宗和宰相元载设计诛鱼朝恩，收夺了神策兵权，自后，开始委政于外朝宰相。内朝宦官擅权乱政的局面暂告一个段落。

但是，委政于外朝宰相并没有使朝政局面有所改观。代、德之际，又连续出现了宰相专权以及党争不已的情况，致使中枢政局仍旧动荡不稳。据《杜阳杂编》：“上（代宗）纂业之始，多以庶务托于钧衡，而元载专政，益堕国典，若非良金重宝，趑趄左道，则不得出入于朝廷。及常衮为相，虽贿赂不行，而介僻自专，少于分别，故升降多失其人。”这里所说的元载和常衮，一个是奸相，一个还称得上是贤相，但他们为相时专断朝政却并无二致。史称：“元载专朝，天子拱手。”[26]常衮当国，“非文词者皆摈不用”，因自视尊大，政事堂通中书舍人院的后门也被堵塞了。[27]

元载专权，完全是继承了李林甫的伎俩，史载元载“结内侍董秀，多与之金帛，委（中书）主书卓英倩潜通密旨，以是上有所属，载必先知之，承意探微，言必玄合”[28]。元载大耍手法，欺上瞒下，致使“公道隘塞”，大权归己，专权擅政约十五年，成为李林甫第二。大历十二年（777）三月，代宗“命左金吾大将军吴凑收（元）载、（王）缙于政事堂……并中书主书卓英倩、李待荣……命吏部尚书刘晏讯鞫”[29]，皆伏诛，宦官董秀亦于禁中杖杀之，一举殄灭了元载及其内外党羽。但是，虽灭元载，却并没有改变宰相专权的局面，不久，新的宰相专政又出现了。

大历、建中名宰刘晏和杨炎，因推行财政改革，兴榷盐之利，两税之法，颇有嘉声。但建中（780—783）初，杨炎“独当国政”，却又利用手中的大权，“专意报恩复仇”，“构刘晏之罪贬官”，诬杀之，致“朝野为之侧目”。[30]后卢杞入相，朝“政一决于杞”。[31]杞又与杨炎争权相构，杀杨炎。“杞作相三年，矫诬阴贼，排斥忠良，朋附者欬唾立至青云，睚眦者顾盼已挤沟壑”。又大耍阴谋诡计，“蒙蔽天听，隳紊朝典”[32]，致使朝政败坏，中枢虚弱无力，直接引发了建中二年（781）的藩镇叛乱。建中四年（783），泾原兵在京师叛变，唐德宗仓皇出逃奉天（今陕西乾县），朝廷又一次处在极度的危机之中，中枢机构再一次遭到了严重破坏。《唐语林》卷六载：“德宗时，杨炎、卢杞为宰相，皆奸邪用事，树立朋党，以至天子播迁，宗社几覆。”大约半个世纪以后，大臣韦处厚回忆起这段往事，上书敬宗时还说:“建中之初，山东向化，只缘宰相朋党上负朝廷，杨炎为元载复仇，卢杞为刘晏报怨，兵连祸结，天下不平。”[33]把“奉天之难”的罪责归咎于宰相，是有一定根据的。

奉天之难后，外朝宰相的权力受到压制，内朝事权又开始了扩展，宦官专政的局面基本上形成了。以往史家论述中唐之际的变乱和宦官专权的原因，往往归咎于君主，认为唐代宗瘖弱，是“平乱守成”，至多不过是“中材之主”。[34]德宗则天生“猜忌刻薄”[35]，是“志大而才小，心褊而意忌，不能推诚御物，尊贤使能”的“造祸之主”，[36]似乎一切灾难的根源都是因为皇帝的无能。我们认为，这种看法有失公允，也不符合历史事实。我们知道，代宗不仅最终荡平安史祸乱，在对付宦官问题上也曾大获全胜，收夺了宦官的兵权，又通过诛杀元载抑制宰相的骄纵，使大权总归于已。《大唐新语》卷一载:“元载既伏诛，代宗始躬亲政事，励精求理。”可见代宗颇事振作，颇想有所作为，并不瘖弱。德宗在即位前曾以天下兵马大元帅兼尚书令[37]的职衔统率大军直接参加平定安史叛军的战斗，即位之初，继承代宗的遗志，颇想大肆整顿，以恢复大唐帝国往昔的盛况。《旧唐书》卷十三《德宗纪下》史臣曰:“德宗皇帝初总万机，励精治道，思政若渴，视民如伤，凝旒延纳于谠言，侧席思求于多士。”为求匡辅之臣，德宗曾大访贤才，“唯贤是择”，“求人于不次之地”[38]，又“尝访宰相群臣中可以大任者”[39]。可见德宗并非天生的“猜忌”之主。其初即位时，“庶务皆委宰司”[40]，建中元年（780），任用宰相杨炎推行两税法，施行了具有深远历史意义的财经改革，证明他“尊贤使能”，很有才干。但是，皇帝虽“励精治道，思政若渴”，宰相却玩弄权柄，结党营私。不仅奸相（如元载、卢杞）专权擅政，贤相（如常衮、杨炎）也专权自恣。在安史乱后急需匡辅之臣治国平天下的时刻，宰相的表现竟是如此糟糕，以致不久就酿出新的祸乱，使君主大失所望，迫使君主不得不转而去信用内朝私臣和宦官。

为什么此时会连续出现宰相专权的事件？中枢长期动荡不稳的内在原因又何在？我们认为，主要原因不在个人，而在于制度。我们知道，隋唐实行“决策机构宰相制”，宰相施政的依据是决策机构。但自武则天以来，决策机构不断地遭受破坏，安史乱后，中书门下（政事堂）已无纲纪可循，集体议决流于形式，两省给、舍的纠检咨询功能也早已不能发挥作用。原有的决策程序已破坏无遗。中书门下（政事堂）既已高度集权，却又居于禁外，皇帝也难以控制，无法监视。在纲纪堕毁、不受约束的情况下，皇帝若假之以大权，就势必造成宰相专权，不管是奸相还是贤相都在所难免，因为专权的客观环境和条件在，促使大权独专于一人。建中初年，卢杞曾提出恢复开元之前中书舍人“五花判事”和“六押”制度[41]，恢复旧有某些必要的决策程序。但是制度堕坏已久，恢复谈何容易。在一片反对声中，旧制度非但不得恢复，卢杞自己反倒开始专权，把朝政搅得更加面目全非。这时，三省中枢体制的内部决策机制既已全遭破坏，整个体制实际上已走到了历史的尽头。《唐语林》卷六载：

德宗惩辅相之失，自是除拜命令不专委于中书（政事堂），凡奏拟用人，十阻其七，贞元以后，宰相备位而已。

经过奉天之难战乱的大破坏，三省体制被彻底破毁，再也不能发挥中枢作用了。

由于宰相不堪信用，德宗只得任用内臣，起初对翰林学士张涉“恩礼甚厚，亲重无比”，“大小之事皆咨之”。[42]建中四年（783）泾原兵变，德宗先狼狈逃到奉天，后逃到梁州（今陕西汉中），在仓皇避难之际，中枢机务皆委命于翰林学士陆贽。“机务填委，征发指踪，千端万绪，一日之内，诏书数百，贽挥翰起草，思如泉注……莫不曲尽事情，中于机会”。[43]贽又“常启德宗云，今书诏宜痛自引过罪己，以感动人心。德宗从之，故行在制诏始下，闻者虽武夫悍卒，无不挥涕感激。……贞元初，李抱真来朝，因前贺曰：‘陛下之幸奉天山南时，敕书至山东，士卒无不感泣思奋者，臣当时见之，即知诸贼不足平也”[44]。陆贽作为德宗的帷幄近臣，在危难之际发挥了巨大作用。当时，德宗与陆贽可以说是相依为命，《册府元龟》卷五五〇《词臣部·恩奖》载：

> ……德宗特所亲信，待之不以严，特见从容言笑之际，或脱玉(御)衣以衣之，或以姓第呼为陆九，同职莫敢望之。初，德宗自奉天适梁州，山路危险，往往与从官相失，夜至驿，求贽不得，惊悲涕泣，募于众曰："有能得贽者，吾与千金。"久之贽乃至，皇太子已下皆贺。

在皇帝如此倚重的情况下，陆贽得以参与中枢的议政决策，"虽有宰相，大小之事，上必与贽谋之，故当时谓之内相"[45]。翰林学士的政治地位和职权大为提高了，陆贽成了唐代历史上的第一个翰林内相。

德宗在信用翰林学士的同时，也开始信用宦官。神策禁军的兵权再次交给宦官领掌。自代宗大历五年(770)诛鱼朝恩以来，神策禁军一直由朝官统领。但建中四年(783)十月，泾原兵在京师哗变时，德宗促神策军拒战，竟"无一人至者"[46]，只有霍仙鸣、窦文场带着百余名宦者护卫着德宗逃奔山南。德宗伤心之余，还京后"颇忌宿将，凡握兵多者，悉罢之"[47]，认为只有宦官才堪信用，因以宦官霍仙鸣、窦文场分"监勾当"神策军。贞元十二年(796)六月，二人被正式任命为左右神策军护军中尉，[48]宦官张尚进、焦希望为中护军，自后，宦官领禁军遂成定制。窦文场等甚至要求像命朝官那样“用麻纸写制”，因遭到翰林学士郑絪的抵制而止。因宦官掌兵，“是时窦、霍势力倾中外，藩镇将帅多出神策军，台省清要亦有出其门者”[49]。宦官仗势开始操纵朝廷政治，进入中枢权力的核心。《旧唐书》卷一八四《宦官传·序》曰：“自贞元之后，(宦官)威权日炽，兰锜将臣，率皆子蓄，番方戎帅，必以贿成，万机之与夺任情，九重之废立由己。”宦官在中枢专权的局面开始形成。

经过一系列的战乱和各方面的破坏，三省施政系统在德宗之时已趋于崩溃。决策机构已停止运转，掌书诏出令的中书省因官员俱缺而陷于瘫痪。《南部新书》壬篇载：

> 贞元初，中书舍人五员俱缺，在唯南参一人，未几亦以病免，唯库部郎中张濛独知制诏。……其月濛以姊丧给假。或草诏，宰相命他官为之。中书省案牍不行十余日。

又《唐会要》卷五五《中书舍人》亦载：

> (贞元)四年(788)二月，以翰林学士职方郎中吴通微、礼部郎中顾少连、起居舍人吴通玄、左拾遗韦执谊并知制诰。故事：舍人六员。通微等与库部郎中张

> 濛凡五人以他官知制诰，而六员舍人皆缺焉。

据丁居晦《重修承旨学士壁记》：贞元时吴通微、吴通玄兄弟及顾少连、韦执谊等皆为翰林学士。在中书机构残破和人员俱缺的情况下，翰林学士取代中书舍人掌握书诏代言之任就是理所当然的了。

在旧决策机构陷于瘫痪的同时，尚书行政机构也运转不灵了，尚书六部的职权被众多的差遣使职侵蚀剥夺，而逐渐成为闲司。《旧五代史》卷一四九《职官志》云：

> 自天宝末，权置使务已后，庶事因循，尚书诸司，渐至有名无实，废堕已久。

安史之乱中，尚书机构同样遭受了巨大破坏。《旧唐书》卷一〇八《韦见素传》载：“肃宗在凤翔，丧乱之后，纲纪未立，兵吏三铨，簿籍煨烬，南曹选人，文符悉多伪滥。”还都后，机构并未得到恢复，其长官名号与其实际职掌逐渐分离，尚书“八座”成了笼络强藩悍将的荣誉虚衔。《唐国史补》卷下曰：“兵兴之后，官爵寖轻，八座用之酬勋不暇，故今议者以丞郎为贵”。稍后，丞郎也兼领他职，行政管理也就无人负责了，所谓尚书主执行就成了一句空话，部、司机构于是闲简无事。《文苑英华》卷六〇一于邵《为赵侍郎陈情表》曰：

“属师旅之后，庶政从权，会府（即尚书省）旧章多所旷废，惟礼部、兵部、度支职务尚存，颇同往昔，余曹空闲，案牍全稀，一饭而归，竟日无事。”

关于中唐之时尚书部、司闲简无事，无职无权的情况，史书还有很多记载，如《南部新书》丁篇称：“省中司门、都官、屯田、虞部、主客皆闲简无事，时谚曰：‘司门、水部，入省不数’。”由于“僧尼道士全隶左右街功德使，自是祠部、司封不复关奏”[50]，因而，“祠部呼为冰厅，言其清且冷也”[51]。这种情况后来越演越烈，以致“夏官（兵部）不知兵籍”[52]，“兵部无戎帐，户部无版图，虞、水不管山川，金、仓不司钱谷，官曹虚设，俸禄枉请”[53]。整个尚书省几乎成了闲所。而同时，许多临时差遣的使职在安史之乱后逐渐固定化，尚书各部、司的职权，被各类差遣使职所夺，特别是财经方面的职事，已完全归于使职。据《旧唐书》卷一一八《杨炎传》：“至德以后……军国之用，仰给于度支、转运二使。……四方贡献，悉入内库。”“天下公赋，为人君私藏，有司（户部）不得窥其多少，国用不能计其赢缩，殆二十年”。由于国家租赋“悉入内库”，尚书户部无权管辖，成为“人君私藏”，而实际上却被操之于内朝宦官之手，“中官以冗名持簿书，领其事者三百人，皆奉给其间，连结根固不可动”[54]。这种状况当然要引起朝臣宰相的反对，德宗建中元年（780），杨炎为宰相，施行改革，“乃建言：尚书省国政之本，比置诸使，分夺其权，今宜复旧”。获得德宗的批准。于是,“诏天下钱谷皆归金部、仓部,罢(刘)晏转运、租庸、青苗、盐铁等使”[55]。但是,尚书省机构早已瘫痪,“本司废职罢事,久无纲纪,徒收其名而莫综其任,国用出入,未有所统”[56],而更加行不通。不久,朝廷即不得不再下令“复以谏议大夫韩洄为户部侍郎转运使,皆如旧制”[57]。这个“旧制”,并不是指旧的尚书省行政系统,而是指各类差遣使职,既称旧制,即早已成为“故事”,而今则成为正式制度了。尚书省的行政管理总枢的职权于是被彻底剥夺了。

三省施政系统既名存实亡,旧的中枢体制实际上已崩溃了。德宗晚年,决策归于内朝,行政归于诸使,“机务不由台司,宰臣备位而已”[58]。德宗自己也“躬亲庶政,中外除授无不留神”[59]。“不委政宰相,人间细务,多自临决”[60]。但皇帝个人精力毕竟有限,于是,中枢决策大权多委交内臣心腹,如“藩炎,德宗时为翰林学士,恩渥极异”[61]。翰林学士在内廷协助皇帝裁决大政,成为新的政治中枢成员。是时,德宗“乘舆每幸学士院,顾问锡赉无所不至。御馔珍肴辍而赐之。又尝召对于浴堂,移院于金銮殿”[62]。在内廷深处设置东翰林院,为翰林学士开辟一个办事处,以致“贞元之政,多参决于内署(即翰林院)”[63]。当时宰相则“惟忍耻署敕,内愧私叹”[64]。新的内重外轻的权力结构至此已基本成型。

总结三省中枢体制崩溃的原因,从以上几章的论述中我们看到,原因是多方面的,既有其内在自身的原因,又有外界环境的影响；既有主观因素，又有客观因素。以往论者由于没有作全面的分析，往往简单地归结为“君权与相权的矛盾”，归结为皇帝个人的主观意志，这显然是片面的。[65]实际上，破坏三省制度的不光是皇帝，宰相也不甘落后（如李林甫、元载等），而皇帝虽说是破坏，有时却又大力维护。但是，制度的演变毕竟不以个人的意志为转移，在各种因素的推动下，中枢权力最终转移了，三省最后实际上崩溃了。归纳起来，原因大致有三：一、门阀政治的崩溃，庶族地主的参政掌权，阶级关系的变化所引起的权力再分配，使三省体制在武则天时开始不断地受到冲击。二、社会经济的发展引起生产关系的调整和上层建筑的变化，法定刻板的三省制度不适应急剧变化了的政治、经济形势，安史之乱等一系列战乱更加速了三省中枢体制的崩溃。三、专制皇权的不断强化，起于皇帝身边的内朝官和内朝新机构不断侵夺法定机构的职权，最后取代了三省的中枢地位。总的来讲，三省体制的崩溃是和整个唐代社会政治状况的发展变化相一致的，是社会大变革的反映。

三省体制的崩溃，内朝事权的扩展，引起了朝臣舆论的不满。贞元三年（787），由翰林学士升任宰相的陆贽上疏曰：“伏详令式及国朝典故，凡有诏令，合由中书，如或墨制施行，所司不须承受，盖所以示王者无私之义，为国家不易之规。”陆贽引用国家旧典和令式条文，指斥任用私臣翰林学士为非制，是“逾职分”，“侵败纲纪”。要求德宗“大革前弊”，将大权“悉归中书（政事堂）”[66]，在当时朝臣中得到了普遍的响应。所谓“国朝典故”和“令、式”，我们知道，《大唐六典》即是旧令、式等法律条规的汇编，编纂《大唐六典》的目的在于重申三省体制的法定地位，陆贽等宰相朝臣引用旧的令、式条文，也是希望皇帝重申三省体制的法定地位。然而，在旧的三省中枢体制遭到彻底破坏而无法行使职能的情况下，皇帝任用翰林学士等内臣诸使已非权宜之计，历史发展的事实也证明旧体制已不合时宜，不能再开历史倒车，因此，重建新的中枢体制，并使之具有法定地位，已是刻不容缓了。

注释

1　郑处诲《明皇杂录》卷下。

2　《旧唐书》卷一〇六《李林甫传》。唐人范摅《云溪友议》亦载：“李相公林甫当开元之际，与巷陌交通，权等人主，天下之能名须出其门也，如不称意，必遭窜逐之祸。”

3　《旧唐书》卷九八《卢怀慎传》载：“开元三年（715）……怀慎与紫微令姚崇对掌枢密，怀慎自以为吏道不及崇，每事皆推让之，时人谓之伴食宰相。”

4　《鸡肋编》。

5　《资治通鉴》卷二一五玄宗天宝五载。

6　《旧唐书》卷一〇六《李林甫传》。

7　《旧唐书》卷一〇六《杨国忠传》。

8　《旧唐书》卷五二《后妃・肃宗张皇后传》。

9 10　《资治通鉴》卷二一八肃宗至德元载。

11　《册府元龟》卷五一一《词臣部・才敏》。

12　《资治通鉴》卷二二一唐肃宗乾元二年。

13　《新唐书》卷二〇八《宦者下・李辅国传》。

14　《旧唐书》卷一一二《李麟传》。

15 16　《旧唐书》卷一八四《宦官・李辅国传》。

17　苏鹗《杜阳杂编》记曰：“李辅国恣横无君，上切齿久矣……辅国寻为盗所杀，上异之，方以语于左右。”既语于左右，乃是知情，“盗”非其所派还能为谁？

18 《旧唐书》卷一八四《宦官·程元振传》。

19 20 《资治通鉴》卷二三三唐代宗广德元年。关于柳伉时居官职，《通鉴》记为“太常博士”，《新唐书》卷二〇七《程元振传》记为“太常博士，翰林待诏”。据《困学记闻》卷十四王应麟的考证：“伉，乾元元年（758）进士，《翰林院故事》载：‘宝应以后，伉自校书郎充学士，是时为翰林学士’。”

21 《困学记闻》卷十四。

22 《旧唐书》卷一八四《宦官·鱼朝恩传》。

23 苏鹗《杜阳杂编》。

24 《旧唐书》卷一一〇《李光弼传》。

25 《新唐书》卷二〇七《宦者上·鱼朝恩传》。

26 《新唐书》卷一四五《王缙传》。

27 《新唐书》卷一五〇《常衮传》。

28 29 《旧唐书》卷一一八《元载传》。

30 《旧唐书》卷一一八《杨炎传》。

31 《新唐书》卷一五一《关播传》。

32 《旧唐书》卷一三五《卢杞传》。

33 《旧唐书》卷一五九《韦处厚传》。

34 《新唐书》卷六《代宗纪·赞》。

35 《新唐书》卷七《德宗纪·赞》。

36 范祖禹《唐鉴》卷八。

37 《旧唐书》卷十一《代宗纪》。

38 《旧唐书》卷一二七《张涉传》。

39 《旧唐书》卷一一八《杨炎传》。

40 《旧唐书》卷一一九《崔佑甫传》。

41 《旧唐书》卷一一八《杨炎传》。

42 《旧唐书》卷一二七《张涉传》。

43 《旧唐书》卷一三九《陆贽传》。

44 《唐会要》卷五七《翰林》。

45 《资治通鉴》卷二三〇唐德宗兴元元年。

46 《旧唐书》卷十二《德宗纪》上。

47 《旧唐书》卷一八四《宦官·窦文场·霍仙鸣传》。

48 《唐语林》卷六载:"贞元十二年六月乙丑,始以窦文场为左神策军护中尉,霍仙鸣为右神策军护中尉。"

49 《资治通鉴》卷二三五唐德宗贞元十二年。

50 《旧唐书》卷十四《宪宗纪上》。

51 赵璘《因话录》卷上。

52 《旧唐书》卷一九〇《刘蕡传》。

53 陆长源《上宰相表》,载《全唐文》卷五一〇。

54 《旧唐书》卷一一八《杨炎传》。

55 57 《资治通鉴》卷二二六德宗建中元年。

56 《旧唐书》卷一二九《韩滉附弟洄传》。

58 《旧唐书》卷一二三《王绍传》。

59 赵璘《因话录》。

60 《旧唐书》卷十五《宪宗本纪·论赞》。

61 《唐语林》卷三。

62 李肇《翰林志》。

63 《旧唐书》卷一五八《韦贯之传》。

64 李翔《论事与宰相书》,见《全唐文》卷六三五。

65 王超《三省制度论略》;魏俊超《试论中国封建社会相职的演变》。王素《三省制略论》一书则全文通贯着这一观点。

66 李肇《翰林志》。

第六章

唐后期新中枢体制的建立

宪宗即位后，唐朝政局趋于相对稳定，中枢体制的发展演变进入了第四阶段。统治阶级开始调整中枢机构，在旧三省体制陷于瘫痪的情况下，一个新的中枢体制在宪宗以后正式建立了。

顺宗时，翰林学士王叔文“坐翰林中使决事”[1]，“韦执谊为宰相，居外奉行”[2]，新的中枢权力结构已初见端倪。但顺宗短命，王叔文掌政也为时不长，来不及对新体制作进一步的调整，使之制度化、合法化。到唐宪宗即位，中枢体制的改革才提上日程。唐宪宗是唐后期一位比较有作为的皇帝，贞元二十一年（805）八月，在内朝宦官和翰林学士的共同策划下[3]，接受了其父顺宗的“内禅”。即位后，宪宗立即着手政制改革，建立了一个新的三权分立，互相牵制的中枢体制，即以内朝翰林学士和宦官枢密使以及外朝宰相同中书门下为首组成的三个各自独立又互相关联的中枢职官系统，我们将这一体制称为“新三头”。本章主要讨论唐宪宗为确立新的决策体制而调整翰林学士院和建置枢密使的各项措施，并进一步论述枢密使设置后，宦官专权很快又打破中枢权力平衡的情况。

第一节　翰林学士院的调整

开元二十六年（738）翰林学士院设置后，诸技术杂流逐渐退于次要地位，学士在翰林院占了主导地位，翰林的含义与以前已大不相同。当时人称翰林或翰林院者，多指学士或学士所居之处，翰林成了翰林学士院或翰林学士的简称。到宪宗即位前，翰林事权不断扩展，已被称为“内相”，权力凌驾于百官之上。但是，翰林虽早已实际参掌决策，却没有权力凭据，因而被朝臣视为非制，或被称为“天子私人”。翰林院内部组织机构和各项制度也不健全，既无定制，亦无定员，学士“廷觐之际，各趋本列”[4]，还没有脱离本职，充翰林学士对于其本职来说，仍属兼职。学士之间互不统辖，各不相关，而且，只有得到皇帝的宠信时，才能获得权力，并不是人人都能称作“内相”。总之，此时的翰林院还不是国家正式的决策机构。

调整翰林院，使其成为国家正式的决策机构，就必须解决其法定职权及内部组织等一系列问题。宪宗即位后，断然采取了三项重大改革措施，使翰林院的面貌发生了根本性变化。

唐宪宗的第一项重大改革措施是设置翰林学士承旨。元稹《承旨学士院记》载：

> 宪宗章武孝皇帝以永贞元年(805)即大位，始命郑公絪为承旨学士，位在诸学士上。

这是一项既确定翰林法定职权，又调整其内部组织的重大措施。

所谓“承旨”，即“独承密令”[5]，“承时君之旨”[6]；“或密受顾问独召对”[7]。元稹《承旨学士院记》载翰林学士承旨的职掌曰：

> 大凡大诰令、大废置、丞相之密画、内外之密奏，上之所甚注意者，莫不专受专对，他人无得而参。

可见承旨的职责不是单纯的草诏，而是在禁中专典机密，这正是所谓“宰相之职”，是名符其实的“内相”。承旨的设置，就是在法律上确立翰林的决策地位，使翰林成为政治中枢的法定成员。

翰林承旨在内廷为法定“内相”，出院又多任外朝宰相。《新唐书》卷一三二《沈既济附沈传师传》云：“学士院长（指承旨），参天子密议，次为宰相。”《旧唐书》卷一七八《郑畋传》亦云：“禁林素号清严，承旨尤称峻重，偏膺顾问，首冠英贤，今之宰辅四人，三以此官腾跃。”宪宗朝“十七年之间，（承旨）自郑（䌹）至杜（元颖），十一人而九参大政”。其余二人中，卫次公的任命书“及门而返”[8]，也差点当宰相。于是，翰林学士承旨又被视为候补宰相，即所谓“亚相”“储相”。这说明翰林的中枢地位已获得普遍承认，翰林决策已由“故事”演变为制度。

翰林学士承旨置一人，在学士院北厅“东第一阁”有专门的办公室[9]，其“位在诸学士上”，故又称“院长”“翰长”[10]“翰林主”[11]等，是翰林院的领班，诸学士的头头。承旨的设置，结束了翰林院内长期群龙无首的状态，其内部组织及人员的上下级关系建立起来了。承旨之下有翰林学士，又有侍讲、侍书、侍读学士及翰林待诏等。侍讲、侍书、侍读学士专备侍从顾问，虽不直接草诏，由于能接近皇帝，亦为要职。按照制度，皇帝每月都要定期召见他们来讲经解道。穆宗长庆四年(824)十月，有翰林侍讲学士崔郾上奏：“陛下授臣职以侍讲，已八个月，未尝召问经义，臣内惭尸禄，外愧群僚。”[12]对穆宗不遵制度提出抗议。

又据《唐语林》卷六：唐文宗时，“诏兵部尚书王起、礼部尚书许康佐、中书舍人柳公权为侍读学士，每有疑义，召学士入便殿，顾问讨论，率以为常，时谓‘三侍学士’，恩宠异等”。侍读学士韦处厚，侍讲学士李训、郑注在当时政治舞台上曾发挥过重要作用。从唐文宗以擅长药术的郑注充任翰林侍讲学士[13]来看，这些侍从学士并不一定专为某种技术而设，而是具有某种表示居官高下的衔名的意义。又从韦处厚、李训等人由侍读、侍讲学士升为翰林学士[14]来看，其地位应在翰林学士之下，而其下还有地位更低的众待诏，文宗时李训、郑注即都是先为翰林待诏，再升任学士的。学士“年深德重”[15]者，又可升任承旨。可见，翰林院内部已有了上下级关系明确的组织系统。翰林各级官在职事上也有了明确的分工。这样，就使翰林院成为一个以翰林学士承旨为首，以翰林学士为主干，其下又有由侍讲、侍读、侍书学士及众待诏共同组成的内廷办事机构，即所谓“内署”，又称“禁署”[16]“禁省”[17]。

关于首任翰林学士承旨郑絪的入充时间，学术界有过争论。元稹《承旨学士院记》载：

> 郑絪，贞元二十一年二月自司勋员外郎翰林学士拜中书舍人赐紫金鱼袋充，其年十月二十七日拜中书侍郎同中书门下平章事。

按，贞元二十一年即永贞元年（805），宪宗是这年八月九日即位，若郑絪先于二月充承旨，则是在顺宗刚即位时，也就是说顺宗时已设承旨，已着手中枢政制的改革。[18]但元稹的记载有明显的脱误，据岑仲勉先生考证：“二月……充”者，乃永贞元年二月郑絪自司勋员外郎迁中书舍人之月，絪授承旨，应是八月九日以后，而十月拜平章事则是十二月之夺，其继任李吉甫则是在永贞元年十二月二十七日接替郑絪“正除”承旨，亦即郑絪离任拜相之日[19]，郑絪任承旨的时间并不长。

日本学者矢野主税氏据元稹记载的脱误，又以新、旧

《唐书》和其他史书没有郑絪任承旨的记载为理由，否认郑絪是第一任承旨。又另据《旧唐书・裴垍传》和《宪宗本纪》有关李吉甫元和二年（807）正月由翰林承旨超拜宰相的记载，提出第一任承旨是李吉甫[20]，这不仅将郑絪剔出了承旨行列之外，而且把宪宗设立学士承旨的时间推迟了几个月。我们认为，矢野氏的推测是没有根据的。据李肇《翰林志》：学士承旨“择年深德重者一人”为之，郑絪既为“内廷之老”，又在立唐宪宗为太子时“首定大计”，“有定策功”。唐宪宗厘整翰林院，择他为翰林之首乃理所当然，几个月后由学士承旨迁升宰相，也是情理中事。而李吉甫当时年资德望皆为欠缺，其继郑絪之任已是超升，首任承旨则不可能。郑絪入充学士承旨的时间即是宪宗厘整翰林学士院的开始，也就是说，宪宗一即位就开始了中枢体制的改革工作。郑絪首任承旨是新中枢体制建立的标志，所以其时间不可忽略。

唐宪宗的第二项重大改革措施是把翰林学士、中书舍人分为两制，于翰林院置书诏印，确立翰林学士的草诏权。

《册府元龟》卷五五〇《词臣部・总序》曰：

> 元和初，学士院别置书诏印，凡赦书、德音、立后、建储、大诛讨、拜免三公将相曰“制”，百官班于宣政殿而听之，赐与征召、宣索处分之诏，慰抚军旅之书，祠飨道释之文，陵寝荐献之表，答奏疏赐

军号，皆学士院主之，余则中书舍人主之。其翰林学士、中书舍人分为两制，各置六员，梁因之。

在朝臣对翰林学士侵夺中书舍人草诏权极为不满的情况下，唐宪宗把翰林学士和中书舍人分成两制，“翰林学士官谓之内制，掌王言，大制诰、诏令、赦文之类；中书舍人谓之外制，亦掌王言，凡诰词之类”[21]，实行分工，确定内制归翰林，外制归舍人，二者不相混淆。但从诏制内容上看，内制较外制重要得多，这就明确规定了翰林学士地位高于中书舍人，从法制上最终确立了翰林学士的草诏权。实际上，当时中书舍人已没有什么文书可草，以致有人上奏请“罢中书草制”[22]。可见翰林草诏制度至此也已经定型化。宪宗又于翰林学士院别置书诏印。“印者，信也”，是权力的凭证。单独有印，是翰林学士院成为正式的中枢权力机构的又一标志。以翰林之印取代“中书门下之印”，说明中书出令权已被彻底剥夺，自是朝廷“大事直出中禁，不由两省”[23]，翰林学士在内廷掌诏令，终于取代了旧中书省的中枢地位。

值得注意的是，上引《册府元龟》所载翰林学士、中书舍人分为两制时，翰林学士与中书舍人都是“各置六员”。关于翰林学士的定员问题，多数史书记载是“无定员”[24]，唯《旧唐书》卷四三《职官二》记载为“如中书舍人例，置学士六人”[25]。这个问题古今众说纷纭，争论很大，一直是个悬案。钱大昕《二十二史考异》卷四四曰：“学士无定员，见于李肇《翰林志》。然《旧唐书·职官志》称：翰林例置学士六人，内择年深德重者一人为承旨，白居易诗有同时六学士之句[26]，则非无定员也。”近人吕思勉也赞成这一看法。[27]但是，日本学者矢野主税氏则断定翰林“无定员”的记载为正确。[28]

以上两种意见，我们认为都不全面，其关键是忽略了唐宪宗对翰林院制度进行厘革调整这一事实。前引《册府元龟》所载“各置六员”文的前段，又有“学士无定员”一语，表面看来，似乎《册府元龟》的文字前后矛盾，但仔细推敲，在唐宪宗对翰林院制度进行厘革调整以前，翰林因无定制，其员额当然是“无定数”；宪宗确立制度后，既然和中书舍人分成两制，从制度的整齐化来讲，中书舍人既定员六人，翰林学士员额当然应和中书舍人一样也置六人。因此，《册府元龟》的记载并不矛盾，定员六人正是翰林院制度规整化的标志之一。但是，封建帝王总是不遵守法令制度，宪宗时翰林学士的员数就突破了法定六员的限额，如李德裕《怀崧楼记》载：“元和庚子岁，予获在内廷，同僚九人。”[29]矢野氏关于翰林人数的统计常有超过员额的现象，原因当在此。但这种不符合制度的现象是由于封建帝王的破坏，我们不能因此而否定有“定员六人”制度的存在。《五代会要》卷十三《翰林院》条载后晋开运元年（944）六月《复置翰林学士

院敕》称:

> 翰林学士与中书舍人,旧分为两制,各置六员。

这里的“旧”制当是指唐制,这段史料可与《册府元龟》的记载相印证。可见自唐宪宗把翰林学士和中书舍人分为两制,并“各置六员”之后,一直到五代还沿袭这一制度。

唐宪宗的第三项重大改革措施是设置由宦官充当的翰林院使和院吏。以掌院内传达和勤杂事务。

翰林院地处北衙宫禁,与宫妃相往复,为了“谨闺门之禁,通内外之言”[30],宪宗始以宦官入院“参掌院事”,置翰林院使二人为其首,简称“院使”,或称翰林使或学士使,因其地位较高,又称“高品使”[31]。杜元颖元和十五年(820)写的《翰林院使壁记》[32]云:

> 圣明以文明敷于四海,详择文学之士,置于禁署,实掌诏命,且备顾问。又于内廷选端肃敏裕迈乎等伦者为之使,有二员,进则承睿旨而宣于下,退则受嘉谟而达于上,军国之重事,古今之大体,庶政之损益,众情之异同,悉以关揽,因而启发……故尝由是职,必极其位,有若今之右军梁特进(守谦)、枢密刘监(光琦)焉。

可见院使的职掌，一方面是传旨，即将皇帝的旨意传达给学士据以草诏，另方面是诏书草好后由其送出“达于上”。这两方面合起来即所谓“通内外之言”。杜元颖云：“急宣密付，波至飙去，二使之任，尤所重难。”可见院使的职任十分崇重，因此皆“妙选内官修辞立诚者”[33]充任。院使之下有众院吏，因地位较低又称“小使”，李肇《翰林志》记翰林院有小使“衣绿、黄、青者逮至十人”，他们就住在院内，“更蕃守曹”，“分主案牍、诏草、纸笔之类”，为学士草诏提供服务，负责院内勤杂事务。在院使和小使之间，还设有“判官”，掌“出授”传达[34]，协助院使处理院务。《旧五代史》卷七二《张居翰传》记载了宦官张居翰在唐僖宗中和三年（883）由“容管军判官入为学士院判官”之事。可见，翰林院宦官也有了一个分为三级的组织系统，他们包揽了院内一切事务性工作，使学士们得以专心政务性工作，是翰林院作为内廷办事机构完善化和正规化的又一大标志。

首充翰林院使者是著名的大宦官梁守谦和刘光琦。《白居易集》卷四七记白居易在元和二年（807）十一月五日入翰林院试“五题”，录取时即由“翰林院使梁守谦奉宣”，这是关于翰林院使最早的记载。梁守谦等充院使的具体时间难以查考，从“尝由是职，必极其位”推知，当是元和初或永贞年间，因为梁守谦和刘光琦都是在元和初进入“四贵”行列的。据此推测，院使设置的时间大概与翰林学士承旨设置的时间相当。以宦官重要人物充当翰林院使，有明显的监视翰林学士的含义，是唐宪宗将翰林学士院固定为内廷中枢机构的一个辅助性措施。

经过唐宪宗的改革厘整，翰林院终于正式确立为内廷中枢机关，翰林院制度最后定型化、合法化。其时，宪宗“每有军国大事，必与诸学士谋之”[35]。在宪宗当政的十五年时间里，共置翰林学士二十人，其中升宰相的有九人，占学士总数的百分之四十五；宪宗朝共置宰相二十六人，出身翰林学士者即占百分之三十五。[36]在二十个翰林学士中，如李吉甫、裴垍、李绛、崔群、白居易等，都是杰出的人才，他们在宪宗削藩的战争中，运筹帷幄，出谋划策，起了很大的作用。作为唐后期政治中枢的正式成员，在以后的政治生活中，翰林学士发挥的作用更是越来越大了。

第二节　枢密使的设置与宦官专政

唐后期中枢最显著的特点是宦官专政，这在宪宗即位前就已形成。德宗时，宦官专掌禁兵。顺宗时，宦官利用手中的兵权贬逐“二王八司马”，逼顺宗禅位。至宪宗时，宦官掌枢密也形成制度，宪宗改革中枢体制，在将翰林学士院确立为内廷中枢机构的同时，又正式设置了由宦官充任的枢密使，使之成为唐后期政治中枢中的又一成员。

关于枢密使设置的时间，史书记载不尽相同。《永乐大典》卷一一〇〇一《府字·枢府》条称：

唐玄宗时始设枢密院。

《文献通考》卷五八《职官考十二·枢密院》条载：

唐代宗永泰中，置内枢密使，始以宦者为之。

《册府元龟》卷六六五《内臣部·总序》曰：

永泰二年(766)始以中人掌枢密用事。(原注：代宗用董秀专掌枢密)……宪宗元和中，始置枢密使二人。(原注：刘光琦、梁守谦皆为之)

据上，关于枢密使设置的时间乃有唐玄宗时、永泰中、元和中三种说法。其第一种说法显然有错，唐玄宗开元十一年(723)唯于外朝宰相府即政事堂后设“枢机房”，并没有在禁内设宦官领掌的枢密院，但是，宦官和枢机房有业务关系，枢密使的职事萌芽于此，也是应该注意到的。后两种说法则各有根据，《资治通鉴》卷二二四唐代宗大历元年十二月“宦官董秀掌枢密”下，胡三省注：“是后遂以中官为枢密使。”

同书卷二三七唐宪宗元和三年正月，胡三省又注：“代宗永泰中，置内枢密使，以宦者为之。”大历元年（766）即永泰二年，可见胡三省赞同永泰说。据查，元和以前宦官掌枢密虽时或有之，但“使”的名称却不见史传。这个问题长期以来缠绕不清，而实际上却不难理解，因为枢密使也是由临时性差遣发展成为固定的使职的，宪宗以前，宦官掌枢密只是临时性差遣，因而没有正式的使名。枢密正式设使，如《册府元龟》所载，当是宪宗元和年间。日本学者矢野主税氏认为，枢密使制度确立于元和元年（806），并指出它的确立与唐宪宗强化中央集权，调整翰林院的行动有关。[37]这一见解，颇有见地。我们认为，元和元年置“使”虽史无明证，但元和中“使”的名称业已出现，正式设置枢密使，也是唐宪宗调整内廷中枢机构的一项改革措施。

所谓枢密使，顾名思义，即掌中枢机密的宦官专使。在元和未置“使”以前，枢密使的名称尚未固定。《资治通鉴》卷二三五唐德宗贞元十六年（800）三月记宦官薛盈珍自义成监军入朝，称“仍使掌机密”。宪宗时首任枢密使刘光琦的衔名，史书记载也不一致，《资治通鉴》卷二三七唐宪宗元和元年正月称“知枢密”；《旧唐书》卷一四八《李吉甫传》称“知枢密使”；同书卷一五八《郑余庆传》称“内官典枢密”。“掌机密”“知枢密”“典枢密”等衔，和唐初朝臣加“参知机务”等衔的意义相同，从形式上看，名号不定，属临时性差遣；从内容上看，宦官加“知枢密”衔，当是差遣宰相。而“使”名一经固定，其宰相身份可以说是确认了。所以,《文献通考》卷五〇《职官考四·门下省》条引司马光上言曰:“唐……枢密使参预朝政，始与宰相分权矣。”由此可见，枢密使实际上是唐宪宗设置的又一个“内相”，和设置翰林学士承旨具有同样意义。

关于枢密使的职掌,《文献通考》卷五八《职官考十二·枢密院》载:

> 初不置司局，但有屋三楹贮文书而已，其职掌惟承受表奏于内中进呈，若人主有所处分，则宣付中书门下施行而已。

又，在这段资料之后，马端临按:

> 唐代宗宠任宦者，故置内枢密使，使之掌机密文书，如汉之中书谒者令，若内中处分则令内枢密使宣付中书门下施行，则其权已侔宰相。

可见其职事有一个从小到大的发展过程。概括起来，其职事主要有三：其一，机密文书(即诏令)的传宣；其二，承受外朝表奏，进呈于皇帝；其三，文书的贮藏存档，都属于机要工作。初如西汉时的中书谒者令，虽掌机事，但具体做的乃事务性工作。后权力扩展，逐渐掌政务，到宪宗正式置使，则是“权已侔宰相”了。

枢密使掌出纳不仅向中书门下传宣诏命，而且向翰林院传旨，与翰林院也有密切的工作关系。《资治通鉴》卷二四九大中十年（856）十月载：唐宣宗“令枢密使宣旨于学士院”。值得注意的是，首任枢密使的宦官正是首充翰林院使的梁守谦和刘光琦。《资治通鉴》卷二三八唐宪宗元和五年四月载：“上复使枢密使梁守谦密谋于（李）绛。”同书卷二三九元和八年正月又载：“有梁正言者，自言与枢密使梁守谦同宗。”这是在史书中最早见到的“枢密使”名。梁守谦任枢密使的时间或许更早，史文虽不得而详，但前已揭示刘光琦元和元年（806）“知枢密”，据此，刘光琦和梁守谦任枢密使与翰林院使在时间上当相差无几，证明枢密正式置使与宪宗调整翰林院乃是密切相关的同步行动。枢密使和翰林院使的设置时间约略同时，从梁守谦和刘光琦皆由院使升任枢密使来看，院使乃枢密使的直接下属。二者的职责都是传旨，但院使的传达仅限于翰林院内，其所谓“达于上”乃是上达枢密使，而不是皇帝，在工作上院使与枢密使是直接的上下级关系。由于枢密使与翰林学士院关系密切，又被称为“枢密学士”[38]。

总的来看，枢密使的职掌类似于门下省的侍中。《旧五代史》卷一四九《职官志》曰：“唐朝择中官一人为枢密使，以出纳帝命。”我们知道，“出纳帝命”正是《唐六典》令文所规定的侍中之职，也是门下省的主要职任，可见枢密使主要是取代门下省的职权。宪宗时枢密正式置“使”，其用意也是用以取代早已停废的门下省的职能，是宪宗重建新的中枢体制的重要组成部分。枢密使是内廷翰林以外的第二“内相”，封建帝王为了防范臣属对皇权的觊觎，强化君主专制制度，在机构的设置和用人上，历来采取分而治之，互相牵制的办法，唐宪宗将私臣和家奴同时升格为固定常设的正式“内相”，正像隋及唐初统治者在内廷设置两省一样，都是希望二者在内廷互相制约，相持平衡，以便于自己的控制掌握，其用心可谓良苦。两个“内相”把朝政决策大权再次从外朝宰相机构转移于北衙宫禁，这正是武则天以来历代帝王梦寐以求的大事，也是专制制度下皇权与决策权密不可分原则的必然反应和必然结果。但是，二者的平衡关系很快被打破，最后宦官窃取政柄和兵柄，皇帝自己反倒受制于家奴，被宦官所掌握，却又是其始料所不及的。

枢密以出纳干政，是唐后期宦官专政的最重要形式。有唐一代，它的发展演变大致可划分为四个阶段，其参政专权由小到大发展的历史过程，是唐代中枢政治发展史的一条重要线索。

宦官参政始于武则天把两省决策机构撵出宫禁之时，从龙朔三年（663）到永泰二年（763）代宗委派宦官“知枢密”的百多年时间，可以看作为枢密使发展的第一阶段，这个阶段虽无枢密之官，但有些宦官实际上却掌枢密之事。武后当政之时，宦官已掌“喉舌之任”，玄宗时，更是经常“遣中使宣诏令”。[39]据《资治通鉴》卷二一〇唐玄宗开元元年（713）载：宦官高力士曾“宣事至省中，为（宰相姚）元之道上语”。这里的“省中”，当是指外朝中书省政事堂，胡三省注曰：“唐世，凡机事皆使内臣宣旨于宰相。”又据《新唐书》卷二〇七《宦者上·鱼朝恩传》：“天宝末，以品官给事黄门，内阴黠，善宣纳诏令。”可知宦官乃经常往来于宰相府，传宣帝旨。开元十一年（723）成立中书门下（政事堂），堂后五房有枢机房，专典朝廷机要大事，其一开始便与宦官有密切的联系。凡有机事，皇帝即遣宦官往政事堂枢机房传达，使居于外朝的宰相机构能经常与内朝皇帝沟通，信息往来不绝，得以保持中枢决策地位。枢机房是外朝宰相仍能掌机密的关键机构，而宦官传宣则是其中关键性环节。传宣渠道出了毛病，宰相权力就无法与皇权结合，失去权力凭借。可见，自武则天将两省撵出宫禁之后，就有了设置宦官枢密使的客观需要，这个阶段虽无枢密名号，但宦官掌枢密因实际政务需要已经形成“故事”。

第二阶段，指代宗永泰二年（763），给宦官以枢密名号到宪宗即位（805）后枢密正式置“使”的四十多年时间，这是枢密由临时性差遣向固定使职发展的重要时期，也是它大肆扩展权力的时期。《旧五代史》卷一四九《职官志》注引项安世

《家说》云:

> 唐于政事堂后列五房，有枢密（即枢机）房，以主曹务。则枢密之任，宰相主之，未始他付。其后宠任宦人，始以枢密归之内侍。

项安世认为，枢密权力的扩展就是分割宰相的职权，亦即侵夺政事堂枢机房的职事。当枢机房的机要职事被枢密使搬进内廷，政事堂就失去了决策地位，枢密的职权也发生质的变化，成为新中枢的成员了。这个阶段，反映的就是这一过程。

安史之乱后，三省中枢体制遭到了很大破坏，内朝事权大为扩展，为了进一步沟通外朝宰相，代宗始置宦官“知枢密”，知枢密虽属临时性差遣，但一经出现，其权势就十分引人注目。当时权相元载就曾与第一任知枢密董秀相勾结，《旧唐书》卷一一二《李岘传》载:

> 故事，宰臣不于政事堂邀客，时海内多务，宰相元载等见中官传诏命至中书者，引之升政事堂，仍置榻待之。

按旧制，宦官传旨只得入堂后枢机房，不得入堂前议事厅，以免干扰宰相决策，而元载竟在宰相办公厅“置榻”接待“中官传诏令”者，说明传旨宦官的身份有了提高。这个政事堂上客正是首充知枢密的董秀，《册府元龟》卷六六五《内臣部·恩宠》载:“先是，内侍董秀宣传诏旨于中书门下。”枢密作为皇帝和宰相的中介，容易招致权力，干预政事也极为方便。元载在外廷，难以揣知皇帝意图，通过董秀，“潜通密旨”，才得以事事称旨合意，于是竭力巴结，延为政事堂上客。说明知枢密已处在中枢权力的要冲，具有不可忽视的重要地位。

第三个阶段，从宪宗即位到唐武宗时期，是枢密置使定制，成为中枢成员，同时又开始专权乱政的时期。前面我们已经论述了宪宗即位后枢密置“使”定制的情况，枢密设官和使名的出现虽较翰林学士为晚，但宪宗一旦设“使”定制，其权势就迅猛发展，后来居上，不久就凌驾于翰林和宰相之上。《资治通鉴》卷二三七宪宗元和元年载:

> 堂后主书滑涣久在中书(政事堂)，与知枢密刘光琦相结，宰相议事有与光琦异者，令涣达意，常得所欲。杜佑、郑絪等皆低意善视之。郑余庆与诸相议事，涣从旁指陈是非，余庆怒叱之。未几，罢相。

政事堂一个主书小吏依仗枢密使，竟敢在宰相面前指手画脚，说明其时枢密使已有操纵政治的动向。同上书卷二三八宪宗元和三年正月载：“知枢密刘光琦奏分遣诸使赍赦诣诸道，意欲分其馈遗，翰林学士李绛奏：‘敕使所至烦扰，不若但附急递。’上从之，光琦称旧例……”枢密和翰林一样议事上奏，以机要大臣的身份谋议政事，这样，一个宦官参政的政治中枢也就形成了。但是，枢密使不久便开始了专权乱政，“元和中，内官梁守谦掌枢密，颇招权利”[40]。翰林学士和宰相只有联结枢密使才能自重，穆宗时，“翰林学士元稹与中官知枢密魏从简交通，倾乱朝政”[41]；“李逢吉为相，内结知枢密王守澄，势倾朝野”[42]。武宗时，“李德裕因枢密使杨钦义入相”，而“一朝之柄皆自钦义”。[43]新中枢体制内部权力关系很快就出现了偏斜，枢密掌政成了宦官专权的最重要形式。

唐宣宗以后是枢密发展的第四阶段，其制度、机构、权力等各方面又有了新的发展。据裴庭裕《东观奏记》中篇记载，宣宗时，出现了枢密院[44]。我们知道，代宗初置“知枢密”时，“不置司局，但有屋三楹，贮文书而已”。穆宗长庆(821—824)中，“亦无视事之厅”[45]。但随着其事权的扩大，办事机构和内部组织逐渐发展了起来，宣宗时“院”的出现，是唐代枢密使制度发展中又一次大的飞跃。自此，枢密不但有了固定的“视事之厅”，有了“司局”办事机构，同时，其内部也有了一个上下级关系分明的组织系统，有了下属“枢密承旨”和“枢密院吏”。《资治通鉴》卷二四九唐宣宗大中九年五月记有

"枢密承旨孙隐中"[46]，胡三省注曰："唐末，枢密承旨以院吏充"，既由院吏充，则承旨以下院吏必有很多，并皆为枢密使的僚属。可见，宣宗时枢密院已有使、承旨、吏三级官，机构和人员都大为扩大。至唐末昭宗时，枢密院又分为上、下两院。《资治通鉴》卷二六三唐昭宗天复元年（901）正月云："王知古为上院枢密使，杨虔朗为下院枢密使。"胡三省注云："枢密分东、西院，东院为上院，西院为下院。"又《金石萃编》卷一一八《吴承泌墓志》有"充西院承旨"的记载，则可知其院属也分为两部，有了分工，可见枢密院至唐灭亡前已发展成一个机构完备、组织庞大的内廷办事机构。

唐代晚期，枢密使被外朝宰臣视为"内大臣"，其权力地位已无可非议。《资治通鉴》卷二五〇懿宗咸通二年（861）二月载："一日，两枢密使诣中书（政事堂），（宰相杜）悰复与两枢密坐，谓曰：'内外之臣，事犹一体，宰相枢密，共参国政'。"同书卷二五三僖宗乾符四年（877）十月载：宰相"郑畋与王铎、卢携争论用兵于上前，畋不胜，退复上奏……时卢携不以为然，上不能决，畋复上言：'宋威欺罔朝廷……不应复典兵权，愿与内大臣参酌。'"胡三省注曰："内大臣，谓两中尉、两枢密。"外朝宰相政事不能决，要交与"内大臣"最后裁定，而实际上"内大臣"权力已凌驾于皇权之上，宦官专政于是达到了高峰。

到唐末僖、昭之时，宦官更力争"白麻除授"，要求命官时取得和朝官相同的礼仪。《资治通鉴》卷二五三僖宗广明元年(880)五月载:“乙亥,以枢密使西门思恭为凤翔监军,丙子,以宣徽使李顺融为枢密使,皆降白麻,于阁门出案,与将相同。”宦官还力争朝服执笏,竭力把自己打扮得和朝官一样,《资治通鉴》卷二五八昭宗龙纪元年(889)十一月载:“故事,中尉、枢密皆襆衫侍从;僖宗之世,已具襕笏,至是,又令有司制法服。”胡三省注曰:“法服,谓冕服剑佩也。”则此时的宦官枢密使和两军中尉,较之于往昔的家奴身份,真是不可同日而语了。

唐末枢密使的所谓“堂状后贴黄”制度,是宦官专权的重要形式,《文献通考》卷五八《职官考十二·枢密院》云:

> 僖、昭时,杨复恭、西门季元欲夺宰相权,乃于堂状后贴黄,指挥公事。

所谓“贴黄”,《石林燕语》卷三释云:

> 唐制,降敕有所更改,以纸贴之,谓之“贴黄”,盖敕书用黄纸,则贴者亦黄纸也。……以黄纸别书于后,乃谓之“贴黄”。

据此,“贴黄”乃批改诏敕,类似于“涂归”之制。我们在前面已论及宪宗置枢密使的目的在于取代门下省职权，涂归、封驳正是旧门下省的主要职事。所不同的是，门下涂归、封驳是代表皇帝审议诏敕；枢密贴黄却是权夺人主，代表宦官集团的利益指挥公事、专制朝政，论其实权，较旧门下省犹有过之。由于枢密使以贴黄来指挥公事，整个中枢政治就都为宦官所操纵了。由此可见，宣宗以后直到唐亡乃是宦官实行全面专政的时期。

枢密使窃夺政柄、专制朝政的后盾，是宦官所掌握的神策军。神策军原是陇右洮阳地方的边防军，因参加平定安史之乱而进入内地，曾由宦官鱼朝恩监领。代宗时，因护驾有功，升为禁军，驻扎禁苑，分为左、右厢。大历五年(770)诛鱼朝恩，改由文臣统领，因军纪涣散而失去战斗力。奉天之难后，德宗设置神策军左右护军中尉，由宦官专任，神策军成了宦官掌握的武装。时关中各地“诸将多请遥隶神策军，称行营，皆统于中尉，其军遂至十五万人”[47]，成为唐后期中央所依恃的唯一劲旅。会昌年间来中国求法的日本僧人圆仁记唐武宗时神策军的情况曰：

> 左右神策军，天子护军也，每军有十万军，自古君王频有臣叛之难，仍置此军，已来无人敢夺国统。[48]

神策军在强藩问鼎、叛乱频仍的唐后期，对于维护中央权力起着重要作用。但兵权既归宦官，却使“威柄下迁，政在宦人，举手伸缩，便有轻重”[49]。宦官依仗兵权，擅作威福，“陵宰相如奴虏”，“劫胁天子，如制婴儿，废罢在手，东西出其意，使天子畏之若乘虎狼而挟蛇虺”[50]。这造成了宦官长期专政的局面，对唐后期中枢政制的发展演变，产生了极为深远的影响。

掌握禁军的左右神策军中尉二人和枢密使二人是内朝宦官的首领，合称“四贵”[51]。论实力，枢密使或不如握有兵权的中尉，从许多枢密使都荣升中尉来看，中尉的位望实较枢密使为高。但两枢密在日常政治生活中干预政事的机会更多，在政治上的发言权更大，是政治中枢的正式成员。中尉权势虽大，但掌军不掌政，不是政治中枢的正式成员。虽然中尉经常干预政事，但这是越权逾职，常为枢密使所不满，引起二者之间的火并。文宗和宣宗崩驾时，在拥立新帝之际，就出现了中尉干预枢密顾命职事，并起而诛杀枢密使的事件。[52]当然，掌军和掌政都是至关重要的，对于宦官专政缺一不可。中尉掌军，枢密掌政，国家的军政大权就都集中到了宦官手中，范祖禹说：“自是宦者专国矣，外则藩镇，内则台省，而多出其门，则其易天子不难矣。”[53]德宗以后十一帝，除哀帝为朱全忠所立外，全系宦官拥立。《旧唐书》卷一七五《宪宗以下诸子传·论》称：宦官“握禁旅，中闱篡继皆出其心，故手才揽于万机，目已睨于（十）六宅”。所谓“十六宅”，乃皇子皇孙聚居地，凡符合宦官心意的李氏皇族，就有可能被拥立为帝，不合意的则随时废弃，甚至被弑。宦官杨复恭自恃拥立昭宗有功，竟自称“定策国老”，斥昭宗为“负心门生天子”[54]；刘季述更“以挝画地”，列数昭宗“罪状”说：“某时某事，你不从我言，其罪一也。”[55]这样，皇帝竟成了宦官的傀儡，家奴反倒成了太上皇。所有这些，外朝宰相大臣都不得过问，宦官废立皇帝竟成为“故事”，其为害之烈，荼毒之广，为历史上所仅见。究其原因，清人赵翼说：“推原祸始，总由于使之掌禁兵，管枢密，所谓倒持太阿而授之以柄，及其势已成，虽有英君察相，亦无如之何矣！”[56]所论是极为精到的。

除中尉掌军，枢密掌政外，晚唐时期宦官势力的触角还向权力的各个角落延伸，逐渐渗透到朝政的各个方面，形成一个庞大的内诸司使行政系统，与南衙以宰相为首的行政系统相对立，“当时目为南北司，爱恶相攻，有同水火”[57]。北衙使职名目繁多，“如宣徽使、阁门使、飞龙使、内坊使、内弓箭使、鸿胪礼宾等使、内教坊使、五方使、学士使、粮料院馆驿等使……”[58]。诸内使参拟朝官组织，分部细密，自三省以至卿监，大都设有相关的职务。《宋史》卷一六八《职官八》载：“唐设内诸使，参拟尚书省，如京，仓部也；戊宅，屯田也；皇城，司门也；礼宾，主客也。虽名品可效，而事任不同。”杜牧所撰《东川节度使周公（墀）碑》亦记北衙宦官有“二十四司”[59]。内诸使司凌驾于朝官机构之上，形成了一个无孔不入的权力网，外朝行政事务也遭到侵夺。由于职位增多，宦官衣紫者也逐渐增多，宪宗元和十五年，“内省所管高品官、白身共四千六百一十八人，内一千六百九十六人高品，诸司诸使并内养诸司判官等”[60]。乃致“朱绂皆大夫，紫绶或将军”[61]。以中尉、枢密为头目，在内廷宫禁形成了一个宦官小朝廷。《唐语林》卷八载：“观军容、处置、枢密、宣徽四院使，拟于四相也，十六宫使，皆宦者为之，分卿寺之职，朝廷班行备员而已。”这个宦官小朝廷“参掌机密，夺百司权，上下弥缝，其为不法大则构扇藩镇，倾危国家；小者卖官鬻狱，蠹害朝政，王室衰乱，职此之由”[62]，使晚唐朝政腐败黑暗到了极点。这种腐败的政治局面一直伴随着唐王朝的灭亡，对唐后期中枢体制产生了极为巨大的影响。

注释

1 韩愈《顺宗实录》卷一。

2 《新唐书》卷一六五《郑询瑜传》。

3 《资治通鉴》卷二三六唐顺宗永贞元年载：“宦官俱文珍、刘光琦、薛盈珍皆先朝任使旧人，疾（王）叔文、（李）忠言等朋党专恣，乃启上（顺宗）召翰林学士郑絪、卫次公、李程、王涯入金銮殿，草立太子制，时牛昭容辈以广陵王淳英容，恶之。絪不复请，书纸为‘立嫡以长’字呈上，上颔之。癸巳，立淳为太子，更名纯……八月庚子，制：‘令太子即皇帝位，朕称太上皇。’”

4 韦执谊《翰林院故事》。

5 《旧唐书》卷四三《职官三》。

6 《旧五代史》卷一四九《职官志》。

7 李肇《翰林志》。

8 元稹《承旨学士院记》。

9 李肇《翰林志》。

10 《唐摭言》卷九载:“韦中令(昭度)自翰长拜主支。”

11 白居易《渭村退居寄礼部崔侍郎,翰林钱舍人一百韵》有“殷勤翰林主,珍重礼闱郎”句。见《白居易集》卷十五。

12 《唐会要》卷五七《翰林院》。

13 《旧唐书》卷一七下《文宗纪》。

14 《旧唐书》卷一五九《韦处厚传》、卷一六九《李训传》。

15 《旧唐书》卷四三《职官三》。

16 《唐会要》卷五七《翰林院》。

17 元稹《承旨学士院记》。

18 《旧唐书》卷四三《百官三》载:“贞元已后,为学士承旨者,多至宰相焉。”将承旨的设置提前到德宗之时,误。

19 岑仲勉《补唐代翰林两记》卷下《翰林承旨学士厅壁记校补》。

20 矢野主税《唐代におけゐ翰林学士院についこ》。

21 赵升《朝野类要》卷二。

22 《旧唐书》卷十五《宪宗纪》下。

23 李肇《翰林志》。

24 韦执谊《翰林院故事》、李肇《翰林志》、洪遵《翰苑遗事》、《新唐书》卷四六《百官一》、《文献通考》卷五四《职官考八》等,皆主“无定员说”。

25 《资治通鉴》卷二一七唐玄宗天宝十三载,胡三省亦注引此说。

26 《白居易集》卷三六《李留守相公见过,池上泛舟举酒,话及翰林旧事,因成四韵以献之》诗有“同时六学士,五相一渔翁”句。另外,韩偓诗《锡宴日作一首》自注“当直学士二人,至晚,余四人在外,可以卜夜”,则是六人。

27 吕思勉《隋唐五代史》第二十章。

28 矢野主税《唐代におけゐ翰林学士院についこ》,矢野氏宣称曾对唐历朝翰林学士进行了列表统计。

29 《李文饶文集·别集七》。

30 《资治通鉴》卷二六三昭宗天复三年。

31 李肇《翰林志》。

32 《全唐文》卷七二四。又据岑仲勉《郎官石柱题名新考订》。

33 《文苑英华》卷四一八薛廷珪《授学士使都文宴将军金紫光禄大夫制》。

34 苏耆《次续翰林志》。

35 《资治通鉴》卷二三八唐宪宗元和五年。

36 参见岑仲勉《翰林学士壁记注补》“德宗至懿宗翰学与宰相统计比较表”。

37 矢野主税《枢密使设置时期》。

38 裴庭裕《东观奏记》中篇记唐宣宗时枢密使王归长、马公儒为“枢密学士”。

39 《大唐新语》卷三。

40 《旧唐书》卷一五六《于现传》。

41 《旧唐书》卷十六《穆宗劻》。

42 《资治通鉴》卷二四二穆宗长庆二年。

43 张固《幽闻鼓吹》。

44 《唐语林》卷一亦有相同记载："尝诏枢密院，兵部侍郎判度支萧邺可同中书门下平章事，仰指挥学士院降麻处分。"

45 《文献通考》卷五八《职官考十二·枢密院》。

46 裴庭裕《东观奏记》卷下记为"枢密使承旨"。

47 《资治通鉴》卷二三五唐德宗贞元十四年。

48 圆仁《入唐求法巡礼行记》卷四。

49 《新唐书》卷二〇七《宦者传·序》。

50 《资治通鉴》卷二六三唐昭宗天复三年。

51 孙逢吉《职官分纪》卷十二《枢密使》。

52 《资治通鉴》卷二四六唐文宗开成五年正月及武宗会昌元年三月、卷二四九唐宣宗大中十三年八月。

53 《唐鉴》卷十五。

54 《旧唐书》卷一八四《宦官・杨复恭传》。

55 《旧唐书》卷一八四《宦官传》。

56 《二十二史札记》卷二〇《唐代宦官之祸》。

57 《旧唐书》卷一九〇下《文苑・刘资传》。

58 《册府元龟》卷六六五《内臣部・总序》。

59 《樊川文集》卷七。

60 《册府元龟》卷六六五《内臣部・总序》。

61 白居易《秦中吟十首》之七《轻肥》，见《白居易集》卷二。

62 《资治通鉴》卷二六三昭宗天复三年。

第七章

新中枢体制的结构和特点

新中枢体制的建立，使唐中枢长期混沌无序的状态暂告结束，在一个短暂的时期内，曾使中央政府的权力得到加强。元和中，唐宪宗靠翰林、枢密、宰相的紧密合作，调集军队，统筹指挥，一度取得了讨平藩镇割据的巨大胜利。据《旧唐书》卷一四八《裴垍传》："初，垍在翰林承旨，属宪宗初平吴蜀，励精思理，机密之务，一以关垍。"后裴垍升任宰相，又与宪宗策划讨叛藩卢从史，"垍请密其谋，宪宗曰：'此唯李绛、梁守谦知之。'时绛承旨翰林，守谦掌密命(任枢密使)"。《资治通鉴》卷二三八宪宗元和五年又载："上复使枢密使梁守谦密谋于(翰林承旨李)绛。"可见中枢三成员的确曾携手合作，同心协力，共同谋划，成为一个不可分割的整体，发挥了积极效能。

虽然由于宦官专权，使新中枢的三角关系很快就失去了平衡，制度遭到破坏，但整个体制在结构形式上，在权力的运用和施政的过程中，仍然是一个不可分割的整体，推动和制约着整个国家机器的运转。因此，研究唐后期政治生活和中枢政治斗争，必须深入了解新中枢体制的权力结构、建制形式及其内部特点。它与三省体制既有不同之处，又有相似之处，既有一定的历史渊源和继承关系，又有根据新的历史条件而进行的创新，具体分析其结构和特点，对于研究唐代政治制度史具有极为重要的意义。

第一节　新中枢体制的结构和建制

翰林、枢密居内廷掌机密以后，宰相处于何种地位？其与内朝两个“内相”的关系如何？要了解中枢“新三头”的权力结构及其相互关系，必须搞清唐后期宰相职权的演变。

自从中书、门下两省枢机职事合并后，宰相名号逐渐统一于同中书门下平章事，“终唐之世不能改”。随着三省制的破坏，宰相虽然仍是一个集体，但三权分立，互相牵制的体制却无形中消失了。以致玄宗以来，宰相专权之事时有发生。而宰相机构“中书门下”因长期居于外廷，渐渐远离皇权，和皇帝的隔膜不断加深。随着新的内朝机构的设立，宰相的决策地位更遭到削弱，玄宗时，出现了欲以宰相位号赏功的事，《资治通鉴》卷二一四玄宗开元二十一年载：

> 上美（河北节度副大使）张守珪之功，欲以为相，张九龄谏曰：“宰相者，代天理物，非赏功之官也。”上曰：“假以其名，而不使任其职，可乎？”对曰：“不可，惟名与器不可以假人，君主之所司也。且守珪破契丹，陛下即以为相，若尽灭奚、厥，将以何官赏之？”上乃止。

安史乱后，居功邀赏者日渐增多，因而有了“使相”之

名,《文献通考》卷五一《职官考五・中书省》条:

> 典故,侍中、中书令为两省长官,自唐以来居真宰相之位,而中书令在侍中上。肃宗以后,始以处大将,故郭子仪、仆固怀恩、朱泚、李晟、韩弘皆为之。其在京则入政事堂,然不预国事。懿、僖、昭之时员寖多,率由平章事迁兼侍中,继兼中书令,又迁守中书令,三者均称"使相"。

这些"使相"虽有宰相之名,却不预朝政决策,签署诏敕亦由别人代替。《旧唐书》卷一一九《崔祐甫传》曰:

> 是时(大历十四年),中书令郭子仪,检校司空平章事朱泚,名是宰臣,当署制敕,至于密勿之议,则莫得闻。时德宗践祚未旬日,居不言之际,(常)衮循旧事,代署二人之名进。

常衮时为门下侍郎同中书门下平章事,是真宰相。郭、朱二人为"使相",乃赏功的虚衔,故不得预闻机密,由常衮代为署敕,所谓"循旧事",说明此制早已实行了。

为了安抚地方上飞扬跋扈的节度使,朝廷也往往给他们加以宰相名号,亦称"使相"。《石林燕语》卷四曰:

唐制，节度使加中书门下平章事为使相。

又《资治通鉴》卷二三八唐宪宗元和五年载权德舆疏云:

宰相非序进之官，唐兴以来，方镇非大忠大勋，则跋扈者，朝廷或不得已而加之。

节度使在外掌兵，不入京师，也就更谈不上参预朝政了。而此类“使相”在唐后期既多且滥，足见宰相位号的沦落。

另一方面，由在朝宰相同中书门下平章事直接外兼各种使职，则又是另一种形式的“使相”。据《新唐书》卷四六《百官一·宰相》条:

宰相事无不统，故不以一职名官，自开元以后，常以领他职，实欲重其事，而反轻宰相之体。故时方用兵，则为节度使；时崇儒学，则为大学士；时急财用，则为盐铁转运使，又其甚者，则为延资库使。至于国史、太清宫之类，其名颇多，皆不足取法。

宰相兼领某些重要使职，目的在于加重某种职事的权任，提高效率，但却使宰相陷入繁重的行政事务，脱离了枢密决策。所以,《新唐书》的作者认为是“反轻宰相之体”。安史之乱后，尚书省行政机构陷于瘫痪，为了恢复朝廷的行政职能，宰相兼领尚书事务的现象日益增多，并形成制度。《唐会要》卷五七《尚书省》载：

> 贞元二年(786)正月，宰相崔造奏请，尚书省六职，令宰臣分判。乃以宰臣齐映判兵部承旨及杂事，李勉判刑部，刘滋判吏部、礼部，崔造判户部。

与此同时，不少宰相又是由六部尚书、侍郎加同中书门下平章事充任，这样，一方面宰相下兼六职，一方面六尚上任宰相，宰相和行政事务难分难解。《汉唐事笺后集》卷三曰："宰相下行尚书之事，尚书卿监上任宰相之权，此所谓无定制也。"某些重要差遣使职，如盐铁、转运、度支等使，更多直接由宰相兼领。如宝应元年(762)户部侍郎同中书门下平章事元载"勾当转运租庸支度使"；大和九年(836)宰相王涯兼"诸道盐铁榷茶使"；而户部侍郎判度支李石又"守本官同中书门下平章事"，等等。[1]于是，"宰相之任日以繁"[2]。

以宰相兼行政的做法，曾遭到某些宰相大臣的反对，如德宗时宰相李泌曰："宰相之职不可分也……天下大事咸共平章，若各有所主，是乃有司，非宰相也。"[3]穆宗时翰林学士韦处厚曰："宰相处论道之地，杂以鹾务，实非所宜。"[4]文宗时给事中郭承嘏曰："宰相者，上调阴阳，下安黎庶，致君尧舜，致时清平，俾之阅簿书，算缗帛，非所宜也。”[5]李泌、韦处厚和郭承嘏的论点大体相同，皆认为宰相应平章“天下大事”，“致时清平”，也就是说应只掌决策，综理大事，而不应该亲自掌管具体事务。他们的说法虽有道理，但都没有看到唐中枢体制已经发生变化的实质，在内廷既已有了新的中枢机构主掌决策，而外朝行政事务又因三省制崩溃而无人统管的情况下，以宰相兼掌行政，不失为一个行之有效的好办法。同时，宰相既渐远离皇权，决策地位下降，兼管行政也是其揽权自重的好办法。《新唐书》卷一八三《韩偓传》载：“中书(政事堂)事一相可办。”政事堂既无机事可议，众多宰相若不掌行政，就几乎无事可做，可见宰相兼行政乃势所必然。宪宗定制，掌行政也就成为宰相的本职，这一变化，是中枢体制发展演变的必然结果。

宰相职事既已发生变化，宰相机构“中书门下”(政事堂)在新中枢中的地位和职能也随之发生了变化。李肇《翰林志》载：“近朝大事直出中禁，不由两省。……(翰林学士草诏后，乃)出付中书(政事堂)奉行。”《文献通考》卷五八《职官考十二·枢密院》条曰：“若人主有所处分，则宣付中书门下施行而已。”又曰：“若内中处分，则令内枢密宣付中书门下施行。”可见，中书门下已经完全成了执行机构。中书门下(政事堂)由决策机构演变成行政机构，是唐代中枢政制发展演变的一件大事，它标志着旧的三省体制向新体制过渡的实际完成。中书门下虽然仍保持了中枢地位，但职能却发生了彻底变化，就像汉魏之际尚书台的职能转换一样，中书门下的职能转换可以看成是继尚书台之后，中国古代政制发展史上的又一次决策与行政的分职。长期以来，这个变化一直为史学界所忽略，中书门下一直被认为是决策机构，因此，唐代中枢政制的发展演变以及唐后期中枢体制中的许多问题也就始终无法说清楚。只有明确了中书门下的职能变换，新中枢体制的权力结构和建制形式才容易为人所理解。而专就中书门下的职能来讲，唐后期中枢与唐前期中枢的确已是截然不同了。

分析新中枢体制的权力结构，我们发现，新中枢与旧三省的分权形式大体一致，其继承关系是十分明显的。

翰林、枢密、中书门下三位一体的新中枢，就其各自的职掌来讲，翰林的基本职责是草诏，大致相当于旧中书省的地位；枢密掌“出纳帝命”，后来又发展到对诏制“堂状后贴黄”，相当于旧门下省的职权；中书门下居外奉行，宰相较多地成了执行官，约相当于原来的尚书省。新中枢“新三头”三足鼎立，互相牵制，形成了新的权力结构。和旧三省一样，翰林、枢密、中书门下三者各以其草诏、出纳、奉行的职能合成了一个完整的施政程序，相集为一个完整的中枢施政系统，推动着整个国家机器的运转。

至此，中书、门下、尚书三省名号虽存，实际职事已经变换，以中书门下为中心，汇聚三省官和各种使职，在外朝形成了一个新的极为庞杂的行政系统。中书门下（政事堂）成了行政总枢，大致相当于原来的尚书都堂，各种使职则相当于部、司；政事堂会议既已失去决策意义，实际上已沦为“八座会议”。而作为中枢“新三头”之一的同中书门下平章事，既是外朝行政首脑，却也和尚书仆射一样，可以按规定时间进入禁中紫宸殿和延英殿议政奏对，参预决策。这样，新中枢又依照了旧三省首长合议制的形式，宰相虽在外朝主行政，却也可进入禁中兼决策。如果说翰林学士相当于中书令、侍，枢密使相当于侍中、侍郎，则同中书门下平章事就相当于尚书令、仆射了，虽说是外朝首脑，在政治中枢中却与翰林、枢密平起平座，名誉地位甚至更高。

新中枢体制不仅权力结构与旧三省极为相似，建制形式也与太极宫旧三省大体相同。主持行政事务的中书门下及其主要部属皆居大明宫皇城，称为“南衙”，相当于旧“南省”（尚书省）。主机务决策的翰林、枢密居北面宫城，称“北司”，相当于所谓“北省”（中书、门下两省），北司两“头”一东一西，其位置亦有类于旧两省。《新唐书》卷一七七《高元裕传》曰：“西头势乃重南衙，枢密之权过宰相。”翰林院居禁宫之西，称“西头”，相当于原“西省”（中书省）；枢密居翰林之东，相当于原“东省”（门下省）。这样，“新三头”——西头（翰林）、东头（枢密）、南头（中书门下）和旧三省——西省（中书）、东省（门下）、南省（尚书）不仅职事大致相同，所居位置也正好对应，这种建制构型的内在继承关系反映了结构与职能的统一。我们认为，这种东、西、南、北的建制和旧三省体制一样，都是依据决策权与皇权不可分的原则，依据划分为两个层次的三权分立的权力结构和施政程序，按照一定的规制而设置的，反映了其内在权力的布局。

关于“新三头”在大明宫的具体位置，中书门下自武则天、唐玄宗以来，没有大的变化，只是性质由原来的中朝变成了外朝。翰林、枢密虽依照了中书、门下两省的大体方位，但具体建制却有了新的发展。内朝建制的变动直接反映着中枢权力的变动，对唐最高统治层的议政活动和决策程序具有重大影响，是研究隋唐中枢政制发展演变的一个不可忽略的方面。

新中枢内朝建制的变化主要表现在翰林院的建置上。关于大明宫翰林院的具体位置，由于禁中事秘，当时人已说不清楚，文献记载很不周详，宋朝时已有争论[6]，直到现在还没有统一的看法。据韦执谊《翰林院故事》载：

> 翰林院者，在(右)银台门内，麟德殿西重廊之后。

据此，其位置约在宫城西边的右银台门之北，九仙门之南。又据李肇《翰林志》载：

> 今在右银台门之北，第一门口牓曰“翰林之门”，

其制高大重复，号为“胡门”。入门直西为学士院，即开元十六年所置也，引铃于外，惟宣事入。其北门为翰林院，又北为少阳院。

据此，翰林院似设在宫城内靠近西宫墙的地方。而所谓“胡门”，又称“复门”，即翰林之门。洪遵《翰苑遗事》载：

盖学士院在禁中，非内臣宣召无因得入，故院门别设复门，亦以通禁庭也。

由于没有更多的史料可考，长期以来，人们一直以为唐大明宫翰林院设在宫城内西南靠近右银台门处。[7]从1957年开始，我国考古工作者对唐长安大明宫遗址进行了考古发掘。据发掘报告，在宫城西右银台门北侧六十余米处曾发现一个较右银台门为窄、保存完好的门址，这一门址较宫城其他各门略小，在1959年九仙门未发现之前，曾疑此门是九仙门，后九仙门遗址确定，才怀疑它或是翰林院的“胡门”。因文献记载宫城西只有右银台门和九仙门，并无别的门，此门距右银台门很近，仅是从宫内通往“夹城”，而不再穿过重墙通往城外，其建制比较特殊。[8]所谓“夹城”，乃是在城墙之外再筑一墙，称“重墙”，中间夹着一条宽阔的大道，备人主潜行，使“外人不知之”[9]。大明宫东、西、北三面皆有“夹城”，东“夹城”往南可直通兴庆宫及曲江芙蓉园，西“夹城”可通大内。如果确定新发现的门址是“胡门”，则翰林院应在西“夹城”之内，这和李肇《翰林志》等文献记载大有出入。又据考古报告，在宫城西边夹城中部内，又掘得房屋遗址三座，其中两座是东西向，位于夹城的中部，二房址南北相距四十余米，另一房址是南北向的东厢房，与宫城西墙平行，其东边的散水距西城墙仅0.3米，这一房址的北部，与东西向的北边的一座房址的东端相接，从现存的柱础来看至少有五个房间[10]，这和文献记载的翰林院内部布局大致相合。当时还没有确定这就是翰林院，而认为是禁军右三军的军营遗址的一部分，直到1982年，当年参加考古发掘的马得志先生在《考古》杂志第六期上发表《唐代长安与洛阳》一文，在附图中将这一房址最后确定为翰林院，但可惜至今还没有文字加以说明。

进一步推敲文献材料，我们认为马得志先生的判断是正确的。《长安志》卷六《东内大明宫》有一段记载：

> 右银台门、内侍省右藏库次北翰林门内翰林院、学士院。又东翰林院北有少阳院、结邻殿。翰林门北曰九仙门。

据此，知少阳院乃在东翰林院之北，李肇的记载，将翰林院和东翰林院混为一谈，使人们产生了翰林院在禁内少阳院之南的错觉。《长安志》的记载不仅纠正了李肇的错误，而且明确记载翰林门（胡门）北是九仙门，证明宫城墙除九仙门和右银台门外确实有一个翰林门，这更可和考古材料印证，推断大明宫翰林院的确是建在西夹城之内。据考古报告，大明宫东西夹城都是55米宽，其场地容纳几间小屋全无问题，翰林院虽把西夹城拦腰截断，但皇帝只要不出九仙门，而由右银台门出入，同样可以经夹城潜入大内，并不影响皇帝的诡秘行踪。因翰林院惟在东宫墙有门道，西边重墙无门，和外界没有联系，应该是宫禁内廷机构。但是，翰林院虽说是处于宫禁，却又毕竟与禁廷隔了一道墙，学士出入皆由宦官导引，先入右银台门进入宫城，再由“胡门”入翰林院，和往日两省所居中朝地域不可同日而语。翰林院置于高高的“夹城”内，其与外廷朝官机构相比，是离皇帝要近一些，但与宦官诸使司相比，却又离皇帝远一些，其独特的建制可谓别出心裁，却是和翰林学士居官的特殊身份相一致的。

除西夹城内的翰林院外，大明宫宫城内还有一处翰林院，即唐德宗时设置的东翰林院。李肇《翰林志》载：德宗曾“移院于金銮殿，对御起草、诗赋唱和或旬日不出”。所谓“移院于金銮殿”，即是设置东翰林院。设置东翰林院并不是在翰林院之外另立机构，而是在宫禁深处为翰林学士开辟一个办事处。韦执谊《翰林院故事》称：

> 此院之置尤为近切，左接寝殿，右瞻彤楼，晨趋琐门，夕宿严卫，密之至也。

其位置在掖廷宫禁中心的金銮殿之西。程大昌《雍录》卷四《金銮坡》条曰：

> 金銮殿者，在蓬莱山正西微南也，龙首山坡之北，至此余势犹高，故殿西有坡，德宗即之以造东学士院……以其在开元学士院之东，故命为东翰林院。

由于翰林学士经常出现在金銮坡上，故其时“俗称翰林学士为坡”[11]，金銮坡竟成了翰林学士的别名[12]。可见，东翰林院的建置，弥补了翰林院本部离皇帝太远的缺憾，使翰林学士和皇帝更为接近，时人称为“侍从亲近，人臣第一”[13]，后人戏曰“与命妇分庭，见贵主冠服，内人黛妆”[14]，的确和外朝大臣不一样。而更重要的是，由于和皇帝接近，政治上的发言权和影响力都大为加强了。但是，东翰林院不是一个完整的机构，它隶属于翰林院本部，只是一个办事处，只有少数学士应召入值时才能出入，故其政治作用又不宜过分夸大。

关于唐后期发展起来的内诸使司各机构的具体位置，史书没有记载，考古数据也极为缺乏，目前还无法作出准确判断[15]，亦无关本文宏旨，因为宦官内诸使司与皇帝最为接近是不言而喻的。需要特别指出的是，宫城外两侧禁苑驻扎着宦官掌握的神策禁军，其右侧九仙门及翰林院西北重墙外是右军的营址；宫城东重墙外为左军营址。整个宫禁于是被宦官势力所包围，翰林院更是处在宦官的严密监视之下，李德裕有诗描述其地为“椅梧连鹤禁，墀垸接龙韬”，原注云：“内署北连春宫，西接羽林军。”[16]形势十分森严。在宫禁森严的情势下，南衙宰相及所属机构与皇帝更是被一道高高的宫墙隔开。我们知道，国家机构如果不与皇权结合，就失去了权力的凭借；同样，皇权如果不与官僚机器结合，也会失去威力。掌握禁军的宦官只要把持宫禁，紧闭宫门，切断皇帝与朝臣的联系，就可以轻而易举地控制皇帝，甚至矫称上旨窃取皇权，皇帝在禁宫内就成了光杆司令、孤家寡人，只得听凭宦官摆布。一小撮宦官要对付与皇权紧密结合的国家机器犹如蚍蜉撼树，谈何容易，但在禁宫内对付与外朝庞大的官僚机器隔离而赤手空拳的皇帝却是“如制婴儿”，易如反掌。因而“废置在手，东西出其意”。[17]因他们窃居了皇权，“口含天宪”，外朝宰相大臣也只得俯首听命，形成宦官长期专政的局面。由此可见，唐后期中枢建制的缺陷也是造成宦官专政的原因之一。

唐后期宦官把持宫禁既已成为“故事”，成为无形中的制度，宦官专政很轻易地就打破了中枢的三角平衡关系。这时，翰林学士的作用就突出起来。翰林学士和宦官一样同居北衙，是除宦官以外唯一能出入宫禁，在内廷办事的官员，其居官具有宫官的性质，不过，翰林学士出入宫禁得由宦官导引，在宫禁还不能像宦官那样自在。另一方面，翰林学士自下级朝官中选拔，出翰林时又多转回南衙，不少人还升任宰相，成为南衙之首，说明他们和朝官的关系根深蒂固，又具有朝官的身份。唐代宫禁严密，宫官和朝官有内外之分，南衙和北司更截然分为两个系统，二者不相混淆，翰林居官既不同于宦官，又有别于朝官，是介乎二者之间，具有宫官和朝官双重身份的特殊官员，因而，在唐后期政治中枢中，其地位也特别微妙，发挥的作用十分引人注目。对此，清人王鸣盛曰："玄宗以前，翰林学士可不书，玄宗以下，不可不书。"[18]

第二节 新中枢体制的特点和唐后期中枢政治斗争

由翰林、枢密、平章事组成的新中枢，具有不稳定、不成熟的明显特点。与此相关，唐后期中枢政局长期动荡不安，中枢权力斗争异常激烈，宫廷政变不断发生。深入分析新中枢体制的具体特点和唐后期中枢政治斗争，是我们进一步研究隋唐中枢体制发展演变不可忽视的一个方面。

新中枢体制一个最显著的特点是：中枢三成员都是由临时差遣性质的使职发展而来，后虽都成为固定常设的职官，却仍然保留着差遣使职的形式。清人钱大昕论述唐代差遣使职的特征曰：

案节度、采访、观察、团练、经略、招讨诸使皆无品秩，故常带省、台、寺、监长官衔，以寄官资之崇卑。……即内而翰林学士，亦系差遣无品秩，故常假以他官，有官则有品，官有迁转而供职如故也。不特此也，宰相之职，所云平章事者，亦无品秩，自一二品至三四品官，皆得与闻国政，故有同居政地而品秩悬殊者，罢政则复其本班，盖平章事亦职而非官也。[19]

钱氏所说的官，即职事官；职，即差遣使职。在唐后期，虽然以三省六部为中心的职事官系统的权任被各种形式的差遣使职所取代，但官号却一直没有取消。平章事、翰林等职，虽执掌大权，却没有品秩，仍要带职事官衔“以寄官资之崇卑”。台省官名总是伴随着翰林、平章事等同时出现，因此，唐后期职官的结衔往往很长。《石林燕语》卷四有一段话：

唐翰林学士结衔或在官上，或在官下，无定制。

> 余家藏唐碑多，如太和中李藏用碑，撰者言“中散大夫守尚书户部侍郎知制诰翰林学士王源中”之类，则在官下；大中中王巨镛碑，撰者言“翰林学士中散大夫守中书舍人刘瑑”之类，则在官上。……殊不可晓。

由于没有把握唐使职的特点，宋人对唐翰林的结衔已感困惑不解。

按隋唐官制有职事、散阶、勋、爵等区别，皆分九品。唐代前期，职事官实际治事，散官则“一切以门荫结品，然后劳考进叙”，仅表示出身贵贱和资历的深浅。“凡九品以上职事，皆带散位，谓之本品”[20]。官服亦依散阶分为紫（三品以上）、绯（四、五品）、绿（六、七品）、青（八、九品）四色。后期朝官上朝，又给随身鱼袋，三品以上佩金鱼，五品以上佩银鱼[21]，作为居官高下的标志。勋与爵则用“以酬勤劳”[22]，而皆无职务。到后来结衔又增加了差遣一项，原来的职事官却又成为虚衔，因而唐后期官虚衔已经很多。如《石林燕语》提到的王源中：中散大夫（正五品以上）为其散阶，尚书户部侍郎（正四品以下）为其职事，这时都是虚衔；知制诰和翰林学士为其差遣，才是实际治事的职务。刘瑑也是如此，翰林学士为其实衔，中散大夫和中书舍人（正五品上）皆为虚衔。使职加职事官衔的作用是“有官则有品，官有迁转而供职如故”。我们可以李德裕在翰林学士任内迁官的情况来加以说明。据丁居晦《重修承旨学士壁记》载：

> 李德裕，元和十五年闰正月十三日自监察御史充（翰林学士），二月一日赐紫，二十日加屯田员外郎，长庆元年元月二十三日改考功郎中知制诰，二年正月加承旨，二月四日迁中书舍人，十九日改御史中丞出院。

李德裕自元和十五年（820）至长庆二年（822）两年的翰林学士任内，职事衔凡迁五次，即从入翰时的监察御史（正八品上）经屯田员外郎（从六品上）升考功郎中（从五品上），再迁中书舍人（正五品上），最后以御史中丞（正四品下）出翰林。两年间迁官可谓频繁，虽品秩逐渐提高，但职务并无大的变动，其实际职任先为翰林学士，后在长庆二年正月升任翰林学士承旨。而其所历职事衔监察御史、屯田员外郎，考功郎中，中书舍人则分别为御史台、尚书省、中书省官，这时都是表示资历高下的符号，只作为官秩升迁的标志，并不治事，李德裕职事衔虽步步迁转，却根本没有往御史台、尚书省、中书省等官署任事。

又如《唐大诏令集》卷五〇载大中十二年（858）十二月《杜审权平章事制》的结衔：

> 翰林学士承旨通议大夫守尚书兵部侍郎知制诰

上柱国赐紫金鱼袋杜审权……可守本官同中书门下平章事。

杜审权的实际职务由翰林承旨升任宰相，职位升了，但品秩却没有升。按其结衔，知制诰、承旨和平章事皆为差遣，乃实际治事职。通议大夫为散阶（正四品下），尚书兵部侍郎（正四品下）为职事衔，上柱国（正二品）为勋位，都是虚衔。承旨和平章事都是权重位高之职，按理论一般要三品以上的官才能充任，而杜审权散阶未及，仅为正四品下，于是，皇帝特加恩典，结衔中加上了“赐紫金鱼袋”，即四品官可以按三品阶穿紫服佩金鱼袋上朝。从结衔顺序来看，按旧制：散官、职事、勋、爵依次排列，到唐后期亦未变，差遣是新加的衔，排列无定制，从上引材料来看，有的排在前面，有的排在后面，亦有排在中间的，叶梦得所谓“殊不可晓”，其实并没有什么难以测知的隐奥。我们只要记住，在唐后期职官长长的结衔中，惟差遣才是实际治事衔，只要看其差遣就可知其所任真实职事。

以上我们不厌其烦地大量征引史料，在于强调唐后期三省职事官系统虽存名号，却无实职的事实。最高中枢更是如此，主要任事官都是差遣使职，宰相、翰林虽位高权重，但居官形式还不完善，需要与旧的台省职事官结合来弥补自身的缺陷。明确了这一特点，我们就能摆脱《唐六典》的窠臼，用新的眼光来看待唐后期的中枢官系统。

由于差遣衔本身没有品秩，不表示资历和地位，只表示职任，所以同任某一使职者往往地位悬殊很大，如翰林学士，“下自校书郎，上及诸曹尚书皆为之”[23]。“其尊贵亲遇者，号称内相，可以朝夕召对，参议政事，或一迁而为宰相；而其孤远新进者，或起自初阶，或原无出身”[24]，职事的品阶差距甚远。翰林之职既无品秩，当然也无固定薪俸，其薪俸也是以所寄他官品秩发给，所以有些起自初阶的翰林学士因薪俸太低，不免穷困。如“姜公辅建中初为左拾遗(从八品上)，召入翰林为学士，岁满当改官，公辅上书自陈母老家贫，以府掾俸给稍优，乃求京兆府户曹参军，特承恩顾”[25]。大诗人白居易在翰林学士任上，也上书曰：“臣有老母，家贫养薄，乞如公辅例。”[26]

大朝会的班次和内宴时的座次，较能反映百官的权任等级，按旧制，“班位等差，本系品秩”[27]。翰林学士和同中书门下平章事虽权位崇重，所带他官品秩却不一定很高。所以后来大朝会和内宴时的班序经常被打乱。德宗贞元以前，翰林学士“廷觐之际，各趋本列”；贞元元年(785)，德宗始下敕，令翰林学士预班列“与诸司官知制诰同”[28]，位次不算高。宪宗定制后，翰林遂“与班行绝迹，不拘本司，不系朝谒”[29]。虽然“学士不与外班接”[30]，但内宴时，却“坐次宰相，坐居一品班之上，别赐酒食珍果，与宰相同”[31]。礼遇仅次于宰相，待遇与宰相同。而所谓“一品班”者，据《唐会要》卷二五《文武百官朝谒班序》条所列，乃为“三太、三公，太子三太，嗣郡王，散官开府仪同三司，爵开国公等”，品阶皆属一品，非朝廷元老耆德不能当，但坐次却已排在宰相、翰林之后了。据此，则是宰相第一，翰林第二，其他官都排在后面。可见坐次乃按实际职位排定，品秩就无足轻重了。

新中枢体制不仅外在为官形式很不完善，其中枢成员之间的内在权力关系也反复变动，很不稳固，这是唐后期中枢的又一个重要特点。我们在第六章已论述了宦官专权打破中枢权力平衡的情况，但唐后期中枢成员的权力关系并没有固定的轻重次序，宦官枢密使依仗中尉所掌禁军，权势凌驾于皇帝之上，首先打破了中枢的平衡，但在皇帝能亲政时，也会遭受排斥。《资治通鉴》卷二四七唐武宗会昌三年载：

> 上夜召学士韦琮……令草制，宰相、枢密皆不之知，时枢密使刘行深、杨钦义皆愿悫，不敢预事，老宦者尤(忧)之曰：“此由刘、杨懦怯，堕败旧风故也。”

翰林学士以才学居于内廷，朝政决策地位最为优越，但是，由于制度的不稳固性，皇帝有时信重外朝宰相，又会使宰相的权力地位大大提高。武宗朝，宰相“中书门下”机构曾一度处于权力的主导地位，甚至内朝翰林学士的基本职权——草诏权也被宰相取代。如唐武宗讨伐泽潞藩帅刘稹时，“帝一切命（宰相）李德裕作诏，德裕数辞，帝曰：‘学士辈不能尽吾意伐刘稹也’”[32]。洪遵《翰苑遗事》载：

> 唐诏令虽一出于学士，遇有边防机要大事，学士不能尽知者，则多宰相以处分之，要者自为之辞，而付院使增其首尾例程之言，谓之诏意。

说明宰相草诏侵夺翰林职权并非偶然间的一时一事，这种经常性互相侵夺职权的情况，充分说明了制度的不成熟性。实际上，唐后期中枢体制还一直处在发展变化之中，到五代、宋时，权力结构又出现了新的构型。因此，“新三头”组成的新中枢可以说还是一个过渡性的体制。

新中枢体制的第三个重要特点是：中枢权力过分集中于内朝，使内朝成为唐后期中枢权力斗争的中心。一方面，朝官为争权多力争内朝翰林职位，或内结枢密使；另一方面，在反对宦官专权的斗争中，内朝翰林学士往往成为参与策划的主力。这一特点，深刻地反映了唐后期中枢权力的格局，是不可忽视的。

牛李党争是唐后期政治史上的一件大事，从宪宗时始，历穆、敬、文、武、宣凡六朝，士大夫分为两派倾轧达半个世纪，在政治上影响巨大。由于中枢体制的改变，权力斗争的格局也发生了变化，除争夺宰相职位以攫取朝权外，夺取内朝翰林之职和联络枢密使便成了两党成败的关键，两党都竭力在翰林院安插自己的同党，又尽力将异党分子驱出此机衡之地，或勾结枢密使，以加强自己的政治地位。

宪宗时，李党首领李吉甫、裴度等人采取了坚决镇压藩镇的政治立场，而牛党多持“罢兵”之议。元和十二年（817）讨伐淮西藩镇吴元济时，牛党首领宰相李逢吉“不欲讨蔡，翰林学士令狐楚与逢吉善，（裴）度恐其合中外之势以沮军事，乃请改制书数字，且言其草制失辞，壬戌，罢楚为中书舍人”[33]。李党首领裴度设法除去牛党人物令狐楚的翰林之职，目的无非是清除内廷中枢中的敌党，以贯彻自己的政策。胡三省注曰：“翰林学士居禁中，宰相在外朝，恐其中外相应以上罢兵议”[34]，所论甚是。令狐楚罢免翰林职位的同时，李逢吉的宰相职位也被罢免，李党于是在政治上占上风。

穆宗时，李吉甫之子李德裕为翰林学士，因牛党人物“中书舍人李宗闵尝对策讥切其父，恨之”[35]。因伺机报复，据《新唐书》卷一七四《李宗闵》传载：

> 长庆初，钱徽典贡举；宗闵托所亲干徽，而李德裕、李绅、元稹在翰林，有宠于帝，共白徽纳干丐，取士不实，宗闵坐贬剑州刺史，由是嫌忌显结，树党相磨轧四十年，缙绅之祸不能解。

李德裕以其亲接天子的地位，揭发李宗闵等人科举舞弊行为，给牛党以沉重打击。但不久，牛党党魁李逢吉因与穆宗“有侍读之恩，遣人密结幸臣”[36]，厚结枢密使王守澄，得以重新入相，掌握朝权，于是又竭力排斥李党，特别是对李党首领裴度百般诽谤，竭力陷害，赖翰林学士李绅在禁中竭力调护，度仅得安于位。时李德裕为中书舍人、翰林学士，以才学名显当时，颇有入相之望，“而逢吉之党深恶之”。长庆二年(822)二月“罢学士，出为御史中丞”[37]。不久又被挤出朝廷，裴度亦罢相，朝政大权几乎全落于牛党李逢吉等人之手。逢吉“既得权位，锐意报怨”，将裴度赶出京师，又援引同党牛僧孺入相，“内结枢密王守澄，势倾朝野”。其时，“惟翰林学士李绅，每承顾问，常排抑之，拟状至内廷，绅多所臧否，逢吉患之”[38]。于是，牛党李逢吉等人又费尽心机将李党人物李绅撵出翰林。会穆宗崩，逢吉与神策军中尉梁守谦、刘弘规，枢密使王守澄、杨承和立敬宗为帝[39]，乃与王守澄合力构陷李绅，使“王守澄言于上曰：‘阶下所以为储贰，臣备知之，皆逢吉之力也。如杜元颖、李绅辈，皆欲立深王。’上时年十六，疑未信”。李逢吉又奏言：“绅不利于上，请加贬谪。”于是李绅及其同党翰林学士庞严、蒋防皆遭贬。李逢吉等还不甘心，“日上书言贬绅太轻，上许杀之，朝臣莫敢对”。在这关键时刻，“独翰林侍读学士韦处厚上疏，指述绅为逢吉之党所谗……上稍开悟，会阅禁中文书，有穆宗所封文书一箧，发之，得裴度、杜元颖、李绅疏请立上为太子，上乃嗟叹，悉焚人所上谮绅书”[40]。韦处厚属李党，因在翰林有上言机会，终于在最关键的时刻挫败牛党李逢吉一伙的阴谋。

到唐文宗即位时，以翰林学士韦处厚同平章事，但不久处厚卒，牛党首领李宗闵又通过“结托”枢密使杨承和入相[41]，因获“中人助”，牛党又复掌权。宗闵援引同党牛僧孺入相，又将同党李珏引“入翰林充学士”[42]，以把持朝政。当时，李党人物郑覃也在翰林为侍讲学士，李宗闵“恶覃禁中言事，奏为工部尚书，罢侍讲学士”[43]，采用明升暗降的手段，除去其要害之职。但到武宗时，李党领袖李德裕亦通过联络“枢密使杨钦义入相”[44]，将牛党首要分子李宗闵、牛僧孺、李珏等皆贬逐出京，又将同党李绅引入朝为相，形成李党掌权的全盛时期。但数年后，宣宗即位，又起用牛党人物、翰林学士承旨白敏中为相，敏中与翰林学士令狐陶合力排斥李德裕，将李德裕贬为崖州司户[45]，最后以牛党的全胜结束了这场长达半个世纪的党争。

从牛李两党互相倾轧的情况来看，内朝翰林和枢密于两党的成败具有举足轻重的作用，在许多关键性场合，翰林学士以其在内廷亲接天子的地位，对皇帝的政治倾向具有巨大的影响力，而往往能以一言扭转局面，所以外朝宰相对内廷翰林最为顾忌，争夺翰林之职也就成为两党权力之争的重点。同时，内结枢密使又是两党都用以出奇制胜的法宝。可见，外朝宰相掌权必须有内朝依托，否则权力就难以巩固。

中枢权力过分集中于内朝，造成了宦官长期专权的政治局面，反对宦官专权也就成了唐后期中枢政治斗争的核心问题，而内朝翰林学士以其特殊的政治地位，这时更为皇帝所依重，成为抗击宦官的中坚。

在宦官对皇帝肆行废立之际，翰林学士作为唯一能出入宫禁的大臣，往往能及时观察到内廷动静，出来与之抗争。因为拥立新帝的遗诏，需要召翰林学士至东翰林院草拟，翰林学士因而能面见行将就木的皇帝，领得其遗旨，甚至付之以辅弼重任。即使是宦官矫称帝旨，仍然须由翰林学士秉笔书诏，宦官自己既无权草制，限于文化水平，也不会书诏。因此，翰林学士或能阻止宦官阴谋，或按遗旨参与拥立新帝的活动。新皇帝即位，也往往加恩于有功于己的翰林学士。顺宗、宪宗和穆宗得以继大统，就都有翰林学士居中立了大功。[46]不甘心受宦官家奴摆布的皇帝，往往想依靠朝臣来消灭宦官，但皇帝在宫禁被宦官包围，受到严密监视，高高的宫墙切断了皇帝与外朝宰相百官的联系，因此，皇帝只得采用宫廷阴谋的形式，重用内朝翰林学士来和宦官较量。这种性质的斗争，最著名的有“二王八司马”事件和“甘露之变”。

“二王八司马”事件发生在唐顺宗在位之时(805)。顺宗是一个身染重疾，不能说话的可怜皇帝，其父德宗死后，宦官阴谋策划，“议更立储君”，扬言“内中商量，所立未定”[47]，赖翰林学士卫次公等及时赶到，极力抗争，他的皇位继承权才不致被废。顺宗对宦官专权是极痛恨的，但他连话都不能说，当然无法上朝和宰相商讨对策，他只能依靠内廷翰林学士来与宦官进行斗争。

顺宗所依重的王伾、王叔文在其即位前就都进入了翰林院，后又“俱入东宫，娱侍太子”[48]。顺宗即位后，二人即正式提升为翰林学士，成了顺宗得力的政治助手。《顺宗实录》卷一载：

> 德宗大渐，上疾不能言，伾即入，以诏召叔文入，坐翰林中使决事，伾以叔文意，入言于宦者李忠言，称诏行下，外初无知者。

二王第一个行动就是占据翰林院，当时，“禁中文诰，皆出于叔文”[49]，并用亲近顺宗的宦官李忠言知枢密，按照翰林草诏，枢密传宣的程序发布命令，而又以其同党“韦执谊为宰相，居外奉行”[50]。《旧唐书》卷一三五《王叔文传》记载说：“叔文因王伾，伾因李忠言，忠言因牛昭容，转相结搆。事下翰林，叔文定可否，宣于中书(政事堂)，俾执谊承奏于外，与韩泰、柳宗元、刘禹锡、陈谏、凌准、韩晔唱和。”可见他们几乎掌握了中枢三个“头”，据此得以发号施令。

二王的主要目标是通过打击宦官势力，以加强皇权，革新政治。他们首先从革除弊政入手，罢去掠夺、侵扰人民的“宫市”和“五坊小儿”，结果“人情大悦”[51]，宦官的暴虐受到了压抑。然而，二王的改革倡议得不到朝中大臣的支持，宦官俱文珍等意识到二王将不利于己，即起而反击，他们的第一个措施就是削去王叔文的翰林之职。《资治通鉴》卷二三六唐顺宗永贞元年载：

> 俱文珍等恶其（王叔文）专权，削去翰林之职。叔文见“制”书，大惊，谓人曰：“叔文日时至此商量公事，若不得此院职事，则无因而至矣！”王伾即为疏请，不从，再疏，乃并三、五日一入翰林，去学士之名，叔文始惧。

宦官明白翰林乃要害之职，削之则使王叔文无法与皇帝联系，使其处于无用武之地，这无疑是给王叔文集团的一个沉重打击。

面对宦官的挑战，为了从根本上抑制宦官势力，王叔文等人又“欲夺取宦官兵权以自固”。他们自翰林以皇帝的名义发布诏敕，任命朝官范希朝为“左、右神策京西诸城行营节度使”，“韩泰为其行军司马”，企图收夺宦官掌握的神策兵权。[52]但这一招也同样遭到了宦官的抗拒，据《顺宗实录》卷五记曰：

> 会边上诸将各以状辞中尉，且方属希朝，中人始悟兵柄为叔文所夺，乃大怒曰：“从其谋，吾属必死其手。”密令其使归告诸将曰：“无以兵属人。”希朝至奉天，诸将无至者，韩泰白叔文，计无所出。

由于宦官牢牢地控制了神策兵权，王叔文等人依靠一个毫无威权的哑巴皇帝和几张白麻诏书，无法动摇宦官的实权地位。不久，宦官即发动政变，逼顺宗“禅位”。其时，王叔文“但吟杜甫题诸葛亮祠堂诗末句云‘出师未捷身先死，长使英雄泪满襟’，因歔欷泣下”[53]，而宦官却在狰狞地发笑，外朝大臣亦多附和着欢笑。二王不久即贬出朝廷，最后又遭杀害，其同党柳宗元、刘禹锡等八人皆贬为远州司马，史称“二王八司马”，其革新活动最后以失败而告终。

“二王八司马”事件后，宦官集团的气焰更加嚣张，到唐文宗时，又发生了一起皇帝任用翰林学士反对宦官的宫廷政变。

唐文宗的高祖父顺宗、祖父宪宗、哥哥敬宗都死于宦官之手，父亲穆宗和他本人都是由宦官拥立，文宗目睹宦官弑逆之状，对宦官专权的祸害深有认识。即位后，先是“密与翰林学士宋申锡言之，申锡请渐除其偪”[54]，企图诛灭宦官，但因事机不密，宋申锡反被宦官诬告贬死。当时，朝臣分为牛李两党，两派倾轧，势同水火，并都与宦官集团有联系，文宗感到依靠他们来剪除宦官很难，叹息曰：“去河北贼易，去朝廷朋党难。”[55]因此，起用翰林李训、郑注等来共谋打击宦官。

李训稍通《易经》，郑注擅长医术，二人以此入翰林。史载李训有“欲先诛宦官，乃复河湟，攘夷狄，归河朔诸镇”的旨趣，文宗“甚奇之”。[56]不久，文宗即将谋诛宦官的心思密告二人。大和九年(835)，郑注由翰林待诏，李训由翰林侍讲升为翰林学士，李训并兼宰相，“或在中书，或在翰林，天下事皆决于训”[57]。大权在握之后，李训、郑注先把外朝宰相中的牛李二党头面人物统统赶出朝廷，以免他们碍事。然后，即向宦官开刀。《旧唐书》卷一六九《李训传》载：“王守澄自长庆已来知枢密，典禁军，作威作福，训既作相，以守澄为六军十二卫观军容使，罢其禁旅之权，寻赐酒杀之。”李训利用翰林掌握的诏敕来打击宦官，和王叔文不同的是，他能充分利用宦官内部的矛盾，采取各个击破的办法，他总是先下诏将握有大权的宦官调离实权地位，再在调动中第二次下诏赐死，这样，就使宦官无力抗拒，皇帝的诏敕发挥了威力。由于李训干得很干练，以致当时宦官“自中尉、枢密、禁卫诸将，见训皆震慑，迎拜叩首”[58]。

这一年九月，李训和文宗谋划了一个将宦官一举殄灭的计划。他们先让臣下诡称南衙金吾左仗内树上降有“甘露”，文宗即以“亲往以承天祉”为由，从被宦官严密控制的禁宫趋出，入居外朝含元殿坐朝。李训在金吾左仗后伏下金吾兵，企图在文宗命众宦官头目去验证“甘露”时，以伏兵杀之。不料，风动庑幕，中尉仇士良见幕后伏兵，惊走回殿。瞬时，在南衙含元殿展开了一场争夺皇帝的混战。众宦官急拥皇上“还内”，李训急呼金吾兵上殿，并拉住乘辇大喊：“陛下不可去。”宦官头目仇士良大吼：“李训反！”文宗则呼：“训不反！”士良对李训动拳脚，李训死死拉住乘辇不放。在揪打中辇至宣政门，李训因遭宦人拳殴，“僵仆于地”，虽金吾兵四百由东西上殿，杀宦官数十人，但宦官最后死活还是将皇帝夺回了禁宫。辇“入东上阁门，门即阖，内官呼万岁者数四”[59]，于是，宦官重新掌握了皇帝，控制了宫禁。李训等人束手无策，只好逃命。仇士良立即遣神策禁军五百人，“露刃出阁门，遇人即杀”[60]。时宰相王涯等值中书(政事堂)不知情，以为“上将开延英”，群臣也都无备，于是惨遭杀害，一时“流血成渠”。仇士良又遣军“大索都城”[61]，李训、郑注及其同党也都相继被捕杀。被误杀的大臣更不计其数，以致“公卿半空”[62]。这一流血事件，史称“甘露之变”。

“二王八司马”事件和“甘露之变”是唐后期反对宦官专权的两起最重要的斗争。前人论述这两起事件时，往往将其归结为所谓“南衙北司之争”。从我们前面的论述来看，这两大事件的中坚人物都是翰林学士，翰林不居南衙，不是南衙官，而是和宦官一样同居于北面宫城，因此，用“南衙北司之争”来概括这两大事件，不符合历史实际。在皇帝深处宫禁，被宦官层层包围，严密监视之下，南衙宰相百官因为不能出入宫禁，无法和皇帝取得联系参与密谋，所以，在这两次谋诛宦官的宫延政变中，也就不可能起大的作用。实际上，在这两次斗争中，南衙宰相和省台官员大多没有参预策划，他们或袖手旁观，或持反对态度，甚至有的和宦官互通声气。皇帝和翰林学士没有得到广大朝臣的支持，势单力薄，也是这两次斗争惨遭失败的原因之一。虽然甘露之变的主谋李训也挂宰相名，但实际密谋策划皆在翰林，在斗争中虽然也有宰相参加，如韦执谊、舒元舆等，都属次要人物，所以，把这两大事件归之为所谓“南衙北司之争”不尽妥当，客观上是抹杀了翰林学士的作用。

甘露之变后，宦官加强了对皇帝和内朝翰林学士的监视，自是“天下事皆决于北司”，“宰相行文书而已”。[63]但至武宗即位，局面又大为改观，出现了外朝宰相李德裕掌权，抑制宦官专权，并进行朝政改革的状况。

以往论者皆以李“德裕亦不免由宦官以入相”[64]，只看到他与宦官有联系的一面，看不到他与宦官有斗争的另一面。其实，李德裕也与宦官集团作过坚决的斗争。李德裕入相后，大得唐武宗信任，在枢密使杨钦义的支持下，李德裕和武宗杀了恶贯满盈的大宦官仇士良，而由杨钦义接任左军中尉。[65]李德裕并着手恢复宰相的权力，他初入相时，曾上书武宗曰：“常令政事皆出中书（政事堂），推心委任，坚定不移，则天下何由不理。”[66]除掉仇士良后，又劝说左军中尉杨钦义和枢密使刘行深，以后“非中书进诏意，更无他诏自中出者”[67]，并“奏请复中书舍人故事”[68]，使中书门下一度又成为决策中心。李德裕在大权在握的情况下推行了一系列政治改革，如毁佛、整饬军防、清理户口、澄清吏治等，使唐“王室几中兴”[69]。其政绩在唐后期历史上是绝无仅有的。清人王夫之评论说：“德裕之相也，首请政事皆出中书，仇士良挟定策之功，而不能不引身谢病以去。唐自肃宗以来，内竖之不得专政者，仅见于会昌。”[70]给李德裕很高的评价。李德裕也曾试图夺取宦官兵权，以根除宦官专政之祸，这段史事国内史书皆缺载，惟当时日本入唐留学僧圆仁有详实可靠的记录，其所著《入唐求法巡礼行记》卷四载：

> 今年（会昌五年）四月初，有敕索两军印，中尉不肯纳印，有敕再三索。敕意索护军印，付中书门下，令宰相管两军事，一切拟令（宰）相处分也。左军中尉即许纳印，而右军中尉不肯纳印。遂奏云：“迎印之日，出兵马迎之，纳印之日，亦须动兵马纳之。”中尉意，敕若许，即因此便动兵马起异事也。便仰所司，略排比兵马，人君怕，且纵不索。

李德裕谋夺宦官兵权的举动使其革新政治的活动达于高潮，他虽能雷厉风行地推行一系列政治改革，但在收夺宦官兵权问题上，却不能越雷池一步。左军中尉杨钦义因与李德裕有旧，起先“即许纳印”，也正因为如此，李德裕才敢“再三索”，但李德裕的这一行动触犯了宦官集团的根本利益，待杨钦义醒悟后，态度也立即转变，于是整个宦官集团都站到了李德裕的对立面。不久，武宗死，宦官把持宫禁，又发动政变。《资治通鉴》卷二四八唐武宗会昌六年载：

> 上自正月乙卯不视朝，宰相请见，不许，中外忧惧。……及上疾笃，旬日不能言，诸宦官密于禁中定策，辛酉，下诏称皇子冲幼，须选贤德，光王怡可为皇太叔。

光王怡就是唐宣宗，先前武宗对他“尤为不礼”[71]，宦官认为他必定要反对武宗时的内外政策，因而拥立为帝。果然，宣宗即位后的第一件事就是贬逐李德裕，并“务反会昌之政”[72]，李德裕的改革遭到了最后失败，中书门下的权力地位再次堕入深渊，宦官很快就恢复了其专制朝政的故态。

但是，宣宗在位也不满于宦官集团的专横跋扈，也曾密召翰林学士韦澳谋划剪灭宦官。《唐语林》卷二《政事下》载：

> 宣宗暇日，召翰林学士韦澳入，上曰：“要与卿款曲，少间出外，但言论诗。”上乃出诗一篇，有小黄门

置茶讫，亟屏之。乃问："朕于敕使如何？"澳既不为备，率意对曰："谋之于外廷，即恐有大和事（指甘露之变），不若就其中拣拔有才者，委以计事。"上曰："此乃末策，朕行之，初擢其小者，至黄、至绿、至绯皆感恩，若紫衣挂身，即合为一片矣。"澳惭汗而退。

由于宦官势力已根深蒂固，翰林学士这时再也想不出什么妙计来帮助皇帝了，韦澳既无计可施，宣宗更大失所望。

至宣宗死，宦官杀宣宗所属意的继承人夔王滋而立懿宗，自是皇帝之废立，皇位之继承，完全决于宦官，翰林学士再也不能参预其事，也无法抗争，外朝宰相更不得过问，群臣惟服从而已。《唐语林》卷七《补遗》篇载：

宣宗崩，内官定策立懿宗，入中书商议，命宰臣署状，宰相将有不同者，夏侯孜曰："三十年前，外大臣得与禁中事，三十年以来，大臣固不得知，但是李氏子孙，内大臣定，外大臣即北面事之，安有非之说？"

宦官废立皇帝已成"故事"，成为无形中的制度，朝臣对此司空见惯，不以为怪。自后，皇帝完全成了宦官手中的傀儡，宦官专政逐渐达于高潮，直到最后被藩镇朱全忠全部斩杀，其局面才能有所改观，而大唐帝国的丧钟却也敲响了。

1 《新唐书》卷六二、六三《宰相表》中、下。

2 《汉唐事笺后集》卷一。

3 《资治通鉴》卷二三二德宗贞元三年。

4 《资治通鉴》卷二四二穆宗长庆二年。

5 《旧唐书》卷一六五《郭承嘏传》。

6 参见程大昌《雍录》卷四《唐翰苑位置》条。

7 见徐松《两京城坊考》“西京大明宫图”。

8 马得志《1959—1960年唐大明宫发掘简报》，载《考古》一九六一年第七期。

9 《长安志》卷九。

10 马得志《唐大明宫发掘简报》，载《考古》一九五九年第六期。

11 洪遵《翰苑遗事》。

12 《旧五代史》卷一四九《职官志》载：“前朝因金峦（銮）坡以为门名，与翰林院相接，故为学士者称‘金峦’（銮）焉。”

13 李肇《翰林志》。

14 洪迈《容斋随笔》卷四《翰苑亲近》条。

15 徐松《两京城坊考》“西京大明宫图”宫城东南有宣徽殿，据此推测唐末枢密院和宣徽院大约在宫城东南靠近左银台门处。又据马得志先生赐函见教：左右神策军军容衙大约置于宫城北玄武门和重玄门两侧，即北夹城内。

16 李德裕《述梦诗四十韵》，见《全唐诗》卷四七五。

17 《资治通鉴》卷二六三唐昭宗天复三年。

18 王鸣盛《十七史商権》卷七四。

19 《二十二史考异》卷五八《职官志》。

20 《旧唐书》卷四二《职官一》。

21 《旧唐书》卷四五《舆服志》。

22 《隋书》卷二八《百官下》。

23 李肇《翰林志》。

24 《文献通考》卷五四《职官考八》。

25 《册府元龟》卷五五〇《词臣部·恩奖》。

26 《旧唐书》卷一六六《白居易传》。

27 孙简《请改定百官班位奏》，见《全唐文》卷七六一。

28 《唐会要》卷五七《翰林院》。

29 李肇《翰林志》。

30 《新唐书》卷一八三《韩偓传》。

31 李肇《翰林志》。

32 《新唐书》卷一八〇《李德裕传》。

33 《资治通鉴》卷二四〇唐宪宗元和十二年。

34 《资治通鉴》卷二四〇唐宪宗元和十二年胡三省注。

35 《资治通鉴》卷二四一唐穆宗长庆元年。

36 《旧唐书》卷一六七《李逢吉传》。

37 《旧唐书》卷一七四《李德裕传》。

38 《资治通鉴》卷二四三唐穆宗长庆三年。

39 《旧唐书》卷一六七《李逢吉传》。

40 《资治通鉴》卷二四三唐穆宗长庆四年。

41 《旧唐书》卷一七六《李宗闵传》。

42 《旧唐书》卷一七三《李珏传》。

43 《旧唐书》卷一七三《郑覃传》。

44 张固《幽闻鼓吹》。

45 《旧唐书》卷一八下《宣宗纪》。

46 范祖禹《唐鉴》卷十六称:“德宗在位岁久,最为猜忌,及其将没,不能召宰相而属以社稷,储君废置系于宦者,(翰林学士)卫次公等特以草诏得至禁中,遂沮其谋,不然,几有赵高之事。”

又《唐国史补》卷中记有翰林学士郑絪请立宪宗之事。

又据《旧唐书》卷十六《穆宗纪》:“宪宗崩,丙午,即皇帝位于太极殿东序,是日,召翰林学士段文昌、杜元颖、沈传师、李肇,侍读薛放、丁公著于思政殿,并赐金紫。丁未,集群臣班于月华门外。”穆宗即位,先赏翰林学士,第二天才见群臣,可见穆宗得立为帝,诸翰林学士是起了很大作用的。

47 《旧唐书》卷一五九《卫次公传》。

48 《旧唐书》卷一三五《王叔文传》。

49 《旧唐书》卷一六〇《刘禹锡传》。

50 《新唐书》卷一六五《郑询瑜传》。

51 《顺宗实录》卷二。

52 《资治通鉴》卷二三六顺宗永贞元年五月。

53 《旧唐书》卷一三五《王叔文传》。

54 《资治通鉴》卷二四四唐文宗大和四年。

55 《新唐书》卷一七四《李宗闵传》。

56 《新唐书》卷一七九《李训传》。

57 58 《资治通鉴》卷二四五唐文宗大和九年。

59 61 《新唐书》卷一七九《李训传》。

60 《旧唐书》卷一六九《李训传》。

62 《新唐书》卷二〇七《宦者上・仇士良传》。

63 《资治通鉴》卷二四五唐文宗大和九年。

64 《资治通鉴》卷二四六唐文宗开成五年胡注。

65 圆仁《入唐求法巡礼行记》卷四载仇士良于“会昌三年六月三日……辞官归宅”,当天即“敕除新中尉”,“以杨钦义任左神策军中尉”。至“二十三日仇军容薨”,“二十五日敕斩仇军官孔目官四人,尽煞破家”。可见仇士良是武宗君相联合枢密使杨钦义而将其置于死地的。

66 《资治通鉴》卷二四六唐文宗开成四年。

67 《资治通鉴》卷一四八唐武宗会昌四年。

68 《唐会要》卷五五《中书舍人》条,会昌四年十一月。

69 《新唐书》卷一八〇《李德裕传》。

70 《读通鉴论》卷二六《唐武宗》。

71 《旧唐书》卷十八下《宣宗纪》。

72 《资治通鉴》卷二四八唐宣宗大中元年。

第八章

延英奏对制度和翰林草麻制度

新中枢取代三省职事后，其决策过程由于旧史官志缺载，很难了解清楚；其工作制度散见于史传笔记者，也很少有人整理研究。本章试图勾稽史籍，对具有重要政治意义的延英奏对制度和翰林草麻制度作一些初步的整理，以求对新中枢体制的决策机制和工作制度有一个更深入的了解，加深对整个新中枢体制的实质性认识。

第一节 延英奏对制度

和旧三省体制比较，新中枢的决策机制发生了很大变化。宰相政事堂议政既已失去决策意义，皇帝直接参与的朝议制逐渐显得重要，新的决策形式也随之产生。延英奏对即是逐渐发展起来的重要决策形式之一，并成为唐后期中枢的一项重要政治制度。

所谓延英奏对，即皇帝和宰相大臣于禁内延英殿议决军国大事。《五代会要》卷六《开延英仪》条载：

> 内中有公事商量，即降宣头付阁门开延英，阁门翻审申中书（政事堂），并牓正衙门（宣政门）；如中书（政事堂）有公事敷奏，即宰臣入牓子，奏请开延英。

据此，延英奏对有两种形式：其一，皇帝有事，召宰相入延英；其二，宰相有事，具牓子奏请开延英。军国要政，皆在延英殿裁定议决。一句话，延英奏对乃是国家最高御前决策会议。

上引材料说的是五代制度，虽说是直接继承唐朝，但却并非唐初即有。关于延英奏对创置的时间及创置的原因，史书没有确切记载。据唐人李绰所著的《尚书故实》：

> 今延英殿，灵芝殿也，谓之小延英。苗韩公居相位，以足疾步骤微蹇，上每于此待之，宰相对于小延英，自此始也。

按，此事新、旧《唐书·苗晋卿传》系于“肃宗晏驾，代宗践祚”之时，即宝应元年(762)四月。《旧唐书》卷一一三《苗晋卿传》载：“时晋卿年已衰暮，又患两足，上特许肩舆至中书(政事堂)，入阁不趋，累日一视事。”不载对延英事。《新唐书》卷一四〇《苗晋卿传》则载：“代宗立，复诏摄冢宰，固辞乃免。时年老蹇甚，乞间日入政事堂，帝优之，听入阁不趋，为御小延英召对。宰相对小延英，自晋卿始。”显系采纳了《尚书故实》的说法。据此，则延英召对当起于代宗宝应元年。但《尚书故实》虽唐人所撰，而毕竟属小说野史，其可靠程度如何，还值得进一步推敲。

从上引史料可知，延英召对与宰相入中书(政事堂)议政和入阁朝议制度有直接关系。代宗为方便年老步蹇的宰相苗晋卿，在政事堂议政和入阁朝议之外别开延英，说明延英召对具有决策意义。据史载，代宗朝另一位宰相杨绾因“素痼疾”，“旬日寝剧，有诏就中书疗治，每对延英，许挟扶”。[1]但是，这样一项重要制度的创立，仅仅只是为给某个宰相行方便，却是难以使人信服的。我们认为，其中必定还有更为深刻的原因。

检索史籍，我们发现代宗以前已有不少有关延英殿议政的记载，如《南部新书》甲篇载：

上元中，长安东内始置延英殿，每侍臣赐对，则左右悉去，故直言谠议，尽得上达。

又《资治通鉴》卷二二五唐代宗大历九年胡三省注引卢文纪曰：

上元以来，置延英殿，或宰相欲有奏对，或天子欲有咨度，皆非时召见。

《唐会要》卷三〇《大明宫》条云：

上元二年七月，延英殿当御坐生玉芝，一茎三花，亲制玉灵芝诗三章。

按，以上三条史料所记的“上元”年号唐代乃有两个，其一为唐高宗之时，即公元674—676年；其二为唐肃宗之时，即公元760—761年。两个“上元”之间相隔有八十多年，但都在宝应年之前。从上引三条史料来看，第二条和第三条明显是指唐肃宗上元年间。据此，则延英殿议政较《尚书故实》的记载仅提前了一两年。但第一条史料，即《南部新书》所载，我们认为其所述绝非是指肃宗上元年间，而是高宗上元年间，虽然往前一推就是八十多年，但联系到延英殿的始置年代，就不会感到难于理解。

据宋人程大昌的考证：

高宗初创蓬莱宫，诸门殿、亭皆已立名。……初有大明，即有延英。[2]

就是说，初建大明宫，就有延英殿。延英殿的建置当是高宗朝武后掌权之时，亦即武后移宫夺权，打击宰相，破坏三省，将中书、门下两省决策机构撵出宫禁的重要时刻。我们可以完全相信，延英殿的出现与移宫事件当有密切关系，是当时中枢政制发生重大变化的一个重要方面，具有一定的政治目的。延英殿议政亦应该是起始于此,《南部新书》所载的“上元中”,正是武则天把宰相撵出宫禁,在禁内重用北门学士之时。值得注意的是,据《南部新书》所载,武后在延英殿召对的并不是宰相,而是少数亲信“侍臣”,召对时要“左右悉去”,很明显,这和北门学士一样,目的在于“分宰相权”,撇开政事堂宰相来议决朝政,破坏被关陇贵族把持的旧中枢。由此也可以看到,延英奏对一开始便是作为旧中枢体制的对立物而产生的。

随着中枢体制的进一步演变,延英议政逐渐发展,玄宗时,已有召宰臣于延英殿议政之事。《新唐书》卷一三〇《杨玚传》载:

帝尝召宰相大臣议天下户版延英殿,玚言利病尤详,帝资赏。

这类记载在唐代前期虽不多见,但足以说明一种新的议政决策形式已经产生,这较之武后时召对“侍臣”,显然是一个飞跃,与《尚书故实》所谓始于代宗苗晋卿的说法,在时间上也相去甚远。

延英奏对玄宗时虽已出现,但在朝政决策中还未占主导地位,其成为经常性制度,还是在安史乱后的肃、代之时。据

《唐语林》卷三：

> 或谓（韩）皋曰："自乾元已来，群臣启事，皆诣延英得尽，公何独于外庭对众官以陈之，无乃失之慎密乎？"

乾元（758—760）乃唐肃宗的年号，这正值唐军收复两京，政府回师长安之时。旧的决策机构在战乱中遭到巨大破坏，延英奏对作为发展中的新中枢的决策形式而日益重要。上元二年（761）七月，延英殿当"御座"生出玉芝一茎。既谓"御座"，说明皇帝已常在此坐朝。可以完全相信，在中书门下政事堂已彻底失去决策意义的情况下，皇帝为了提高延英奏对的地位，使这种非正式的制度获得群臣的承认，故意炮制了这一事件，为延英殿涂上一层神秘的色彩。于是肃宗亲笔赋诗庆贺，认为是吉祥。自后，延英奏对就史不绝书，如"代宗宝应元年（762）九月壬午，御延英殿会群臣议政事，自辰至午乃罢，丙戌，自辰至巳"[3]。延英奏对已成为经常性制度，成为唐后期议政决策的最主要形式。

据以上论述，我们可以将延英奏对大致分为两个发展时期，从高宗武后置延英殿到安史乱后肃代之际为第一期，是制度的发端和发展时期，其时延英奏对虽时或有之，但在当时朝政决策中未占主导地位。肃代以后为第二期，此时制度已日趋成熟，宰相在延英殿议政已经常化，在朝政决策中已占主导地位。据此可知，延英奏对和当时整个中枢体制的发展演变是一脉相承的，它在旧决策机构开始变动的深刻背景下产生，又直接地反映了决策机制的变化。实际上，延英奏对就是唐后期中枢体制的一个重要组成部分，是唐后期中枢决策体制的一项重要内容。

关于延英殿在大明宫所处位置，日本学者平冈武夫绘制的大明宫图将其列在禁外皇城。[4]而从上引《唐语林》“皆诣延英得尽，公何独于外庭”的记载来看，当是在宫禁之内。近年根据考古发掘成果绘制的唐大明宫图所示，延英殿在大明宫宫城南靠近紫宸殿不远的地方。[5]又据《大唐六典》卷七《工部员外郎》条载：“宣政之左曰东上阁，右曰西上阁，次西曰延英门，其内之左曰延英殿。”和考古材料基本一致。（参见附图二）据此，延英门外直接与皇城中书省机构相通，翰林院距此也不远。又《雍录》卷三载：

> 阁本大明宫图，翰林院往下延英殿门，再下中书省。

可见延英殿与外朝宰相接近，又与内朝翰林接近，玄宗以后逐渐成为决策中心乃有其一定的地利因素。

延英奏对，就其性质来讲，乃是一种朝议制度，朝议加上一定的朝仪又称朝会，即皇帝上朝视事，举行朝仪朝典。唐代正式朝会有三种，分别在紫宸殿、宣政殿、含元殿（在太极宫则在两仪殿、太极殿、承天门）进行，有极为烦琐的礼仪。含元殿和宣政殿每年元正、冬至大朝会和每月朔望（初一和初十五）朝会是正常举行的朝庆大典，礼仪隆重，但一般并不议政事，惟紫宸殿视朝多裁决军国大政，朝议较为频繁，称日朝、常朝，紫宸殿称便殿。《新五代史》卷五四《李琪传》载：

> 宣政，前殿也，谓之衙，衙有仗；紫宸，便殿也，谓之阁。其不御前殿而御紫宸也，乃自正衙唤仗，由阁门而入，百官俟朝于衙者，因随入见，故谓之“入阁”。然衙，朝也，其礼尊；阁，宴见也，其事杀。

可见便殿御朝礼仪较为简单。所谓“入阁”，即由东西上阁门进入禁宫，至便殿参加朝议。司马光《涑水记闻》载：“唐制：天子日视朝，则必立仗正衙，或乘舆止于紫宸，则呼仗（指仪仗）自东西阁门入，故唐世谓奇日视朝为入阁。”比较上引史料可知，皇帝日视朝先于正衙面见群臣，举行朝礼朝仪，然后移仗紫宸殿，“因随入见”者只是少数大臣，得以入阁议政。按，“唐故事，天子日御殿见群臣，曰常参”。[6]凡在京“五品以上职事官、八品以上供奉官”，皆为“常参官”，都可以随仗入前殿晋见皇帝。[7]“每仗下，议政事”。[8]宋敏求《春明退朝录》卷中称："明皇意欲避正殿，遂御紫宸殿，唤仗入阁子，遂有入阁之名。"可见入阁朝议是唐代议政决策的重要形式之一。

唐武德、贞观时期，朝政决策的主要渠道是宰相政事堂会议，两省给、舍在禁内封驳判案，执笔宰相可以随时入见皇帝，取旨画敕，决策机构与皇权紧密结合，能够高度发挥其自身的职能。自武则天把决策机构撵出宫禁后，两省的决策地位骤然下降，为了弥补在禁外决策的缺憾，皇帝便殿视朝和宰臣入阁朝参逐渐上升为议决朝政的主要形式。同时，开延英从武后时始也成为沟通禁宫内外的一条渠道。随着中枢体制的继续发展，入阁议政至唐后期又为延英奏对所取代。

延英奏对虽也是一种朝议形式，但起先并不是正式朝会，其各种礼仪较之皇帝便殿坐朝要简单得多。入阁上朝既为正式常朝，不仅礼节烦琐，而且制度严格，宰臣奏对只能毕恭毕敬，不敢乱说乱动。乾元元年（758）三月，唐肃宗下敕："如有朝堂相吊慰及跪拜、待漏行立不序，谈笑喧哗，入衙门执笏不端，行立迟慢，至班列不正，趋拜失仪，言语微喧，穿班仗出阁门不即就班，无故离位，廊下食行座失仪、语闹，入朝及退朝不从正衙出入，非公事入中书，每犯夺一月俸。"[9]德宗贞元七年（791）十一月还规定："常参官入阁，不得奔走。"[10]元和二年（807）十二月，宪宗又重申了肃宗的敕令，由于礼仪烦琐，群臣都感到拘束，难以畅所欲言，于是非正式的开延英朝议反倒更受欢迎了。《唐语林》卷三载肃宗便殿谓御史中丞韩皋曰：“我与卿言于此不尽，可来延英，访及大政，多所匡益。”元和十四年（819）八月，宣宗也曾对宰臣说：“有事即诣延英请对，勿拘常制。”[11]由于延英奏对较少受礼节束缚，因而出现了便殿坐朝毕又坐延英奏事的情况，《白孔六帖》卷三八《宫殿条》曰：

> 唐制，宰臣立侍紫宸殿奏事毕，坐延英奏事。

即先在便殿完成例行的朝礼，再往延英殿商讨军国大事。史书所谓“仗（即仪仗）下，帝御延英殿”[12]，指的就是这种情况。贞元十八年（802）七月，德宗下诏：

> 自今以后，不须于正衙奏事，如需陈奏者，并于延英进状请对。[13]

元和元年（806）四月，武元衡上唐宪宗的奏文称“比来正衙多不奏事”[14]。穆宗时，因“阁中奏久废”，穆宗乃谓郑覃曰：“阁中殊不款款，后有为我言者，当见卿延英。”[15]可见此时正衙坐朝和便殿坐朝皆已变成了纯粹的礼仪，入阁已不议政，开延英成了朝廷议政决策的主要形式。由于延英殿在唐后期的政务活动具有重要地位，所以至文宗时，它和内朝正衙的紫宸殿一道合称为“两衙”[16]。

延英奏对的内容既是军国大政的议政决策，召见者首先是宰相。按制度，宰相必须集体入对，《旧唐书》卷一三六《窦参传》载：德宗时，“每宰相间日于延英召对，诸相皆出，参必居后久之，以度支为辞，实专大权”。窦参找借口独奏，是为了专权，这在制度上是不合法的。宰相奏对是集体决策，因此在皇帝面前可以就政事各抒己见，极言利弊，甚至有触犯天颜者，但也有惟恐有咎不敢发言的宰相。《旧唐书》卷一三八《赵憬传》载：“延英奏对，（陆）贽极言（裴）延龄奸邪诳诞之状，不可任用。德宗不悦，形于颜色，憬默然无言，由是罢贽平章事，而憬当国矣。”又如贞元中崔损为宰相，“性龌龊谨慎，每延英论事，未尝有言”[17]。而在多数情况下，延英奏对一般都很活跃。

国家每有大事，皇帝必召宰相入延英，问对谋划，制定政策。据《旧唐书》卷一七〇《裴度传》：“元和十三年（818）李师道翻覆违命，（唐宪宗）诏宣武、义成、武宁、横海四节度之师与田弘正会军讨之。弘正奏请取黎阳渡河，会李光颜等军齐进，帝召宰臣于延英议可否，皆曰：阃外之事，大将制之。”又《唐会要》卷二五《杂录》载：元和十五年（820）“十月下元假，（穆宗）召宰臣对于延英，议边事也。”《唐语林》卷七载：“大中（847—860）初，吐蕃扰边，宣宗欲讨伐，延英问宰臣。”等等。史书中这类例子，可谓不胜枚举。

另一方面，宰相也可以请求开延英就商要事。会昌元年(841)三月，唐武宗遣中使往谭、桂二州诛杨嗣复、李珏。宰相李德裕、陈夷行等四人“邀枢密使至中书(政事堂)，使入奏”，请求“开延英赐对”，经过“三上奏”，“至晡时，开延英，召德裕等入”，李德裕等人在延英殿“涕泣极言”，最后使武宗收回成命，追还了已派出诛杀杨嗣复、李珏的二中使。[18]宰相请求开延英，还可以通过入“牓子”的形式。所谓“牓子”，欧阳修《归田录》卷下释曰：“唐人奏事非表状者谓之牓子，亦谓之录子。”既非正式表状，可知并不是什么太复杂的手续。为了方便中书宰相入奏延英，元和十五年二月，新即位的唐穆宗下“诏于西阁门西廊右畔(开)便门以通宰臣，自阁中赴延英路”[19]。由于延英奏对事关国家大计，文宗时，宰相杨嗣复建言：“臣请延英对宰相语关道德刑政者，委中书门下直日纪录，月付史官。”[20]自后，“宰臣每于阁内及延英奏论政事，及退归中书(政事堂)，知印宰臣尽书其日德音及宰臣奏事，送付史馆，名《时政记》，史官凭此编入简策”[21]，成为一项制度。

由于阁中奏议久已停废，延英奏对在唐后期几乎成了皇帝沟通外朝的唯一渠道。深处宫禁被宦官层层包围的皇帝，每开延英，总是不知疲倦，话题很多。如《资治通鉴》卷二三八唐宪宗元和七年(812)载：

> 上尝与宰相论治道于延英殿，日旰，暑甚，汗透御服，宰相恐上体倦，求退，上留之曰：“朕禁中所与处者独宫人宦官耳，故乐与卿等共谈为理之要，殊不知倦。”

又元和十四年（819）八月己未开延英，宰相“崔群以残暑方甚，目同列将退。上（宪宗）止之曰：‘日一见卿等，时虽暑热，朕不为劳。’久之方罢”[22]。议政之余，皇帝有时还和宰相谈论诗赋，如《新唐书》卷一六五《郑覃传》载：“帝（文宗）坐延英论诗工否。”因此，延英奏对往往延迟罢朝。如宪宗“延英议政，昼漏率下五，六刻方退”[23]。文宗“洎自即位之后，每延英奏对宰臣，率漏下十一刻”[24]。皇帝坐着谈笑风生，兴致勃勃，宰相站久了有时却不免疲惫紧张。《资治通鉴》卷二四九唐宣宗大中十二年（858）十月载：“上临朝，接对群臣如宾客，虽左右近司，未尝见其有惰容。每宰相奏事，旁无一人立者，威严不可仰视。奏事毕，忽怡然曰：‘可以闲语矣。’因问闾阎细事，或说宫中游宴，无所不至。……令狐綯谓人曰：‘吾十年秉政，最承恩遇，然每延英奏事，未尝不汗沾衣也。’”

延英奏对，除召对宰相外，也召对文武大臣。如“贞元十四年（798）五月……上（德宗）特召度支郎中于頔于延英，兼御史中丞，赐金紫，令判度支。……秋七月，召右金吾将军吴凑于延英，面授京兆尹，即令入府视事”[25]。百官有事，也可以往延英论奏。《玉泉子》载：“淮南节度使王播以钱十万贯赂遗恩幸求盐铁使，谏议大夫独孤朗、张仲方，起居郎孔敏行、柳公权，起居舍人宋申锡，补阙杨仁实、刘敦儒，拾遗李景让、薛延老等十人前一日诣延英抗论。”一般情况是，先宰相奏对，群臣百官列于延英门外待召，宰相退出后，各司长官接着奏事，称为“次对官”，其制大约起始于德宗之时。《唐会要》卷二五《百官奏事》条载：

> 兴元元年（784）九月，上（德宗）谓宰臣曰：“……自今每正衙及延英坐日，常令朝官三两人面奏时政得失，庶有宏益。”

又据《旧唐书》卷十三《德宗纪下》：贞元七年（791）“冬十月癸丑，每御延英，令诸司官长二人奏本司事”，即所谓“次对”；“寻又敕常参官每一日二人引对，访以政事，谓之巡对”。由于百司常参官多，奏对必须限制名额。“次对”是百司官轮流入殿奏本司事，“巡对”则是皇帝召常参官入殿访问政事，都是皇帝沟通外朝的办法。但这些制度经常停废，宪宗元和元年（806）四月，御史中丞武元衡上奏，重申制度，请求“自今以后，兼以中书、门下省、御史台、拾遗、监察御史及尚书省六品、诸司四品已上职事官，东宫师傅宾客詹事及王府诸傅等，每坐日两人待制，正衙退后，令于延英候对，以为例程”[26]，得到批准，遂成为定制。群臣奏事毕，“便于两廊赐食，待进止，至酉时后放”[27]。饱餐一顿后，方放朝回本司。

延英奏对既然在唐后期国家政治生活中具有如此重要的地位，权势熏天的宦官集团当然不肯放过这样的场合。按制度，宦官宰相枢密使既掌出纳帝命，和外朝宰相有着工作上的联系，其出席延英殿议政也是理所当然。《新唐书》卷二〇八《宦者下·刘季述传》载：

> 初，延英宰相奏事，帝平可否，枢密使立侍，得与闻。及出，或矫上旨谓未然，数改易桡权。

枢密使不仅有权参与延英殿议政，而且经常矫旨“桡权”，是延英奏对中值得注意的问题。枢密使何时开始出席延英殿议事，史无明文，但估计不会太晚。《旧唐书》卷一七二《李石传》载：甘露之变后，“宦官气盛，凌砾南司，延英议事，中贵语必引（李）训以折文臣”。可见文宗时枢密使不仅参加延英议事，而且指手画脚，态度狂暴，凌驾于宰相之上。与此同时，宦官另一头目神策军中尉也常闯入延英殿，“参预政事”，把持朝仪决策。[28]宣帝时，曾下旨要求开延英时“两中尉先降，枢密使侯旨殿西”，待宰相奏事毕，再案前受事，然后传宣。[29]但宦官未加理会。天复元年（901）正月丙午，昭宗诛宦官刘季述后，曾重申“大中故事”，然而亦未出几个月就被宦官推翻。据《资治通鉴》卷二六二昭宗天复元年十月载：

> （左军中尉）韩全诲等令上入阁召百官，追寝正月丙午敕书，悉如咸通以来近例。是日，开延英，全诲等即侍侧，同议政事。

宦官头目顽固坚持参与延英奏对，就像把持神策兵权一样，丝毫也不肯放松，这又从另一个侧面证明了这一制度在唐后期决策体制中的重要地位和作用，枢密使对延英，和中尉掌禁兵一样，都是宦官专权的重要手段。

值得注意的是，遍翻唐代史籍，却从未见到中枢“新三头”之一的翰林学士参预延英奏对的记载。据《唐会要》卷二五《文武百官朝谒班序》条：

> 文官充翰林学士……准旧例，并不常朝参。

按制度，除元正大朝会外，入阁朝议和延英殿议政都不让翰林学士参加。这是不是说明翰林学士就没有决策权呢？不是的！翰林学士因其独特的身份，参预决策有其独特的形式，有所谓“浴堂召对”。程大昌《雍录》卷四《浴堂殿》条称：

> 唐学士多对浴堂殿。李绛之极论中官，柳公权之濡纸继烛，皆其地也。

浴堂殿的具体位置，《唐六典》没有记载。据《长安志》卷六：“宣化门武德西门浴堂门内有浴堂殿，又有浴堂院。”程大昌认为当在大明宫宫城深处。其地召对学士，大约起始于德宗之时，李肇《翰林志》载：“（德宗）乘舆每幸学士院……又尝召对于浴堂。”既在禁宫深处，每次召对仅请少许学士参加[illegible]以浴堂召对比延英召对更加机密，论事更加从容。[illegible]林，“初浴堂召对，上（文宗）访以富人之术”[30]。柳公[illegible]翰林学士，每浴堂召对，继烛见跋，语犹未尽，[illegible]以蜡泪揉纸继之”[31]。可见不仅礼节绝少，召[illegible]甚至夜间召对，是谋划决策的另一种形式。[illegible]加延英奏对，但在内廷谋议说话往往更有分[illegible]《南部新书》甲篇载：

> 太和中，上（文宗）自延英退，独召（翰林学士）柳公权对。上不悦，曰：“今日一场大奇也，（宰相杨）嗣复、李珏道张讽是奇才，请与近密官；郑覃，（陈）夷行即云是

> 奸邪，须斥之于岭外，教我如何即是？”公权奏曰：“允执厥中。”上曰：“如何是允执厥中？”又奏：“嗣复、李珏既言是奇才，即不合斥于岭外。郑覃、夷行既云是奸邪，亦不合致于近密。若且与荆襄间一郡守，此近于允执厥中。”旬日又召对，上曰：“允执厥中，向道也是，张（讽）遂为郡守。”

这个故事说的正是延英宰相奏对后再于浴堂召对翰林学士的情况，当牛李两党在延英殿争执不下之时，皇帝转而往浴堂召对学士，最后是翰林学士为皇帝出谋裁定。可见，翰林“内相”的决策地位不容忽视。

但是，按正常程序，军国大政一般都是在延英殿议决，然后由枢密使传旨翰林院，翰林学士据旨草麻，再由枢密使于阁门宣麻，中书门下（政事堂）督百官执行。其整个施政过程仍然是分为三道程序，由“新三头”分别主持推行。我们既不能以翰林学士不入延英就误以为翰林学士不参预决策，也不能以延英殿没有翰林学士就怀疑延英奏对的决策地位。延英殿地处宫禁，其与外朝中书门下政事堂有着本质上的不同，延英奏对可以说取代了唐初政事堂议政和入阁朝议的决策地位。但唐前后期决策程序毕竟已发生了很大变化，延英奏对和浴堂召对等决策形式，既是随着整个唐代中枢体制和决策机制的发展演变而产生，同时也和唐后期中枢“新三头”的权力结构相适应，具有不稳定的特点。因此，我们就不能再以老眼光来看待新的决策体制了。

关于延英奏对的时间，也有一些规定。唐初以来，皇帝上朝视事的时间就有很大变动。武德、贞观年间，皇帝基本上是每日视朝，贞观十三年(639)，宰相房玄龄曾奏请“三日一临朝”。至高宗即位，又恢复“每日常坐”。“显庆二年(657)二月，太尉长孙无忌等奏以天下无虞，请隔日视事，许之”，自是便为故事，“制令每隔日不坐”。[32]到唐后期，入阁朝议和延英奏对皆以只日，如：

《旧唐书》卷一五五《李逊传》载：“旧制，只日视事对群臣。”

《全唐文》卷七一三李渤《询只日视事奏》载：“今群臣敷奏，乃候只日。”

《旧唐书》卷十七下《文宗纪·赞》载：“故事，天子只日视事，帝谓宰辅曰：‘朕欲与卿等每日相见，其辍朝、放朝，用双日可也’。”

但是，若遇节假、忌日、丧礼，又往往辍朝不坐[33]，天气不好，也会影响上朝。“若雨雪沾服失容及泥潦，并停”[34]。大历十二年(777)八月久雨，“常参百寮不许御史点班”[35]。又《旧唐书》卷十五《宪宗纪》载：元和八年(813)“六月辛巳朔，时积雨，延英不开十五日。是日，上谓宰臣曰：‘今后每三日，雨亦对来’”。可见，只日视朝并不能保证。而皇帝游嬉荒政，就更不能按时上朝了。《旧唐书》卷一七〇《裴度传》载裴度上奏谏敬宗曰：“比者陛下每月约六七度坐朝，天下人心，无不知陛下躬亲庶政……自两月以来，入阁开延英稽稀，或恐大段公事须禀睿谋者，有所壅滞……”敬宗每月六七度坐朝，则每隔五六天才坐朝一次，这样就称得上是“躬亲庶政”了，其后“稍稀”，则可想而知。至天复二年（902）十一月，昭宗下诏：

宜每月只计一、五、九日开延英，计九度，其入阁日仍于延英一度内指挥，如或有大段公事，中书门下具牓子奏请开延英，不系数日事。[36]

可见坐朝日又减少了，只日逢三、逢七亦不坐。但有大段公事，则可不拘时日，此制很早就已实行，若遇特殊大事，皇帝有时也破例开延英。如贞元十三年（797）冬，坐镇江淮转运咽喉之地的朝廷重臣徐泗濠节度使、检校右仆射张建封“入觐京师，德宗礼遇加等，特以双日开延英召对”[37]。元和五年（810）十二月十二日，义武军节度使、检校太尉兼中书令张茂昭抵京师，按“双日不坐”的惯例，宪宗本不必当天就接见他，但张茂昭是藩镇使相，不仅将自己割据的易、定二州归还朝廷，还“表请举族还朝”，宪宗遂破例于“是日特开延英殿对茂昭，五刻乃罢”。[38]以上是两个召对使相的特例。破例召对在朝宰相也是有的，如元和十四年（819）八月，宪宗曾谓宰臣曰：“若遇休假，频不坐朝，有事诣延英请对，勿拘常制”。[39]可见，延英坐朝制度比较灵活，皇帝可以从便掌握，不像入阁、朔望、大朝会那样规定得很死，这也可以说是延英奏对制度的优越性。但总的来说，唐后期皇帝坐延英的时日在逐渐减少。由于皇帝不能经常沟通外朝宰相大臣，宦官乘皇帝不朝之机假传圣旨，恣行所肆，对唐后期政治产生了极坏影响。

第二节　翰林草麻制度

草诏，是翰林学士的基本职责，又是决策程序中不可缺少的重要环节。随着翰林草诏权的发展定型，翰林围绕着草诏这一中心工作，逐渐形成了一套严密的工作制度。

秦汉诏制书于简册、丝纶之上，隋唐诏令则用纸书写。据程大昌考证：“东晋时已用黄纸写诏”，“南北朝时纸已分黄、白两色”。[40]至唐，草诏用纸有白麻纸、黄麻纸、青藤纸、五色棱纸等，而以“麻为上，藤次之”[41]，主要用黄、白麻纸。因此，唐人称草诏为草麻。据《云仙杂记》卷九《黄纸写敕》条：

贞观中，太宗诏用麻纸写敕诏，高宗以白纸多虫蛀，尚书省颁下州县并用黄纸。

颁下州县的诏令因需长时间传递，要求纸质好，白麻纸招虫，不能耐久，故用黄麻；重大诏命或当朝宣命，无须久存，故用白麻。黄轻白重，遂为故事。随着翰林草诏权的扩大，大约到德宗之时，中书只有黄麻可用，白麻已皆在翰林院[42]，这最明显地反映了决策事权的转移。

宪宗时，翰林草麻作为新中枢决策程序中的重要一环，和旧中书诏令制作的手续已是大不一样了。据李肇《翰林志》载：

近朝大事直出中禁，不由两省，不用六宝，从权也。元和初置书诏印，学士院主之，凡赦书、德音、立后、建储、大诛讨、免三公宰相、命将曰“制”，并用白麻纸，不用印。……凡赐与、征召、宣索、处分曰“诏”，用白藤纸。凡慰军旅用黄麻纸，并印。凡批答、表疏不用印。凡太清宫道观荐告词文用青藤纸，朱字谓之青词。凡诸陵荐告上表、内道观叹道文，并用白麻纸、杂词、祭文、禁军号，并进本。

旧中书那一套用纸、用印的手续已被搅乱。这时翰林所草已不光是白麻内命，亦用黄麻纸、青藤纸书写“慰劳军旅之书、祠飨道释之文、陵寝荐献之表、答奏疏军号”[43]等，既有机要文书，也有非机要文书。所草诏书不用皇帝“八宝”，或加盖本院印，或不用印，机要大事务求其速，白麻内命一经枢密使往閤门外“宣麻”，即具有法律效力。这样，诏敕无须反复运转，门下省的封驳权已荡然无存。虽然唐后期还经常有给事中封还诏书的记载，但这和唐前期给事中以涂归干政，参预中枢谋议已迥然不同。程大昌云：“涂归之制，唐虽有之，中叶已废，故李藩涂敕而吏惊。”[44]处于外廷的给事中既不参预延英奏对，又不参加诏令的制作，其封驳只是不执行诏书而已，性质与尚书郎封还诏书差不多。总的来看，翰林草麻不限范围，手续简单，无须封驳，运转速度加快，效率较前大大提高了。

草诏是一项极为严肃的工作，诏敕代表皇帝的意志，“天子无戏言，言之苟失，则取尤天下”[45]。因此，在长久的历史发展中，诏敕形成了一套极为严格的书写规范，对草诏者提出了很高的要求。一般要用规整的四六骈体文，文句要求典雅、华丽、精练而铿锵有韵，以便于宣麻时吐词清楚，具有感召力。行文还要注意到避讳，“不得有行坐人字及诸凶恶文字及庙讳、官讳”[46]。又规定“宰相复名者皆不出姓，惟单名则出姓”[47]。文案程式，细则很多，这就要求起草者具有相当高的文化素养。唐代宦官虽和皇帝最为亲近，但文化水平低，无法胜任草麻工作，甚至后来宦官废立皇帝，也需胁持翰林学士草遗诏，这也是唐后期宦官势力虽然极度膨胀，但宫禁中又少不了翰林学士的一个原因。所以，翰林学士非文章之士不能入充。洪遵《翰苑遗事》曰：“朝廷之官虽宰相之重，皆可杂以他才处之，惟翰林学士非文章不可。”因此，翰林学士的选拔只取文才，不限资格。当时有不少诗人、文士就是因有文名而被召入翰林的。如：

(白居易)文词富艳，尤精于诗，作乐府百篇，规讽时事，流闻禁中，上(宪宗)悦之，命为翰林学士。[48]

令狐楚为职方员外知制诰，善于笺表、制诰，每为一词，才成，众立传写。宪宗闻其名，召见，擢为翰林学士。[49]

李绅能歌诗，讽诵多在人口，穆宗召为学士。[50]

凡入翰林为学士者，必须经过严格的考试，由“中书门下召令，右银台门候旨，其日入院试制、书、答共三首，诗一首，自张仲素后加赋一首”[51]，号为“五题”。考诗、赋，当然是考文学才能，其目的显然是在于检验能否胜任草麻工作。大诗人白居易入翰林就经过了“五题”考试。《白居易集》卷四七《奉敕试制诏批答诗五首》序：

> 元和二年(807)十一月四日，自集贤院召赴银台候进旨。五日，召入翰林。奉敕试制、诏等五首。翰林院使梁守谦奉宣，宣授翰林学士。

因白居易所试制文写得合乎规范，被采为正式诏命，第二天即“以所试制加段佑兵部尚书领泾州”。[52]不试而入翰林者惟有中书舍人和知制诰，但这是因为他们以前已经考过试，或已有过草麻经验，故免去了这道手续。[53]新学士经考试入院后，还有一年的试用期，“入院一岁，则迁知制诰，未知制诰者不作文书”[54]。在这一年的试用期间，“新入学士，须见旧学士草麻，方当合制，已后即据草麻”[55]，经过一段时间的训练，被认为合格才能草麻。白居易因文章写得好，他在翰林院中所草“书诏、批答词等”被编为程式，作为范本，供新学士借鉴。致“禁中号曰‘白朴’，每有新入学士，求访宝重，过于《六典》”[56]。可见，进入翰林参与草麻不是一件容易的事。因此，书诏学士在当时具有很高的荣誉，为一般文士所艳羡。

翰林院的工作环境也很有特点。从外表上看，夹在重墙中的翰林院似乎险峻森严，但进入其内部，却是另一番天地，院内树木花卉繁盛，“虚廊曲壁多画怪石松鹤”[57]。李德裕有诗描绘曰：“画壁看飞鹤，仙图见巨鳌；倚檐阴药树，落格蔓蒲桃。"[58]整个大院的布置优雅别致，犹如一处园林。入院工作的学士非但没有阴森恐惧感，反而觉得是"凌玉清，朔紫霄"[59]，入仙境。为了让学士在紧张的工作之余或入值待诏之暇能很好地休憩，长庆四年（824），穆宗在院南修建了一个小亭楼，"以俟宴语"，这里更是"花卉骈植，松竹交荫"[60]。因此，翰林院赢得了"玉署"[61]的雅称。

据文献和考古资料，翰林院内部分南北两部，其南部有东西向房屋二厅，乃开元二十六年（738）所建学士院；其北部有一和宫墙紧靠平行的房屋，乃旧学士院。[62]学士院二厅，南厅五间，北厅五间，共十间，中隔花砖道。北厅东第一间为承旨的工作室，称"承旨阁子"，阁内墙壁上有历代学士题名。其余四间，则为诸学士的工作室和待诏室，正厅一间又称"玉堂"。南厅五间又分成前架、中架等若干小屋，"东西间前架高品使居之"，"中架为藏书南库"，"西三间前架二洞各设榻受制旨、印书诏"，又有会食厅，皆由宦官掌管。北院的二幢房屋也分成十数间，有翰林待诏、侍读、侍书、侍讲等诸伎术杂流的待召室和小使居室，另有藏书北库，"贮远岁诏草及制举词策"的档案室，以及仓库、马厩等。自从开元二十六年建置学士院后，北部旧翰林院诸伎术杂流并没有被驱逐，南北二院一直没有分家。但草麻是翰林院的中心工作，其他诸项都处于从属地位。围绕着草麻工作，翰林院内部各项设施可谓非常齐备，如南北二藏书库所藏书"各有录约八千卷"，有小使专门管理，以备学士草麻时寻章摘句，检索典故。甚至会食厅四壁亦列有“制敕条例、名数”[63]，书诏学士就餐时，抬头即见，以便时时铭记，引以为戒。可见，书诏学士有一个条件极为优越的工作环境。

李肇《翰林志》曰：“翰林为枢机宥密之地，有所慎者事之微也。”草麻是高度机密的工作，其规章制度极为严格。翰林学士和中书舍人一样，要遵守所谓“四禁”纪律：“一曰漏泄，二曰稽缓，三曰遗失，四曰妄误。”[64]四者之禁，以漏泄为急，有违犯者，必予严惩。玄宗的驸马张垍虽“因缘国亲，特承宠遇”，由于泄漏制书内容，依然遭到贬官处分，连其兄弟也遭牵连贬至远外。元和二年（807）正月已酉，学士李吉甫和裴垍同时入值翰林，宪宗命裴垍草李吉甫拜相制，命李吉甫草武元衡拜相制，起草时，“垂帘挥翰，两不相知。至暮，吉甫有叹惋之声，垍终不言书麻”之事，最后，同署“麻尾”时，李吉甫才知道自己也当上了宰相。[65]可见，就是在翰林同僚之间，也不得言所草书诏内容。为了避免诏书被篡改，天复三年（903）七月二十一日昭宗下令：“自今后，写敕书后面，不得留空纸。”[66]又规定，“每进书诏书，别录小字本留内，永为定式”[67]，建立存档制度，以备查考。草诏凡有稽缓、遗失、忘误者，亦要受处分，洪遵《翰苑遗事》载：“学士作文书有所改为不称职，当罢。”宪宗时，翰林学士韦弘景草授苏光荣任泾原节度使诏，因“漏叙功勋”，即被削职[68]。又“薛廷老在翰林以终日酣醉，不事检密”被罢职；而李让夷因曾推荐廷老，亦坐累而“罢守本官”。[69]

关于翰林学士的工作制度，史籍记载极为零散，不易了解详细，但结合宋代的制度，可以测知个大概。宋人洪遵撰《翰苑遗事》载：

> 国朝（宋）因仍旧制（唐制），翰林学士分日递直，夜入宿以备著撰，日再而更。

为了随时待诏草麻，翰林学士分成数番，入学士院值班，叫做“当直”，上班叫“入直”，下班称“下直”，夜入值则称“宿直”，或“直宿”。其值班时间有严格的规定。《翰林志》载：

> 北厅前阶有花砖道，冬中日及五砖为入值之候。李程性懒，好晚入，恒过八砖，及至众呼为“八砖学士”。

值班要遵守时间，休假亦有规定，“有吉凶疾病诸假，应有代直者”[70]。“遇有节假，学士休假，则应有一人入直”[71]。翰林院必须时时有人坐班，日夜不能中断，每班至少有当值学士一人，以便皇帝随叫随到，以保证草麻不至稽缓误事。

为了保密起见，翰林学士草麻一般是晚上进行，所以经常入值一整天甚至两三天，“日宴禁中”，吃饭、住宿均在院内，不得擅自出院。翰林院内有“主膳”四人，专供学士的“膳饮之物”。[72]这一制度由来已久，太宗时，“十八学士”就是“分为三番，更直宿合下，每日引见”，弘文馆学士也“令更宿直”，省台衙署亦有直宿制度。[73]如韦应物《和张舍人夜直中书寄吏部刘员外》诗有“西垣草诏罢，南宫忆上才。月临兰殿出，凉自凤池来”[74]句。这种值夜制度称为“儤直”，或“儤宿”，又称“豹直”“伏豹”。《封氏闻见记》引杜易简释云：

> 宿直者，离家独宿，人情所责（《南部新书》作“违”）。……伏豹者，言众官皆出，己独留，如藏伏之豹，伺候待搏。……豹直者，盖取不出之义……（如）赤豹深藏不出。[75]

据此，“儤直”“豹直”即连日值班不归家，主要是值夜班，所以又称“儤宿”，取不出之义，如藏伏之约，伺候待诏。按制度规定，儤直次数以初入署和品级较低的学士为多。据李肇《翰林志》：

> 凡当直之次，自给、舍、丞、郎入（翰林）者三直无

儤，自起居、御史、郎官入五直一儤（按，即值班五次有一次连续夜值）。其余杂入者十直三儤……著为别条例题于北壁之西。

儤直条例题于墙壁，执行起来当相当严格。白居易有诗述儤直时的情景，曰：“夜深草诏罢，霜月凄凛凛；欲卧煖残杯，灯前相对饮。”[76]可见儤直对于学士来说，是相当辛苦的工作。为使学士晚上工作时不致困倦，皇帝“日赐成象殿茶”[77]，乃为一种特殊的恩典。

翰林学士的儤直，按制度皆“双日夜直，只日下直”[78]，“双日起草”[79]，“只日降麻”[80]。这一制度与皇帝只日上朝视事[81]，入阁开延英在时间上正好错开，制度上却是密切配合的。这也是由唐后期新中枢的决策程序所决定，由于“双日不坐”，学士夜直时所草麻制必须于“只日百寮立班宣政殿”时，由“枢密使引案自东上閤门出”宣麻[82]，所以麻制必须于逢双之日晚上完成，才能与整个程序衔接。而一般只日延英议政裁决的政令也于双日送于翰林院起草，所以翰林学士需要“双日夜直”，“双日起草”，以便与延英奏对配合，推动整个决策机制的正常运转。基于此制，除授白麻若商量于宰相，必须“前一日（即双日）进文书，付翰林草麻制”，第二天“迟明降麻，于閤门出案”。[83]否则就违反了程序，违反了制度。当然，特殊情况不在此例，宣麻“机务要速亦用双日，甚者虽休假追朝而出之"[84]。

有一些重大机密，如拜宰相等，为了严格保密，谨防漏泄，又有"锁院"制度，即"双日锁院，只日降麻"[85]。所谓"锁院"，又称"锁宿"，即夜值草麻时把当值学士锁在工作室里，不准出门，与科举考官出题时也要"锁院"的制度一样。赵昇《朝野类要》卷一《锁院》条载：

凡言锁院者，机密之谓也，故试士、撰麻皆如此。试士则所差官预先入院议题，有司排辩。撰麻则全番或半番，快行节次往学士宅第传宣……若别有直宿学士，或直院则出避之，当夜依宣撰述……

又《宋史》卷一六二《职官二·翰林学士院》条亦载有"锁院"制度：

凡拜宰相及事重者，晚漏上天子御内东门小殿，宣召面谕，给笔、札书所得旨，禀奏归院，禁止出入。夜漏尽，具词进入，连明，白麻出，阁门使引授中书，中书授舍人宣读，其余除授并御札，但用御宝封，遣内侍送学士院锁门而已。

这里所述乃宋朝故事，唐朝翰林院"锁院"制度，史籍记载不详，元稹诗《奉和浙西大夫李德裕述梦四十韵》有一段描述：

麦纸侵红点，兰灯焰碧高；
代予言不易，承圣旨偏劳。
绕月同栖鹊，惊风比夜獒；
吏传开锁契，神撼引铃绦。[86]

这使我们窥得了唐学士夜值草麻时锁院的蛛丝马迹。大概宋朝锁院制度在继承了唐朝制度的基础上又有了发展。据宋制，“事重者”要上“天子御内东小殿，宣召面谕”。其“东小殿”，大概相当于唐朝的东翰林院，则可推知唐朝有些重要诏命乃在东翰林起草。如《资治通鉴》卷二三六顺宗永贞元年载：“德宗崩，仓猝召翰林学士郑絪、卫次公等至金銮殿草遗诏。”我们知道，金銮殿附近即东翰林院，学士被召到东翰林院起草密诏，其锁院制作更加严密则是可想而知的。诏书草好后，即交院使传出，但门锁仍不能开启，“俟宣制讫，方启户焉”[87]，草诏学士才能下值回家。

在翰林草麻工作程序中，宦官院使、院吏的作用不可忽视，学士院南北二厅，学士居北，宦者居南，工作时二者要密切配合，二厅之间系有响铃以示传呼。院内外联络亦引铃声。韩偓诗《雨后月中玉堂闲坐》有一段注文曰：

禁署严密，非本院人，虽有公事，不敢遽入。至于内夫人宣事，亦先引铃。每有文书，即内臣立于门外，铃声动，本院小判官出受，受讫，授院使，院使授学士。[88]

不仅对外传达总于宦官，翰林“书诏印”亦归院使掌握，院使所居的南厅有屋一“架”，专门用于存放“印柜”[89]，学士所草麻制不经宦官盖印或宣命就不能发挥法律效力，这样，翰林草麻也就逐渐为宦官所控制，成为唐后期宦官专制朝政的又一个重要方面。

学士在翰林院工作处于宦官的严密监视之下，学士草麻时“锁院”的执行者即是宦官。韩偓诗《赐宴日作一首》[90]原注记有学士至晚由院使二人“押”送入值的情况。至唐末，皇帝召学士谋议亦受到宦官的监视，《资治通鉴》卷二六三昭宗天复二年十一月载：“甲辰，上使赵国夫人诇学士院二使皆不在，亟召（翰林学士）韩偓、姚洎，窃见之于土门外，执手相泣。洎请上速还，恐为他人所见，上遽去。”胡三省于“学士院二使”下加注曰：“（神策军中尉）韩全诲等置之以防上密召对学士。”可见，宦官已完全把持了翰林枢要，占据了中枢要津。但直至唐末，翰林学士作为皇帝的心腹近臣，始终站在维护皇权的立场，他们一直坚持自己的工作岗位，坚守自己的草麻职责。如唐昭宗时，有韦贻范罢相后求宦官和藩帅李茂贞谋为起复，宦官胁迫翰林学士草麻，遭到当值学士韩偓的严词拒绝。《资治通鉴》卷二六三唐昭宗天复二年七月载：

甲戌，（宦官）命韩偓草贻范起复制，偓曰："吾腕可断，此制不可草！"……学士院二中使怒曰："学士勿以死为戏！"偓以疏授之，解衣而寝；二使不得已奏之，上即命罢草，仍赐敕褒赏之。八月，乙亥朔，班定，无白麻可宣；宦官喧言韩侍郎不肯草麻，闻者大骇。茂贞入见上曰："陛下命相而学士不肯草麻，与反何异！"

虽然宦官以暴力威胁，但另一位学士姚洎闻知后亦声称："使我当值，亦继以死。"[91]翰林学士在内廷作为宦官集团的对立面，其忠于职守，维护皇权的立场，对于宦官的胡作非为，还是起到了一定的抑制作用。但总的来看，翰林草麻基本上已为宦官所控制。

注释

1 《新唐书》卷一四二《杨绾传》。

2 《雍录》卷四《延英殿》条。

3 《玉海》卷一六〇《唐延英殿》条。《册府元龟》卷五八《帝王·勤政》记为"会宰臣等议政事"。

4 平冈武夫《长安与洛阳》附图二九《大明宫图三》。

5 马得志《唐代长安与洛阳》"唐大明宫图"。

6 《新五代史》卷五四《李琪传》。

7 宋敏求《春明退朝录》卷中。

8 《新唐书》卷四七《百官二·门下省》。

9 《唐会要》卷二四《朔望朝参》条。

10 《唐会要》卷二四《朔望朝参》条。

11 《唐会要》卷二五《杂录》。

12 《新唐书》卷一四五《元载传》。

13 《唐会要》卷二五《百官奏事》条。参见《唐大诏令集》卷一〇一《百官正衙奏事敕》。

14 《册府元龟》卷一〇七《帝王部·朝会一》。

15 《新唐书》卷一六五《郑覃传》。

16 《唐会要》卷二五《杂录》载开成四年（839）正月“中书门下奏”：“遇两衙坐日，宜会两人循环于阁内，及延英祗侯者。”

17 《旧唐书》卷一三六《崔损传》。

18 《资治通鉴》卷二四六唐武宗会昌元年。

19 《册府元龟》卷十四《帝王部·都邑二》。

20 《新唐书》卷一七四《杨嗣复传》。

21 杜牧《论阁门延英奏对书时政记状》，见《樊川文集》卷十五。

22 《旧唐书》卷十五《宪宗纪下》。

23 《旧唐书》卷十五《宪宗纪·史臣蒋系曰》。

24 《旧唐书》卷十七下《文宗纪下·赞》。

25 《旧唐书》卷十三《德宗纪下》。

26 武元衡《请待制官于延英侯对疏》，见《全唐文》卷五三一。

27 崔祐甫《请召对待制官奏》，见《全唐文》卷四〇八。

28 《新唐书》卷一三一《李石传》，“甘露之变”后，以李训事于延英殿训折宰相的宦官为神策中尉仇士良。

29 《新唐书》卷二〇八《宦者下·刘季述传》。

30 《旧唐书》卷一六九《郑注传》。

31 《旧唐书》卷一六五《柳公权传》。

32 《唐会要》卷二四《受朝贺》条。

33 崔龟从《请定辍朝例奏》，载《全唐文》卷七二八。

34 宋敏求《春明退朝录》卷中。

35 《册府元龟》卷一〇七《帝王部·朝会》。

36 《册府元龟》卷一〇八《帝王部·朝会二》。

37 《旧唐书》卷一四〇《张建封传》。

38 《旧唐书》一四一《张孝忠附张茂昭传》。

39 《唐会要》卷二五《杂录》。

40 程大昌《演繁露》卷四《诏黄条》。

41 叶梦得《石林燕语》卷三。

42 韦执谊《翰林院故事》。

43 《册府元龟》卷五五〇《词臣部·总序》。

44 程大昌《考古编》卷八。

45 《太平广记》卷一八七引《卢氏杂说》。

46 杨钜《翰林学士院旧规》。

47 《石林燕语》卷六。

48 《册府元龟》卷五五〇《词臣部·选任》。

49 《册府元龟》卷五五一《词臣部·词学》。

50 彭大翼《山堂肆考》卷八《商集》。

51 李肇《翰林志》。

52 李商隐《刑部尚书致仕赠尚书仆射太原白公墓碑铭并序》，载《全唐文》卷七八〇。

53 洪遵《翰苑遗事》。

54 《新唐书》卷四六《百官一》。

55 杨钜《翰林学士院旧规》。

56 《元氏长庆集》卷二二《酬乐天余思不尽加为六韵之作》中“白朴流传用转新”句原注。

57 李肇《翰林志》。

58 《李文饶集·别集》卷三“述梦诗四十韵”。

59 61 李肇《翰林志》。

60 韦表微《翰林学士新楼记》。载《全唐文》卷七二四。

62 参见程大昌《雍录》卷四《大明宫右银台门翰林院图》。马得志《唐大明宫发掘简报》。载《考古》一九五九年第六期。

63 李肇《翰林志》。

64 《唐六典》卷九《中书舍人》条。

65 李肇《翰林志》。

66 杨钜《翰林院旧规》。

67 《唐会要》卷五七《翰林院》。

68 《旧唐书》卷十五《宪宗》下。

69 《旧唐书》卷十七《敬宗纪》。

70 苏耆《次续翰林志》。

71 《唐会要》卷五七《翰林院》。

72 李肇《翰林志》。

73 《唐会要》卷六四《文学馆》。

74 《全唐诗》卷一八八。

75 《唐语林》卷八同，所述乃御史台旧例。关于“儤直”“豹直”的解释，古人歧义较多，参见《靖康缃素杂记》以及《康熙字典》,《中文大字典》等“仪值”条释文。

76 《白居易集》卷五《冬夜与钱员外同直禁中》。

77 韩偓《金銮密记》。

78 苏易简《续翰林志》上篇。

79 李肇《翰林志》。

80 洪遵《翰苑遗事》。

81 《旧唐书》卷一五五《李逊传》载:“旧制，只日视事对群臣。”

82 李肇《翰林志》。

83 《资治通鉴》卷二五三唐僖宗广明元年胡注。

84 李肇《翰林志》。

85 洪遵《翰苑遗事》。

86 《李文饶集・别集三・附录》。

87 洪遵《翰苑遗事》。

88 《全唐诗》卷六八〇。

89 李肇《翰林志》。

90 《全唐诗》卷六八〇。

91 《新唐书》卷一八三《韩偓传》。

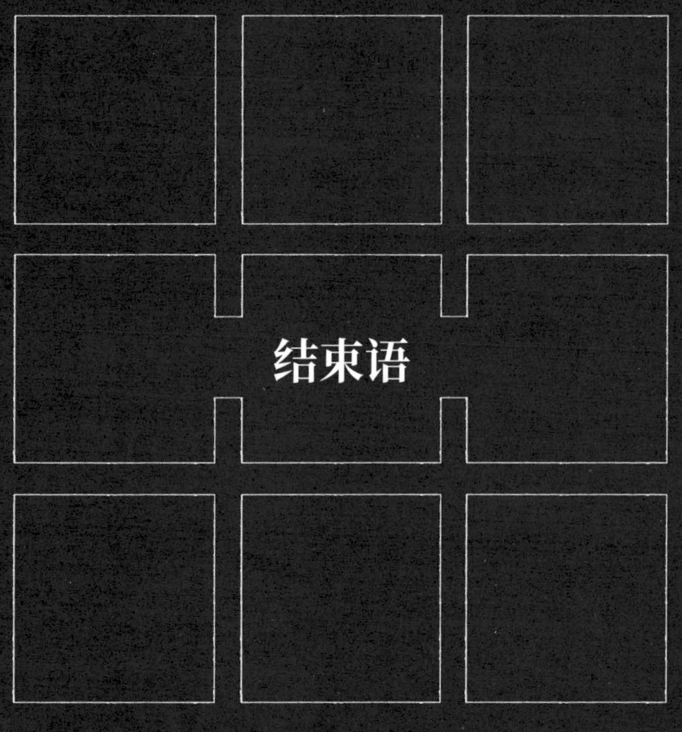

结束语

通过以上论述，隋唐中枢体制发展演变的大致轮廓可以说是比较清楚了。据此，我们可以作一个简短的总结。

隋唐三百多年的历史，最高权力中枢有前后两种体制，即前期的三省体制和后期的“新三头”体制。

三省体制是隋唐鼎盛时期的制度，是隋唐统治者总结和发展汉魏以来八百余年积累的经验的精华而建立起来的。决策机构的建立，是汉魏以来封建政制长期发展的重大成果，它彻底改变了宰相制度的面貌。三省体制的核心内容是实行决策与行政分权，宰相在宫禁内直属于皇帝的决策机构参与决策，使决策大权与皇权的结合更加紧密。三省围绕着皇帝的诏令，对中枢政务实行具体分工，中书掌制令草诏，门下掌审议封驳，尚书掌奉诏执行，成为施政过程中的三个程序。置于门下内省的政事堂，是宰相议政之所，宰相在政事堂“共议国政”，形成决策者的群体。两省互相纠检和政事堂集体议政的决策机制，对于开创贞观之治和大唐盛世作出了重要贡献。三省制较之秦汉三公九卿制，具有明显的优越性，其制度更严密，机构更完整，分工更合理，是封建中枢体制经过长期发展而取得的巨大进步。

武则天掌权后，由于统治阶级内部权力斗争而引起的权力再分配的需要，三省体制发生了很大变化。龙朔三年（663）的“移宫”事件中，两省决策机构被撵出了禁宫，决策机制遭到了破坏。到武则天晚年至唐玄宗之时，又对旧决策机构进行了调整，两省决策机构合并于政事堂，开元十一年(723)，政事堂改名“中书门下”，列“五房”于其后，成为中枢实体机关，政事堂遂由宰相议政的会议厅逐渐发展为统一的决策机构。这一变化，虽提高了决策的效率，却削弱了两省纠检功能，造成宰相得以专权的机会，最后不为皇权所容，加速了它的崩溃。

“新三头”是唐朝衰败之际的中枢体制。自武则天将两省决策机构撵出禁宫之后，新的内朝官就不断地参与政治，扩展权力。安史之乱后，内朝事权更急剧扩张，起自于内朝的翰林学士和枢密使逐渐发展为新的政治中枢成员，外朝中书门下则由于丧失决策权而逐渐蜕化为行政机关。这一演变过程和汉武帝时以尚书官取代丞相府，魏晋时期中书省和门下省取代尚书台极为相似。韦处厚《翰林学士院记》曰：“汉时始置尚书五人，平天下奏议，分直建礼，含香握兰，居锦帐，食太官，则今之翰林，名异而实同也。”到唐宪宗对中枢机构进行调整，内朝翰林、枢密和外朝中书门下遂组成了新的中枢体制，取代了中书、门下、尚书三省的中枢地位。

“新三头”体制的分权形成和结构建制与三省体制大致相似。“西头”翰林掌制令草诏，“东头”枢密掌传宣出纳，“南头”中书门下居外奉行。三“头”各有分工，又相集为一个完整的施政系统，其决策程序较之三省则更为精简，外朝政事堂议政既已失去决策意义，内廷延英殿奏对的决策作用则更日益显著。由于宦官专权,“新三头”的权力平衡关系很快就被打破。宦官以其所掌禁军兵权，把持宫禁，切断了皇帝和外朝宰相百司的联系，从而窃取了皇权，控制了朝政，唐后期中枢因而虚弱无力，中枢政局动荡不安，直到唐末,“新三头”体制还一直在不断地发展和变化之中。“新三头”体制不仅权力关系很不稳固，居官形式也不完善，至宋，中枢体制又有了新的构型，和隋唐前后两种体制的分权形式和结构建制都大不一样。因此,“新三头”只是一个过渡性的中枢体制。

比较隋唐两代前后两种中枢体制，虽然在分权形式和建制结构上有一些相似之处，但阶级基础却大不一样了。隋及唐初三省首长大都由门阀勋戚把持,“新三头”则不问出身，甚至家奴和伎术杂流均可入居高位，执掌大政。可见，唐后期中枢最高权力已由少数门阀贵族垄断而逐渐下移，这个转移始于武则天掌权之时，成于宪宗即位之后。唐文宗说:“天后用人，有布衣至宰相者。”[1]《玉泉子》载：宪宗时,“有白身便为宰相者”。这是中世纪社会阶级关系的重大转折在制度上的反映，说明魏晋南北朝以来的门阀政治至此已彻底退出了历史舞台。

“新三头”之一的翰林学士多是科举进士出身。[2]我们知道，科举制经武则天的大力提倡，为大批庶族地主入仕做官打开了门路，到唐后期，科举制成了国家选拔官吏的主要途径。翰林学士不讲资历，只取文才,“下自校书郎，上及诸曹尚书，皆为之”[3]。而一旦选入翰林，即是直接参加到政治中枢，政治上的发言权和政治地位都大为提高。一般文人进士及第后，多企望能加翰林衔，进一步则多加翰林学士承旨；凡加承旨者，即是“储相”，再进一步多加平章事拜相。据岑仲勉先生统计：从宪宗到懿宗七朝共置翰林学士一百三十一人，升任宰相者有四十六人，即有三分之一的翰林学士得位升宰相者；七朝共有宰相一百一十七人，其中曾充翰林的有六十人，即有一半以上的宰相是由翰林升迁者，超过了其他职官入相之总和。[4]据此，可知进士集团在唐后期中枢中所占优势地位，说明“新三头”体制适应了随着租佃关系的日益发展，而经济地位日益上升的广大庶族地主希望参加政权核心的迫切要求，代表了新兴庶族地主阶级的利益。由此可见，隋唐中枢体制的演变和隋唐社会政治经济状况的发展乃一脉相承，是中唐之际封建社会内部大变革的一个重要方面。

（一九八七年九月十日完稿）

注释

1 《唐会要》卷五二《识量·下》。

2 清人赵翼《陔余丛考》卷二六《唐时翰林学士不必皆进士出身》条，列有李德裕、刘邺、吴通玄、吴通徽兄弟、郑覃、郑朗父子及王叔文、郑注等人，但这毕竟是少数。绝大部分翰林学士都是科举进士出身。

3 李肇《翰林志》。

4 参见岑仲勉《翰林学士壁记注补》“德宗至懿宗翰学与宰相统计比较表附”。任宰相的亦包括宪宗改制前的翰林学士。

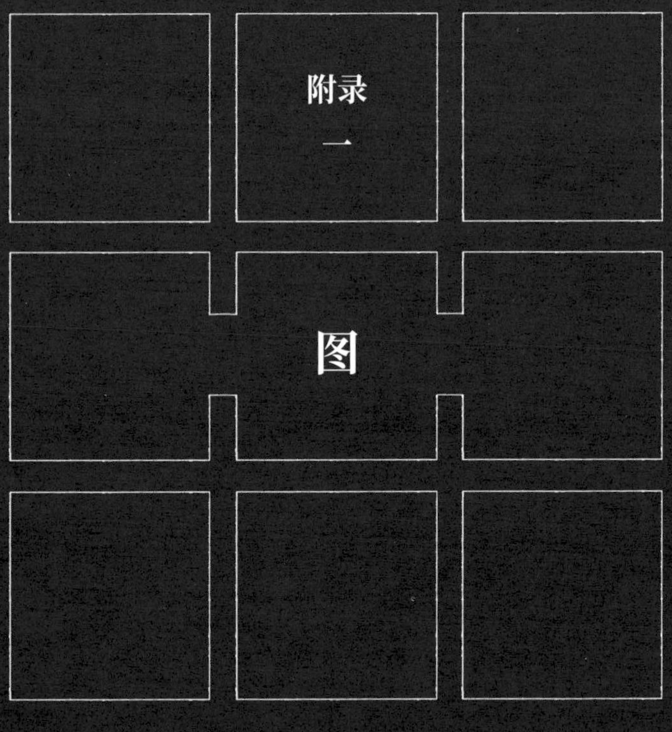
附录
一
图

图一：隋文帝开皇元年(581)、隋炀帝大业三年(607)、唐太宗贞观元年(627)、唐玄宗开元年间(713—741)中央政府机构序列比较示意图。

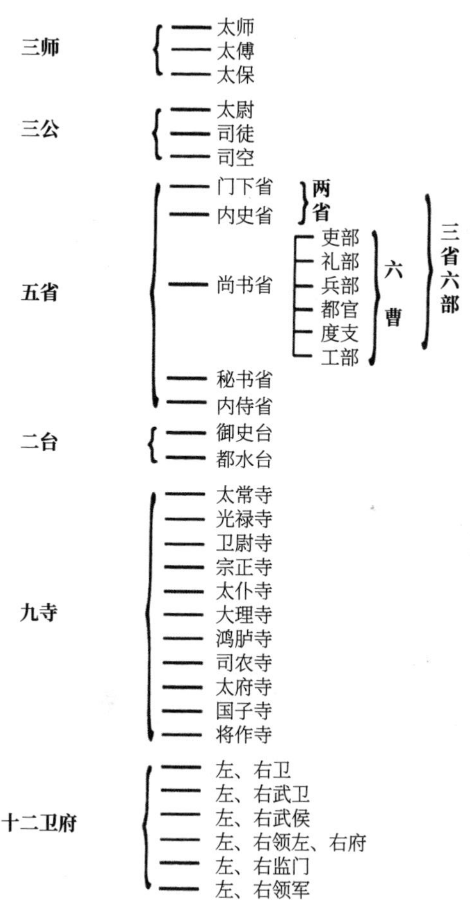

①隋文帝开皇元年(581)中央政府机构序列

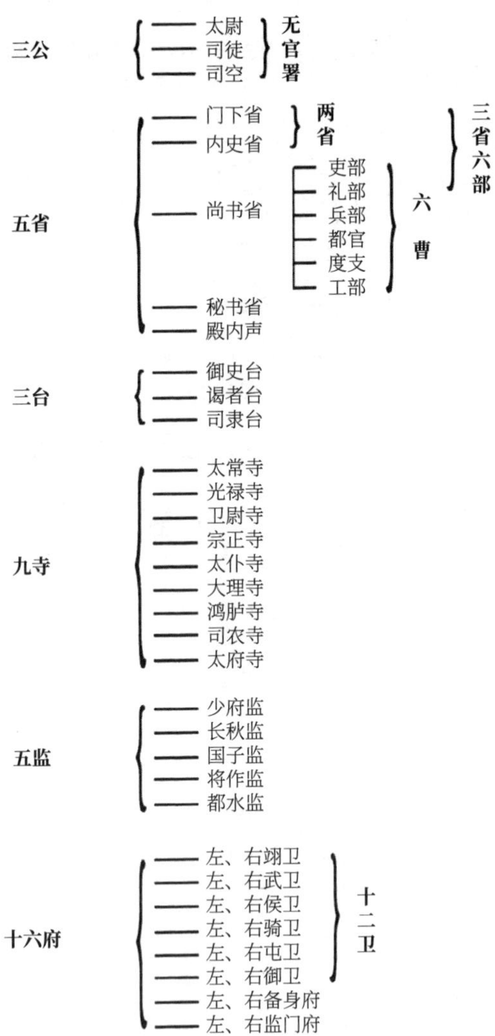

②隋炀帝大业三年(607) 中央政府机构序列

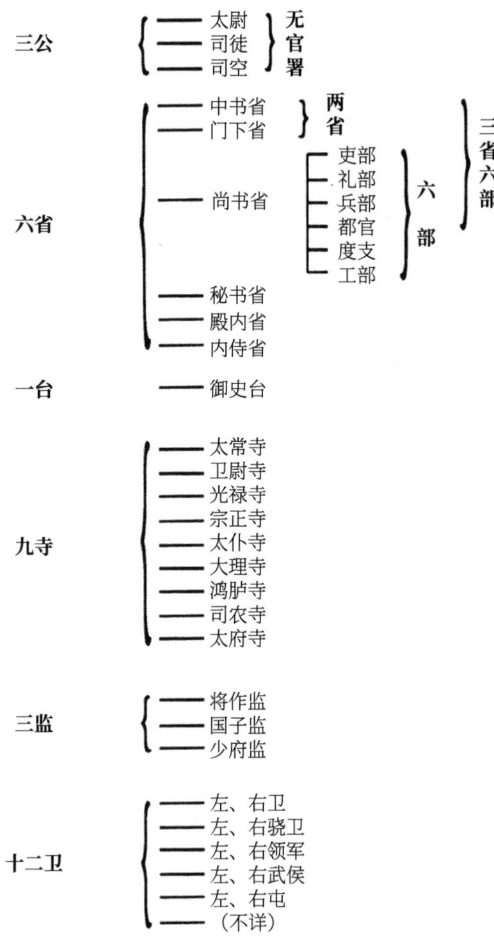

③唐太宗贞观元年(627) 中央政府机构序列

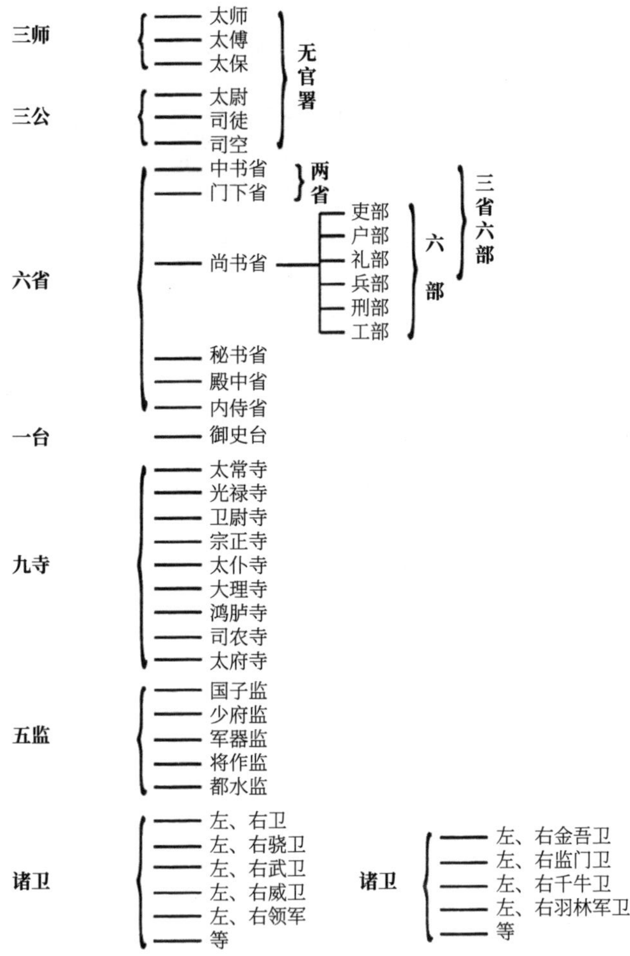

④唐玄宗开元年间(713—741)即《大唐六典》所列中央政府机构序列

比较以上四个不同时期的中央政府序列，可见隋及唐前期中央政府官制虽常有变更，但构成其政务中枢的中书、门下、尚书三省六部体制却没有大的变化。虽然三省及六部名称有变，但其机构编制和职权都没有大的变化。

图二：盛唐（开元天宝年间）国家机构示意图

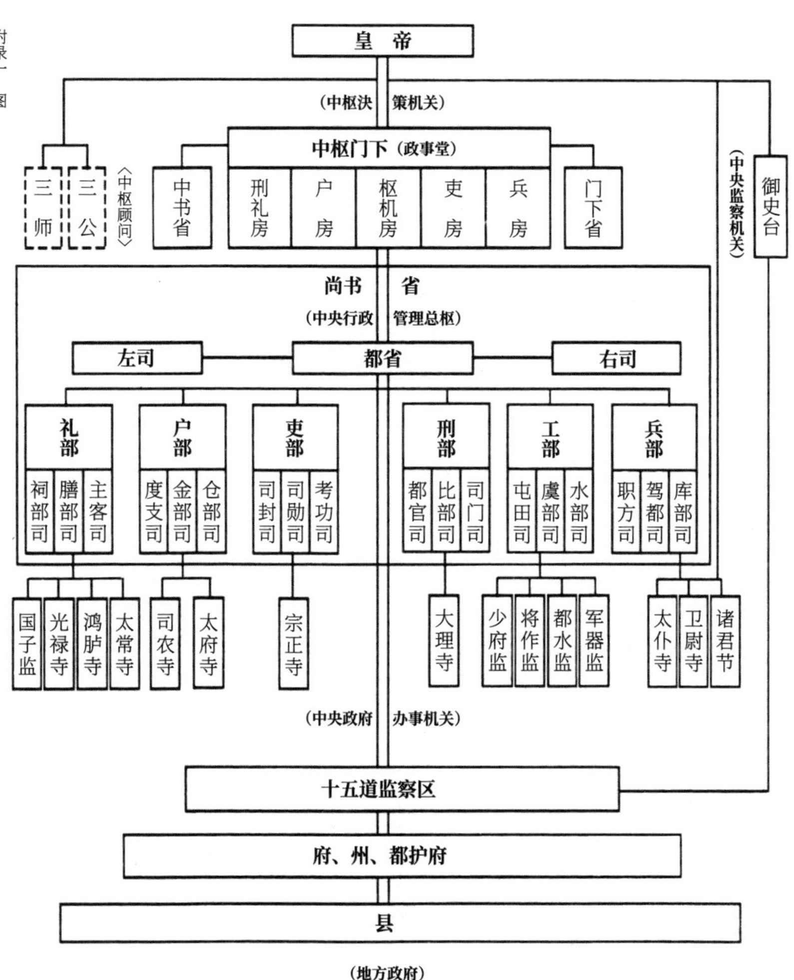

图三：唐太极宫衙署建制图

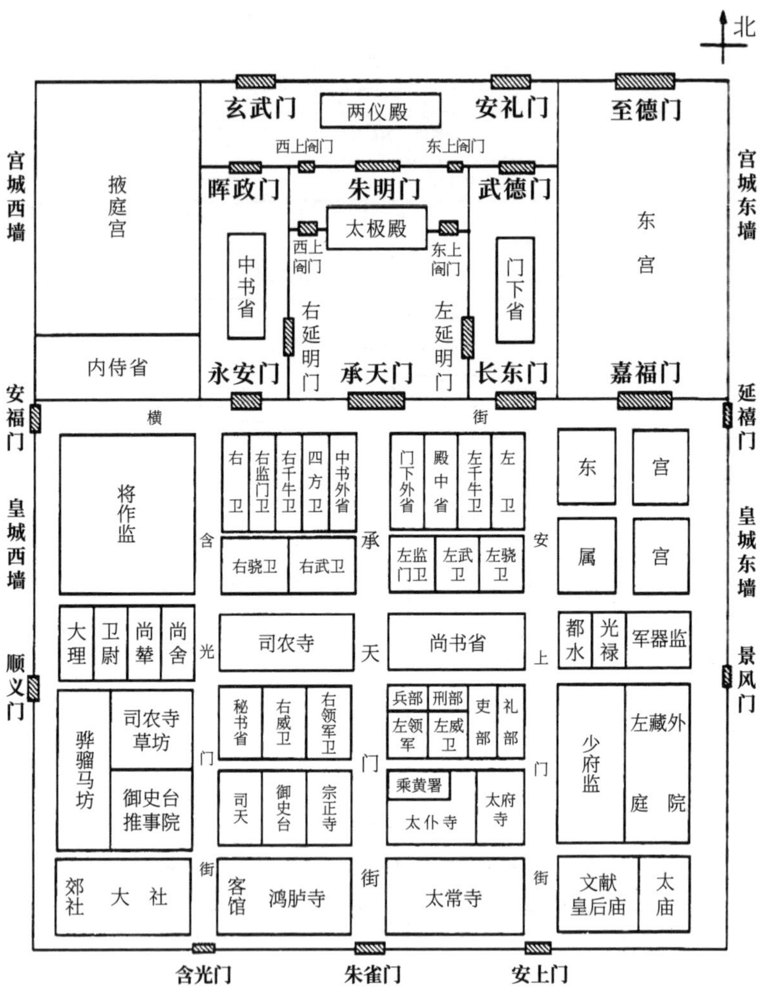

本图参考：①马得志、杨鸿勋《关于长安东宫范围问题的研究》所附图一。（载《考古》一九八七、一）

②平冈武夫《长安与洛阳》附图十二、十三。

③徐松《唐两京城坊考》。

④李好文《长安誌图》。

图四：唐大明宫衙署建制图

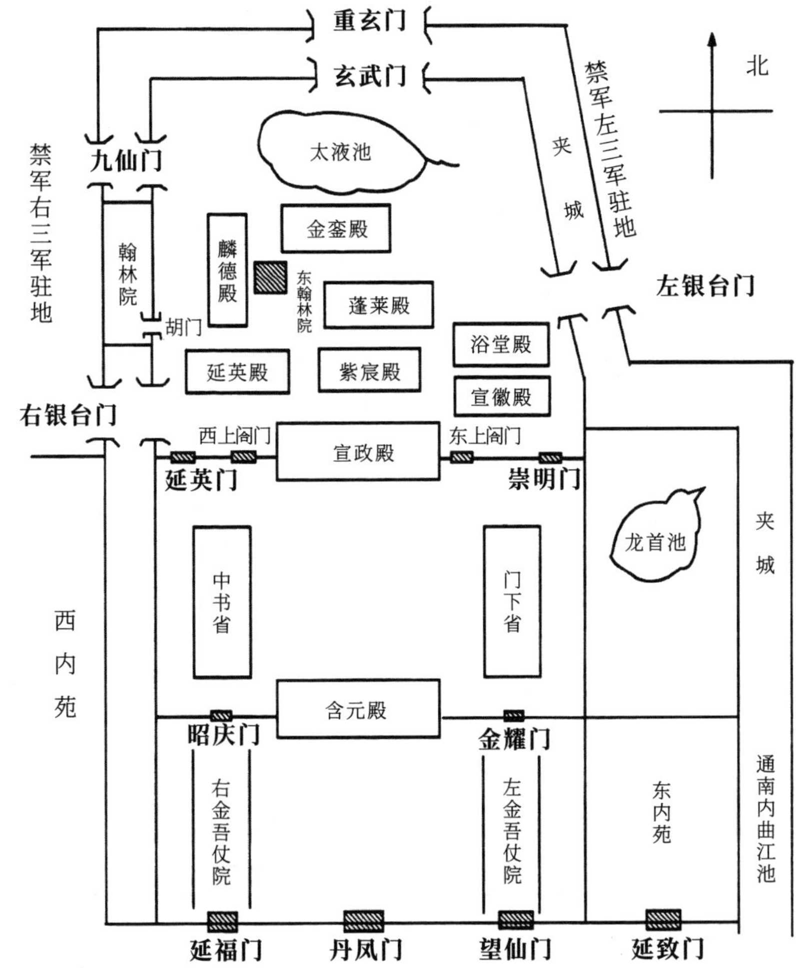

本图参考：①马得志《唐代长安与洛阳》图二《唐大明宫》，载《考古》一九八二年第六期。
②平冈武夫《长安与洛阳》图十八。
③程大昌《雍录》卷四《东内西内学士及翰林院图》。

图五：大明宫翰林院本部建制图

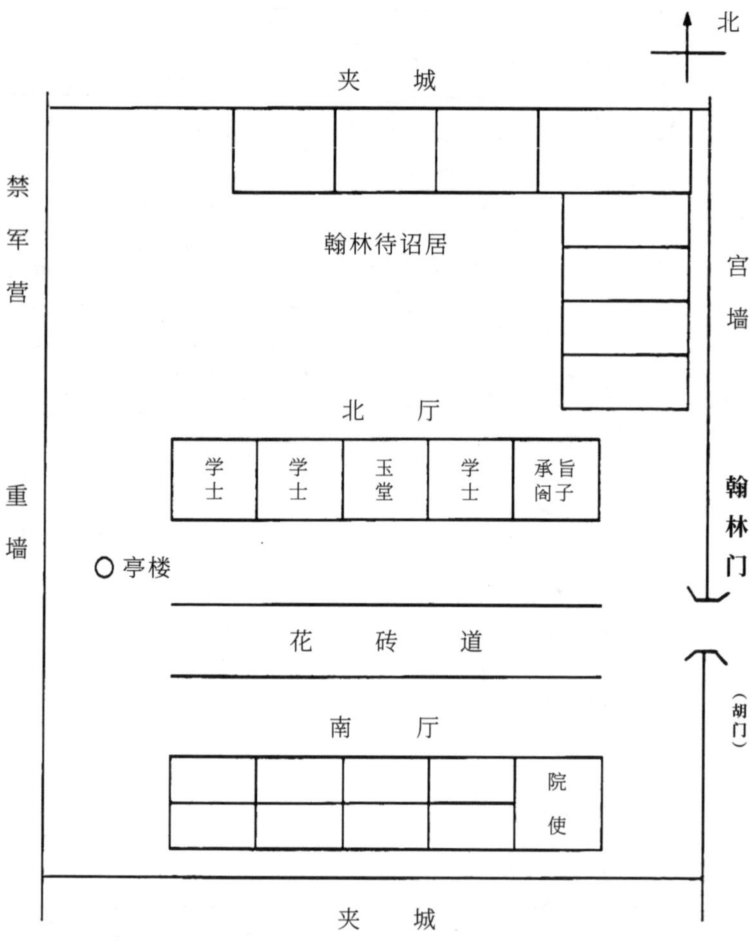

本图参考：①程大昌《雍录》卷四《大明宫右银台门翰林院学士院图》。
②平冈武夫《长安与洛阳》图版二〇。
③马得志《1959—1960年唐大明宫发掘简报》，载《考古》一九六一年第七期。

附录二 表

表一：隋宰相表

隋以三省首长为正宰相，三师三公为名誉宰相，又有以他官参预机务者为副宰相，并先后出现了“四贵”“五贵”“七贵”宰相群体，而称号各不同。兹据《隋书》纪、传表列有隋一代三帝（文帝、炀帝、越王侗）所命各类宰相二十五名，史料所出在《隋书》之外者，注于备注中。表中类别一栏，注明正宰相，即三省首长，简称“正”；副宰相，即非三省首长，而以他官兼、判、行纳言、内史令者和录尚书事者，还有他官以他名参预机务者，简称“副”；名誉宰相三师三公等简称“名”；无区别的宰相简称“相”。

姓名	官号	授官年代	类别	备注
赵芬	左仆射	开皇元年（581）	正	
高颎	左仆射兼纳言	开皇元年（581）	正	
李穆	太师	开皇元年（581）	名	
窦炽	太傅	开皇元年（581）	名	
赵煚	①右仆射 ②兼内史令	开皇元年（581） 开皇三年（583）	正 副	
李德林	内史令	开皇元年（581）	正	
虞庆则	①内史监 ②右仆射	开皇元年（581） 开皇四年（584）	正 正	
苏威	①兼纳言 ②右仆射 ③纳言 ④右仆射 ⑤太常卿参预机密 ⑥纳言	开皇元年（581） 开皇九年（589） 开皇十四年（594） 仁寿元年（601） 大业中 大业中	副 正 正 正 副 相	炀帝后期唯苏威等“五贵”为宰相，无副宰相
陈茂	给事黄门侍郎典机密	开皇元年（581）	副	
令狐熙	行纳言事	开皇元年（581）	副	

续表

姓名	官号	授官年代	类别	备注
杨雄	①右卫大将军参预朝政 ②司空	开皇初 开皇九年(589)	副 名	《隋书·杨雄传》云:"雄时贵宠,冠绝一时,与高颎、虞庆则、苏威称为'四贵'。高祖阴忌之,不欲其典兵马,乃下册书,拜雄为司空,外亦优崇,实夺其权也。"
于仲文	勘录尚书省事	开皇二年(582)	副	
杨广	太尉	开皇九年(589)	名	
杨素	①纳言 ②内史令 ③右仆射 ④左仆射 ⑤尚书令 ⑥司徒	开皇九年(589) 开皇十年(590) 开皇十二年(592) 仁寿元年(601) 大业元年(605) 大业二年(606)	正 正 正 正 名 名	《隋书·杨素传》称素"特为帝所猜忌,外示殊礼,内情甚薄"
杨秀	内史令	开皇十二年(592)	正	
杨暕	内史令	开皇十九年(599)	正	
柳机	纳言	开皇中	正	据《新唐书·宰相世系上》
薛道衡	内史侍郎知机密	开皇仁寿中	副	
杨昭	内史令	仁寿元年(601)	正	
杨达	纳言	仁寿二年(602)	正	
柳述	兵部尚书参掌机密	仁寿中	副	
杨约	内史令	大业元年(605)	正	
萧琮	内史令	大业元年(605)	正	
杨文思	纳言	大业元年(605)	正	
元寿	内史令	大业四年(608)	正	
萧瑀	内史侍郎委以机务	大业中	副	见《旧唐书·萧瑀传》《隋书·苏威传》云:苏威"复为纳言",与左翊卫大将军宇文述、黄门侍郎裴矩、御史大夫裴蕴、内史侍郎虞世基参掌朝政,时人称为"五贵"。按炀帝大业中后期,除苏威授纳言外,不再委任三省首长,故"五贵"即为当时宰相
宇文述	左翊卫大将军参预朝政	大业中	相	
裴矩	黄门侍郎参预朝政	大业中	相	
裴蕴	御史大夫参掌机密	大业中	相	
虞世基	内史侍郎专典机密	大业中	相	
段达	纳言	皇泰元年(618)	正	
王世充	纳言	皇泰元年(618)	正	
元文都	内史令	皇泰元年(618)	正	段达等为杨侗所封。据《隋书·越王侗传》,当时洛阳称段达,王世充、元文都、卢楚、皇甫无逸、赵长文、郭文懿为"七贵"
卢楚	内史令	皇泰元年(618)	正	
皇甫无逸	兵部尚书委以机务	皇泰元年(618)	副	
赵长文	黄门侍郎委以机务	皇泰元年(618)	副	
郭文懿	内史侍郎委以机务	皇泰元年(618)	副	
李密	太尉、尚书令	皇泰元年(618)	名	李密亦为杨侗所封,以令其拒宇文化及

表二：唐宰相表

唐因隋旧，宰相不仅人员众多，且名号繁杂，变化多端。《新唐书》有“宰相表”，以年表的形式将有唐一代各类名号的宰相悉数排比，后人更据此多有订补。本表拟以前辈们的研究为基础，胪列唐三百七十二位真宰相，即参预中枢决策的各类正、副宰相。未参预中枢决策的名誉宰相三公、三师及以宰相名加之于藩镇外臣的使相一般不列。而对由真宰相致位三公、三师及由真宰相出为使相，还有少数虽为名誉宰相，但也不时参预朝政决策者，则略作记注。以人为纲，注以类别，或可一揽有唐一代宰相之梗概和宰相个人职任变换之概况。表中类别一栏，正为正宰相之简称，副指副宰相，名指名誉宰相，使指使相，相即指宰相。

姓名	官号	授官年月	类别	备注
李世民	①尚书令 ②太尉 ③司徒 ④加中书令	武德元年（618）6月 武德元年（618）12月 武德四年（621）10月 武德八年（625）11月	正 名 名 正	唐初以三省首长为正宰相，三公三师为名誉宰相，他官以他名兼宰相取者为副宰相
裴寂	①右仆射知政事 ②左仆射 ③司空	武德元年（618）6月 武德四年（621）4月 武德九年（626）正月	副 正 名	时尚书省有令，仆射非首长，故以“知政事”衔充副宰相
刘文静	纳言	武德元年（618）6月	正	
萧瑀	①内史令 ②右仆射 ③左仆射 ④御史大夫参议朝政 ⑤太子太保同中书门下三品	武德元年（618）6月 武德六年（623）4月 武德九年（626）7月 贞观四年（630）2月 贞观十七年（643）4月	正 正 正 副 副	武德三年（620）3月改内史令为中书令；纳言为侍中同中书门下三品衔自此始

续表

姓名	官号	授官年月	类别	备注
窦威	内史令	武德元年（618）6月	正	
窦抗	将作大匠兼纳言	武德元年（618）6月	副	
陈叔达	①黄门侍郎判纳言 ②黄门侍郎兼纳言	武德元年（618）6月 武德二年（619）正月	副 副	黄门即门下
杨恭仁	①凉州总管遥领纳言 ②吏部尚书兼中书令	武德二年（619）10月 武德六年（623）4月	使 副	唐有使相始于此
封德彝	①中书侍郎兼中书令 ②中书令 ③右仆射	武德三年（620）3月 武德六年（623）4月 武德九年（626）7月	副 正 正	
李元吉	①司空 ②侍中 ③司徒	武德四年（621）10月 武德八年（625）11月 武德九年（626）2月	名 正 名	
裴矩	太子詹事检校侍中	武德七年（624）12月	副	
宇文士及	①太子詹事检校侍中 ②中书令	武德八年（625）11月 武德九年（626）7月	副 正	
房玄龄	①中书令 ②左仆射 ③司空仍综朝政 ④太子太傅知门下省事	武德九年（626）7月 贞观三年（629）2月 贞观十六年（642）7月 贞观十七年（643）4月	正 正 副 副	
高士廉	①侍中 ②右仆射 ③同中书门下三品、平章事 ④摄太子太傅同掌机务	武德九年（626）7月 贞观十二年（638）7月 贞观十七年（643）6月 贞观十九年（645）2月	正 正 副 副	
高士廉	①侍中 ②右仆射 ③同中书门下三品、平章事 ④摄太子太傅同掌机务	武德九年（626）7月 贞观十二年（638）7月 贞观十七年（643）6月 贞观十九年（645）2月	正 正 副 副	
长孙无忌	①右仆射 ②司空 ③司徒 ④太子太师同中书门下三品 ⑤摄侍中 ⑥司徒检校中书令知尚书门下三省事 ⑦中书令、太尉、同中书门下三品	贞观元年（627）7月 贞观七年（633）11月 贞观十六年（642）7月 贞观十七年（643）4月 贞观十九年（645）3月 贞观廿二年（648）正月 贞观廿三年（649）正月	正 名 名 副 副 正 正	长孙无忌总领三省，为正宰相
杜淹	御史大夫参议朝政	贞观二年（627）9月	副	以他官参议朝政的差遣宰相自此渐多
李靖	①兵部尚书检校侍中 ②右仆射 ③三两日一至门下中书平章政事	贞观二年（628）正月 贞观三年（629）2月 贞观八年（634）10月	副 正 副	平章事为相自此始

续表

姓名	官号	授官年月	类别	备注
杜如晦	①兵部尚书检校侍中 ②右仆射	贞观二年（628）正月 贞观三年（629）2月	副 正	
王珪	①黄门侍郎守侍中 ②右仆射	贞观二年（628）12月 贞观四年（630）2月	副 正	
魏徵	①秘书监参预朝政 ②秘书监检校侍中 ③侍中 ④特进、知门下省事、朝章国典参议得失	贞观三年（629）2月 贞观六年（632）5月 贞观七年（633）3月 贞观十年（636）6月	副 副 正 副	
温彦博	①中书令 ②右仆射	贞观四年（630）2月 贞观十年（636）6月	正 正	
戴胄	民部尚书参预朝政	贞观四年（630）11月	副	
侯君集	①兵部尚书参预朝政 ②吏部尚书仍参朝政	贞观四年（630）11月 贞观十二年（638）8月	副 副	
杨师道	①侍中 ②中书令 ③吏部尚书摄中书令	贞观十年（636）6月 贞观十三年（639）11月 贞观十九年（645）11月	正 正 副	
刘洎	①黄门侍郎参知政事 ②侍中 ③太子左庶子同掌机务	贞观十三年（639）11月 贞观十八年（644）4月 贞观十九年（645）2月	副 正 副	
岑文本	①中书侍郎专典机密 ②中书令	贞观十六年（642）正月 贞观十八年（644）8月	副	
李世勣	①太子詹事同中书门下三品 ②同中书门下参掌机密 ③左仆射同中书门下三品 ④同中书门下三品 ⑤司空	贞观十七年（643）4月 贞观廿三年（649）6月 贞观廿三年（649）9月 永徽元年（650）10月 永徽四年（653）2月	副 副 正 副 名	自后仆射为相例加同中书门下三品
张亮	刑部尚书参预朝政	贞观十七年（643）8月	副	
马周	中书侍郎守中书令	贞观十八年（644）8月	副	
褚遂良	①黄门侍郎参预朝政 ②中书令 ③吏部尚书同中书门下三品 ④右仆射同中书门下三品	贞观十八年（644）9月 贞观廿二年（648）9月 永徽三年（652）正月 永徽四年（653）9月	副 正 副 正	
许敬宗	①太子左庶子同掌机务 ②侍中 ③中书令 ④太子太师同东西台三品，仍知西台事	贞观十九年（645）2月 显庆二年（657）8月 显庆三年（658）11月 龙朔二年（662）8月	副 正 正 副	龙朔二年（662）2月，中书省改称西台，门下省改称东台；中书令改称西台右相，侍中改称东台左相

续表

姓名	官号	授官年月	类别	备注
高季辅	①太子右庶子同掌机务 ②兼中书令 ③侍中	贞观十九年(645)2月 贞观廿三年(649)5月 永徽二年(651)8月	副 副 正	
张行成	①太子詹事同掌机务 ②侍中 ③右仆射同中书门下三品	贞观十九年(645)2月 永徽元年(650)正月 永徽二年(651)8月	副 正 正	
崔仁师	中书侍郎参知机务	贞观廿二年(648)正月	副	
于志宁	①侍中 ②左仆射同中书门下三品 ③太子太师同中书门下三品	贞观廿三年(649)5月 永徽二年(651)8月 显庆四年(659)4月	正 正 副	
宇文节	①黄门侍郎同中书门下三品 ②侍中	永徽二年(651)正月 永徽三年(652)7月	副 正	
柳奭	①中书侍郎同中书门下三品 ②守中书令 ③中书令	永徽二年(651)正月 永徽三年(652)3月 永徽四年(653)11月	副 副 正	
韩青	①兵部侍郎同中书门下三品 ②侍中	永徽三年(652)3月 永徽六年(655)5月	副 正	
来济	①守中书侍郎同中书门下三品 ②中书令	永徽三年(652)9月 永徽六年(655)5月	副 正	
崔敦礼	①侍中 ②中书令 ③太子太师同中书门下三品	永徽四年(653)11月 永徽六年(655)7月 显庆元年(656)7月	正 正 副	
李义府	①中书侍郎参知政事 ②兼中书令 ③吏部尚书同中书门下三品 ④右相	永徽六年(655)7月 显庆二年(657)3月 显庆四年(659)8月 龙朔三年(663)正月	副 副 副 正	
杜正伦	①黄门侍郎同中书门下三品 ②兼中书令	显庆元年(656)3月 显庆二年(657)9月	副 副	
辛茂将	大理卿兼侍中	显庆三年(658)11月	副	
许圉师	①守黄门侍郎同中书门下三品 ②左散骑常侍检校侍中 ③左侍极、检校左相	显庆四年(659)4月 显庆四年(659)11月 龙朔二年(662)2月	副 副 副	
卢承庆	①度支尚书参知政事 ②同中书门下三品	显庆四年(659)5月 显庆四年(659)11月	副 副	

续表

姓名	官号	授官年月	类别	备注
任雅相	兵部尚书同中书门下三品	显庆四年（659）5月	副	
上官仪	西台侍郎同东西台三品	龙朔二年（662）10月	副	
刘祥道	太常伯兼右相	麟德元年（664）8月	副	
窦德云	太常伯检校左相	麟德元年（664）8月	副	
乐彦璋	西台侍郎同知军国政事 同东西台三品	麟德元年（664）12月 麟德元年（664）12月	副 副	
孙处约	西台侍郎同知军国政事 同东西台三品	麟德元年（664）12月 麟德元年（664）12月	副 副	
陆敦信	左侍极、检校右相	麟德二年（665）4月	副	
姜恪	①司戎太常伯同东西台三品 ②检校左相 ③侍中	麟德二年（665）3月 总章元年（668）12月 咸亨二年（671）	副 副 副	总章二年（669）后，同中书门下三品为正宰相
刘仁执	①大司宪兼知政事 ②大司宪兼右相 ③太子左庶子同中书门下三品 ④左仆射仍同三品 ⑤太子少傅同中书门下三品 ⑥左仆射 ⑦文昌左相	麟德二年（665）10月 乾封元年（666）7月 咸亨三年（672）12月 上元二年（675）8月 开耀元年（681）7月 弘道元年（683）12月 光宅元年（684）9月	副 副 副 正 正 正 正	光宅元年（684）9月，改左、右仆射为文昌左、右相，中书令为内史令，侍中为纳言；中书省为凤阁，门下省为鸾台
杨弘武	西台侍郎同东西台三品	乾封二年（667）6月	副	
戴元德	①西台侍郎同东西台三品 ②右仆射仍同三品	乾封二年（667）6月 上元二年（675）8月	副 正	
赵仁本	司列少常伯同东西台三品	乾封二年（667）6月	副	
李安期	东台侍郎同东西台三品	乾封二年（667）6月	副	
张文瓘	①东台舍人参知政事 ②东台侍郎同东西台三品 ③侍中	乾封二年（667）6月 总章二年（669）2月 上元二年（675）8月	副 正 正	
阎立本	①司马太常伯守右相 ②中书令	总章元年（668）12月 咸亨二年（671）	副 正	咸亨元年（670）12月，西台右相复名中书令，东台左相复名侍中
李敬玄	①西台侍郎同东西台二品 ②中书令	总章二年（669）2月 仪凤元年（676）11月	正 正	
郝处俊	①东台侍郎同东西台三品 ②中书令 ③侍中	总章二年（669）3月 上元二年（675）8月 调露元年（679）4月	正 正 正	
来恒	黄门侍郎同中书门下三品	仪凤元年（676）3月	正	

续表

姓名	官号	授官年月	类别	备注
薛元超	①中书侍郎同中书门下三品 ②守中书令	仪凤元年（676）3月 开耀元年（681）闰7月	正 副	同平章事衔为宰相者渐多
李义琰	中书侍郎同中书门下三品	仪凤元年（676）3月	正	
高智周	黄门侍郎同中书门下三品	仪凤元年（676）6月	正	
张大安	太子左庶子同中书门下三品	仪凤二年（677）4月	正	
王德真	①中书侍郎同中书门下三品 ②侍中 ③纳言	永隆元年（680）4月 光宅元年（684）2月 垂拱元年（685）5月	正 正 正	
裴炎	①黄门侍郎同中书门下三品 ②侍中 ③中书令	永隆元年（680）4月 开耀元年（681）闰7月 弘道元年（683）12月	正 正 正	
崔知温	①黄门侍郎同中书门下三品 ②守中书令	永隆元年（680）4月 开耀元年（681）闰7月	正 副	
郭待举	①守黄门侍郎与中书门下同承受进止平章事 ②左散骑常侍同中书门下三品	永淳元年（682）4月 弘道元年（683）12月	副 正	
岑长倩	①守兵部侍郎与中书门下同承受进止平章事 ②兵部尚书同中书门下三品 ③内史令 ④文昌右相同凤阁鸾台三品	永淳元年（682）4月 弘道元年（683）12月 垂拱二年（686）4月 天授元年（690）正月	副 正 正 正	
郭正一	①守秘书员外少监与中书门下同承受进止平章事 ②中书侍郎同中书门下平章事	永淳元年（682）4月 弘道元年（683）4月	副 副	
魏玄同	①守吏部侍郎与中书门下同承受进止平章事 ②黄门侍郎同中书门下三品 ③检校纳言	永淳元年（682）4月 弘道元年（683）12月 垂拱三年（687）8月	副 正 副	
刘齐贤	①黄门侍郎同中书门下平章事 ②守侍中	永淳元年（682）10月 弘道元年（683）12月	副 副	
刘祎之	中书侍郎同中书门下三品	光宅元年（684）2月	正	
韦弘敏	太府卿同中书门下三品	光宅元年（684）正月	正	

续表

姓名	官号	授官年月	类别	备注
武承嗣	①太常卿同中书门下三品 ②礼部尚书同凤阁鸾台三品 ③纳言 ④文昌左相 ⑤同凤阁鸾台三品	光宅元年（684）闰5月 垂拱元年（685）2月 永昌元年（689）3月 天授元年（690）正月 神功元年（697）6月	正 正 正 正 正	
李景谌	凤阁舍人同凤阁鸾台平章事	光宅元年（684）10月	副	
骞味道	①内史同凤阁鸾台三品 ②御史大夫同凤阁鸾台平章事	光宅元年（684）10月 垂拱四年（688）9月	正 副	
沈君谅	正谏大夫同凤阁鸾台平章事	光宅元年（684）10月	副	
崔詧	正谏大夫同凤阁鸾台平章事	光宅元年（684）10月	副	
韦方质	①守凤阁侍郎同凤阁鸾台平章事 ②同凤阁鸾台三品	光宅元年（684）11月 垂拱元年（685）5月	副 正	
裴居道	①秋官尚书同凤阁鸾台三品 ②内史 ③纳言	垂拱元年（685）2月 垂拱元年（685）5月 垂拱三年（687）4月	正 正 正	
韦思谦	①御史大夫同凤阁鸾台三品 ②纳言	垂拱元年（685）2月 垂拱二年（686）4月	正 正	
苏良嗣	①冬官尚书守纳言 ②守文昌左相同凤阁鸾台三品	垂拱元年（685）5月 垂拱二年（686）6月	副 正	
韦待价	①天官尚书同凤阁鸾台三品 ②文昌右相	垂拱三年（687）6月 垂拱二年（686）6月	正 正	
张光辅	①凤阁侍郎同凤阁鸾台平章事 ②守纳言 ③守内史令	垂拱三年（687）5月 永昌元年（689）3月 永昌元年（689）3月	副 副 副	
王本立	①夏官侍郎同凤阁鸾台平章事 ②同凤阁鸾台三品	垂拱四年（688）9月 永昌元年（689）7月	副 正	
范履冰	春官尚书同凤阁鸾台平章事	永昌元年（689）10月	副	
邢文伟	①凤阁侍郎同凤阁鸾台平章事 ②守内史令	永昌元年（689）10月 天授元年（690）正月	副 副	

续表

姓名	官号	授官年月	类别	备注
武攸宁	①纳言 ②夏官尚书同凤阁鸾台三品	天授元年（690）正月 圣历元年（689）9月	正 正	
宗秦客	凤阁侍郎检校纳言	天授元年（690）9月	副	
史务滋	司宾卿守纳言	天授元年（690）9月	副	
傅游艺	鸾台侍郎同凤阁鸾台平章事	天授元年（690）9月	副	
乐思晦	鸾台侍郎同凤阁鸾台平章事	天授二年（691）6月	副	
任知古	凤阁侍郎同凤阁鸾台平章事	天授二年（691）6月	副	
格辅元	地官尚书同凤阁鸾台平章事	天授二年（691）6月	副	
欧阳通	司礼卿兼判纳言事	天授二年（691）8月	副	
裴行本	冬官侍郎同凤阁鸾台平章事	天授二年（691）9月	副	
狄仁杰	①守地官侍郎同凤阁鸾台平章事 ②鸾台侍郎同凤阁鸾台平章事 ③守纳言 ④守内史	天授二年（691）9月 神功元年（697）闰10月 圣历元年（698）8月 久视元年（700）正月	副 副 副 副	
杨执柔	夏官尚书同凤阁鸾台平章事	长寿元年（692）正月	副	
李游道	冬官尚书同凤阁鸾台平章事	长寿元年（692）正月	副	
袁智宏	秋官尚书同凤阁鸾台平章事	长寿元年（692）2月	副	
崔神基	司宾卿同凤阁鸾台平章事	长寿元年（692）7月	副	
崔元综	鸾台侍郎同凤阁鸾台平章事	长寿元年（692）7月	副	
李昭德	①凤阁侍郎同凤阁鸾台平章事 ②检校内史	长寿元年（692）7月 延载元年（694）3月	副 副	
姚璹	①文昌左丞同凤阁鸾台平章事 ②守纳言	长寿元年（692）7月 延载元年（694）8月	副 副	
李元素	文昌右丞同凤阁鸾台平章事	长寿元年（692）7月	副	

续表

姓名	官号	授官年月	类别	备注
王璿	守夏官尚书同凤阁鸾台平章事	长寿元年（692)8月	副	神龙元年（705）2月，改文昌左、右相为左、右仆射，内史令为中书令，纳言为侍中
娄师德	①夏官侍郎同凤阁鸾台平章事 ②守纳言 ③纳言	长寿二年（693）正月 神功元年（697)9月 圣历元年（698)3月	副 副 正	
豆卢钦望	①司宾卿守内史 ②文昌右相同凤阁鸾台三品 ③左仆射 ④加平章军国重事 ⑤左仆射同中书门下三品	长寿二年（693)9月 圣历元年（699)8月 神龙元年（705)5月 神龙元年（705)6月 景龙三年（709)2月	副 正 正 正 正	
韦巨源	①文昌右丞同凤阁鸾台平章事 ②纳言 ③太子宾客同中书门下三品 ④侍中	长寿二年（693)9月 久视元年（700）正月 神龙元年（705)7月 景龙元年（707)9月	副 正 正 正	
陆元方	鸾台侍郎同凤阁鸾台平章事	长寿二年（693)9月	副	
苏味道	①凤阁侍郎同凤阁鸾台平章事 ②同凤阁鸾台三品	延载元年（694)3月 长安二年（702)10月	副 正	
王孝杰	夏官尚书同凤阁鸾台三品	延载元年（694)4月	正	
武什方	正谏大夫同凤阁鸾台平章事	延载元年（694)7月	副	
杨再思	①鸾台侍郎同凤阁鸾台平章事 ②守内史 ③户部尚书同中书门下三品 ④检校中书令 ⑤行侍中 ⑥中书令 ⑦右仆射同中书门下三品	延载元年（694)8月 长安四年（704)7月 神龙元年（705)2月 神龙元年（705)6月 神龙元年（705)10月 景龙元年（707)9月 景龙三年（709)2月	副 副 正 副 副 正 正	
杜景佺	①检校凤阁侍郎同凤阁鸾台平章事 ②凤阁侍郎同凤阁鸾台平章事	延载元年（694)8月 神功元年（697）闰10月	副 副	
周允之	检校凤阁侍郎同凤阁鸾台平章事	延载元年（694)10月	副	
孙元亨	检校夏官侍郎同凤阁鸾台平章事	万岁通天元年（696)4月	副	
王方庆	①鸾台侍郎同凤阁鸾台平章事 ②凤阁侍郎同凤阁鸾台平章事	万岁通天元年（696)9月 万岁通天元年（696)10月	副 副	

续表

姓名	官号	授官年月	类别	备注
李道广	殿中监同凤阁鸾台平章事	万岁通天元年（696）9月	副	
王及善	①内史 ②文昌左相同凤阁鸾台三品	神功元年（697）4月 圣历二年（699）8月	正 正	
武三思	①春官尚书同凤阁鸾台三品 ②检校内史 ③内史 ④司空同中书门下三品	神功元年（697）6月 圣历元年（698）8月 圣历二年（699）8月 神龙元年（705）2月	正 副 正 正	
宗楚客	①检校夏官侍郎同凤阁鸾台平章事 ②行兵部尚书同中书门下三品 ③中书令	神功元年（697）6月 景龙元年（707）9月 景龙三年（709）3月	副 正 正	
姚崇	①夏官侍郎同凤阁鸾台平章事 ②兼知夏官尚书同凤阁鸾台三品 ③兵部尚书同中书门下三品 ④兼中书令 ⑤中书令 ⑥兵部尚书同中书门下三品 ⑦紫微令（中书令）	圣历元年（698）10月 长安四年（704）6月 景云元年（710）6月 景云元年（710）7月 景云元年（710）11月 开元元年（713）10月 开元元年（713）12月	副 正 正 副 正 正 正	
李峤	①知凤阁侍郎同凤阁鸾台平章事 ②纳言事 ③知内史事 ④守中书令 ⑤中书令 ⑥守兵部尚书同中书门下三品	圣历元年（698）10月 长安三年（703）闰四月 长安四年（704）4月 神龙二年（706）7月 景龙元年（707）7月 景龙三年（709）8月	副 副 副 副 正 正	
吉顼	天官侍郎同凤阁鸾台平章事	圣历二年（699）12月	副	
魏元忠	①凤阁侍郎同凤阁鸾台平章事 ②同凤阁鸾台三品 ③侍中 ④中书令 ⑤右仆射兼中书令仍知兵马事 ⑥左仆射仍兼中书令	圣历二年（699）12月 长安元年（701）10月 神龙元年（705）6月 神龙元年（705）10月 神龙二年（706）7月 神龙二年（706）12月	副 正 正 正 正 正	
张锡	①凤阁侍郎同凤阁鸾台平章事 ②工部尚书同中书门下三品	久视元年（700）闰七月 景云元年（710）6月	副 正	

续表

姓名	官号	授官年月	类别	备注
韦安石	①守鸾台侍郎同凤阁鸾台平章事 ②同凤阁鸾台三品 ③中书令 ④侍中 ⑤左仆射同中书门下三品 ⑥左仆射	久视元年（700）10月 长安二年（702）10月 神龙元年（705）6月 景龙三年（709）8月 景云二年（711）8月 景云二年（711）10月	副 正 正 正 正 名	
李怀远	①鸾台侍郎同凤阁鸾台平章事 ②左散骑常侍同中书门下三品	久视元年（700）10月 神龙元年（705）4月	副 正	
顾琮	天官侍郎同凤阁鸾台平章事	长安元年（701）5月	副	长安四年（704）以后，仆射不加同中书门下三品者，不是相职，仅为名誉虚衔
李迥秀	①夏官侍郎同凤阁鸾台平章事 ②同凤阁鸾台三品	长安元年（701）6月 长安二年（702）10月	副 正	
李旦	司徒 太尉同凤阁鸾台三品	长安二年（702）11月 神龙元年（705）正月	名 正	
朱敬则	正谏大夫同凤阁鸾台三品	长安三年（703）7月	副	
唐休璟	①夏官尚书同凤阁鸾台平章事 ②同凤阁鸾台三品 ③右仆射同凤阁鸾台三品 ④太子少师同中书门下三品	长安三年（703）7月 神龙元年（705）4月 神龙元年（705）5月 景龙三年（709）12月	副 正 正 正	
韦嗣立	①守凤阁侍郎同凤阁鸾台三品 ②中书令	长安四年（704）6月 景云元年（710）10月	正 正	
崔玄暐	①鸾台侍郎同凤阁鸾台平章事 ②守内史	长安四年（704）6月 神龙元年（705）正月	副 副	
张柬之	①判秋官侍郎同凤阁鸾台平章事 ②守凤阁侍郎同凤阁鸾台平章事 ③夏官尚书同凤阁鸾台三品 ④中书令	长安四年（704）10月 长安四年（704）11月 神龙元年（705）正月 神龙元年（705）4月	副 副 正 正	
房融	正谏大夫同凤阁鸾台平章事	长安四年（704）10月	副	
韦承庆	凤阁侍郎同凤阁鸾台平章事	长安四年（704）11月	副	
袁恕己	①凤阁侍郎同凤阁鸾台平章事 ②凤阁侍郎同凤阁鸾台三品 ③中书令	神龙元年（705）正月 神龙元年（705）正月 神龙元年（705）4月	副 正 正	

续表

姓名	官号	授官年月	类别	备注
敬晖	纳言	神龙元年（705）正月	正	
桓彦范	①左羽林将军守纳言 ②侍中	神龙元年（705）正月 神龙元年（705）4月	副 正	
祝钦明	太子少詹事同中书门下三品	神龙元年（705）2月	正	
苏环	①户部侍郎守侍中 ②侍中 ③右仆射同中书门下三品 ④左仆射同中书门下三品	神龙二年（706）3月 神龙二年（706）10月 景龙三年（709）9月 景云元年（710）7月	副 正 正 正	
于惟谦	中书侍郎同中书门下平章事	神龙二年（706）正月	副	
纪处讷	①太仆卿同中书门下三品 ②侍中	景龙元年（707）9月 景龙元年（707）9月	正 正	
萧至忠	①黄门侍郎同中书门下三品 ②守侍中 ③中书令	景龙元年（707）9月 景龙三年（709）3月 景龙三年（709）8月	正 副 正	
韦温	①太子少保同中书门下平章事 ②同中书门下三品，总知内外兵马	景龙三年（709）3月 景云元年（710）6月	副 正	
崔湜	①中书侍郎同中书门下平章事 ②中书侍郎同中书门下三品 ③检校中书令	景龙三年（709）3月 景云二年（711）10月 先天元年（712）8月	副 正 副	
赵彦昭	中书侍郎同中书门下平章事	景龙三年（709）3月	副	
郑愔	太常卿同中书门下平章事	景龙三年（709）3月	副	
裴谈	刑部尚书同中书门下三品	景云元年（710）6月	正	
李隆基	殿中监同中书门下三品	景云元年（710）6月	正	
钟绍京	①中书侍郎参预机务 ②中书侍郎同中书门下三品 ③中书令	景云元年（710）6月 景云元年（710）6月 景云元年（710）6月	副 正 正	
李日知	①黄门侍郎同中书门下三品 ②守侍中	景云元年（710）7月 景云二年（711）4月	正 副	
宋璟	①检校吏部尚书同中书门下三品 ②守吏部尚书兼黄门监（侍中） ③兼侍中	景云元年（710）7月 开元四年（716）闰十二月 开元五年（717）9月	正 副 副	

续表

姓名	官号	授官年月	类别	备注
岑羲	①中书侍郎同中书门下平章事 ②户部尚书同中书门下三品 ③侍中	景云元年（710)6月 先天元年（712）正月 先天元年（712)6月	副 正 正	
张嘉福	吏部尚书同中书门下平章事	景云元年（710)6月	副	
刘幽求	①中书舍人参预机务 ②侍中 ③守右仆射同中书门下三品 ④守左仆射知军国重事 ⑤兼侍中	景云元年（710)6月 景云二年（711)10月 先天元年（712)8月 开元元年（713)8月 开元元年（713)11月	副 正 正 正 副	
薛稷	黄门侍郎参预机务	景云元年（710)6月	副	
崔日用	行黄门侍郎参知机务	景云元年（710)7月	副	
郭元振	太仆卿同中书门下平章事	景云二年（711）正月	副	
张说	①中书侍郎同中书门下平章事 ②检校中书令 ③中书令 ④守兵部尚书同中书门下三品 ⑤兼中书令 ⑥中书令	景云二年（711）正月 开元元年（713)7月 开元元年（713)9月 开元九年（721)9月 开元十一年（723)2月 开元十一年（723)4月	副 副 正 正 副 正	
窦环贞	①御史大夫同中书门下平章事 ②守侍中 ③同中书门下三品 ④右仆射，军国重事宜共平章 ⑤守左仆射同中书门下三品	景云二年（711)4月 景云二年（711)9月 先天元年（712）正月 先天元年（712)7月 先天元年（712)8月	副 副 正 正 正	
魏知古	①右散骑常侍同中书门下三品 ②守侍中	景云二年（711)10月 先天元年（712)8月	正 副	
陆象先	①中书侍郎同中书门下平章事 ②同中书门下三品	景云二年（711)10月 先天元年（712）正月	副 正	
卢环慎	黄门侍郎同紫微黄门平章事	开元元年（713)12月	副	开元元年（713）12月，改中书省为紫微省，门下省为黄门省，中书令为紫微令，侍中为黄门监，左右仆射为左、右丞相
薛讷	和戎大武诸军节度使同紫微黄门三品	开元二年（714）正月	正	

续表

姓名	官号	授官年月	类别	备注
源乾曜	①黄门侍郎同紫微黄门平章事 ②侍中	开元四年（716）11月 开元八年（720）5月	副 正	
苏颋	行紫微侍郎同紫微黄门平章事	开元四年（716）闰12月	副	
张嘉贞	①守中书侍郎同中书门下平章事 ②中书令	开元八年（720）正月 开元八年（720）5月	副 正	
王晙	兵部尚书同中书门下三品	开元十一年（723）4月	正	开元五年（717）9月，改紫微令为中书令，黄门监为侍中
李元纮	中书侍郎同中书门下平章事	开元十四年（726）4月	副	
杜暹	检校黄门侍郎同中书门下平章事	开元十四年（726）9月	副	
萧嵩	①守兵部尚书同中书门下平章事 ②兼中书令	开元十六年（728）11月 开元十七年（729）6月	副 副	
裴光庭	①中书侍郎同中书门下平章事 ②侍中	开元十七年（729）6月 开元十八年（730）正月	副 正	
宇文融	黄门侍郎同中书门下平章事	开元十七年（729）6月	副	
韩休	守黄门侍郎同中书门下平章事	开元廿一年（733）3月	副	
裴耀卿	①守黄门侍郎同中书门下平章事 ②守侍中	开元廿一年（733）12月 开元廿二年（734）5月	副 副	
张九龄	①中书侍郎同中书门下平章事 ②守中书令	开元廿一年（737）12月 开元廿二年（734）5月	副 副	
李林甫	①守礼部尚书同中书门下三品 ②兼中书令 ③右相	开元廿二年（734）5月 开元廿四年（736）11月 天宝元年（742）2月	正 副 正	
牛仙客	①守工部尚书同中书门下三品 ②知门下省事 ③侍中 ④左相	开元廿四年（736）11月 开元廿四年（736）12月 开元廿六年（738）正月 天宝元年（742）2月	正 副 正 正	天宝元年（742）二月，改中书令为右相，侍中为左相，左右丞相改为左右仆射
李适之	左相	天宝元年（742）8月	正	天宝以后，同三品衔渐无，同平章事为宰相

续表

姓名	官号	授官年月	类别	备注
陈希烈	①门下侍郎同中书门下平章事 ②左相	天宝五年（746)4月 天宝六年（747)3月	正 正	至德二载（757）12月，改右相为中书令，左相为侍中，自后三省首长名号不再改变，但肃宗朝中书令，侍中为相者仅各一例，宰相名至此统一为同中书门下平章事。同三品衔亦仅一例
杨国忠	①右相兼文部尚书 ②司空	天宝十一年（752)11月 天宝十三年（754)2月	正 名	
韦见素	守武部尚书同中书门下平章事知门下省事	天宝十三年（754)8月	正	
崔圆	①中书侍郎同中书门下平章事 ②中书令	至德元年（756)6月 至德二年（757)12月	正 正	
房琯	文部尚书同中书门下平章事	至德元年（756)7月	正	
裴冕	①中书侍郎同中书门下平章事 ②右仆射 ③左仆射同中书门下平章事	至德元年（756)7月 至德二年（757)3月 大历四年（769)11月	正 名 相	
崔涣	门下侍郎同中书门下平章事	至德元年（756)7月	正	
李麟	①宪部尚书同中书门下平章事，总上皇行在百官 ②同中书门下三品	至德二年（757）正月 至德二年（757)12月	正 正	
苗晋卿	①左相 ②行侍中	至德二年（757)3月 上元元年（760)5月	正 副	
张镐	①中书侍郎同中书门下平章事 ②平章事兼河南节度使都统淮南诸军事	至德二年（757)5月 至德二年（757)8月	正 使	
王玙	中书侍郎同中书门下平章事	乾元元年（758)5月	相	
吕諲	兵部侍郎同中书门下平章事	乾元二年（759)3月	相	
李岘	吏部尚书同中书门下平章事	乾元二年（759)3月	相	
李揆	中书侍郎同中书门下平章事	乾元二年（759)3月	相	
第五琦	户部侍郎同中书门下平章事	乾元二年（759)3月	相	
萧华	中书侍郎同中书门下平章事	上元二年（761)2月	相	

续表

姓名	官号	授官年月	类别	备注
裴遵庆	行黄门侍郎同中书门下平章事	上元二年（761）4月	相	
李辅国	①司空 ②兼中书令	宝应元年（762）正月 宝应元年（762）5月	名 相	唐宦官有宰相正式名号仅此一例
元载	①户部侍郎同中书门下平章事 ②权知门下省事	宝应元年（762）正月 大历四年（769）11月	相 相	
刘晏	吏部尚书同中书门下平章事	广德元年（763）正月	相	
李适	兼中书令	广德元年（763）7月	相	
王缙	①黄门侍郎同中书门下平章事 ②侍中、持节都统河南淮南等道行营节度使 ③门下侍郎同中书门下平章事 ④平章事兼幽州卢龙节度使 ⑤平章事兼河东节度使	广德二年（764）正月 广德二年（764）8月 广德二年（764）8月 大历三年（768）闰六月 大历三年（768）8月	相 使 相 使 使	
杜鸿渐	①兵部侍郎同中书门下平章事 ②黄门侍郎同中书门下平章事兼成都尹持节山南西道剑南东西川等道副元帅剑南西川节度副大使	广德二年（764）正月 大历元年（766）2月	相 使	大历二年（767）后，中书令、侍中不单除，与左右仆射一样都为名誉虚衔，或仅为使相加衔
杨绾	中书侍郎同中书门下平章事	大历十二年（777）4月	相	
常衮	门下侍郎同中书门下平章事	大历十二年（777）4月	相	
崔祐甫	门下侍郎同中书门下平章事	大历十四年（779）闰5月	相	
乔琳	御史大夫同中书门下平章事	大历十四年（779）8月	相	
杨炎	①门下侍郎同中书门下平章事 ②左仆射	大历十四年（779）8月 建中二年（781）7月	相 名	
卢杞	门下侍郎同中书门下平章事	建中二年（781）2月	相	
张镒	中书侍郎同中书门下平章事	建中二年（781）7月	相	
关播	中书侍郎同中书门下平章事	建中三年（782）10月	相	
萧复	吏部尚书同中书门下平章事	建中四年（783）10月	相	
刘从一	刑部尚书同中书门下平章事	建中四年（783）10月	相	
姜公辅	谏议大夫同中书门下平章事	建中四年（783）10月	相	

续表

姓名	官号	授官年月	类别	备注
卢翰	兵部侍郎同中书门下平章事	兴元元年（784）正月	相	
李晟	①司徒中书令 ②中书令凤翔陇右诸军泾原四镇世庭行营兵马元帅 ③太尉兼中书令	兴元元年（784）6月 兴元元年（784）8月 贞元三年（787）3月	名 使 名	
浑瑊	①侍中 ②侍中河中招抚使	兴元元年（784）6月 贞元元年（785）4月	名 使	
李勉	检校司徒同中书门下平章事	兴元元年（784）10月	相	
马燧	①检校司徒同中书门下平章事兼侍中 ②侍中绥银麟胜招讨使	贞元元年（785）8月 贞元二年（786）12月	使 使	平章事亦为使相加衔
张延赏	①中书侍郎同中书门下平章事 ②左仆射	贞元元年（785）6月 贞元元年（785）8月	相 名	
刘滋	左散骑常侍同中书门下平章事	贞元二年（786）正月	相	
崔造	给事中同中书门下平章事	贞元二年（786）正月	相	
齐映	中书舍人同中书门下平章事	贞元二年（786）正月	相	
韩滉	镇海节度使同中书门下平章事（入朝）	贞元二年（786）11月	相	以使相入朝为宰相
柳浑	兵部侍郎同中书门下平章事	贞元三年（787）正月	相	
李泌	守中书侍郎同中书门下平章事	贞元三年（787）6月	相	
窦参	中书侍郎同中书门下平章事	贞元五年（789）2月	相	
董晋	门下侍郎同中书门下平章事	贞元五年（789）2月	相	
赵憬	中书侍郎同中书门下平章事	贞元八年（792）4月	相	
陆贽	中书侍郎同中书门下平章事	贞元八年（792）4月	相	
贾耽	①右仆射同中书门下平章事 ②左仆射同中书门下平章事	贞元九年（793）5月 贞元十五年（799）4月	相 相	

续表

姓名	官号	授官年月	类别	备注
卢迈	尚书右丞同中书门下平章事	贞元九年（793)5月	相	
崔损	右谏议大夫同中书门下平章事	贞元十二年（796)10月	相	
赵宗儒	给事中同中书门下平章事	贞元十二年（796)10月	相	
郑余庆	中书侍郎同中书门下平章事	贞元十四年（789)7月	相	
齐抗	中书侍郎同中书门下平章事	贞元十六年（800)9月	相	
杜佑	①检校左仆射、检校司空同中书门下平章事 ②司徒、仍同平章事 ③加太保	贞元十九年（803)3月 元和元年（806)4月 元和七年（812)6月	相 名 名	
高郢	中书侍郎同中书门下平章事	贞元十九年（803)12月	相	
郑珣瑜	门下侍郎同中书门下平章事	贞元十九年（803)12月	相	
韦执谊	尚书左丞同中书门下平章事	永贞元年（805)2月	相	
杜黄裳	门下侍郎同中书门下平章事	永贞元年（805)7月	相	
袁滋	①中书侍郎同中书门下平章事 ②检校吏部尚书同平章事西川节度使	永贞元年（805)7月 永贞元年（805)10月	相 使	
郑絪	中书侍郎同中书门下平章事	永贞元年（805)12月	相	
武元衡	①守门下侍郎同中书门下平章事 ②检校吏部尚书兼门下侍郎同平章事，西川节度使 ③门下侍郎同中书门下平章事	元和二年（807)11月 元和八年（813)10月 元和八年（813)3月	相 使 相	
李吉甫	①中书侍郎同中书门下平章事 ②检校兵部尚书兼中书侍郎同平章事淮南节度使	元和二年（807）正月 元和三年（808)9月	相 使	
于頔	检校左仆射守司空同中书门下平章事	元和二年（807)9月	相	
裴垍	守中书侍郎同中书门下平章事	元和三年（808)9月	相	

续表

姓名	官号	授官年月	类别	备注
李藩	守门下侍郎同中书门下平章事	元和四年（809）2月	相	
权德舆	守礼部尚书同中书门下平章事	元和五年（810）9月	相	
李绛	守中书侍郎同中书门下平章事	元和六年（811）12月	相	
张弘靖	刑部尚书同中书门下平章事	元和九年（814）6月	相	
韦贯之	守尚书右丞同中书门下平章事	元和九年（814）12月	相	
裴度	①守中书侍郎同中书门下平章事 ②同平章事彰义节度使淮西宣慰处置使 ③检校左仆射兼门下侍郎同平章事 ④守司空 ⑤守司空兼门下侍郎同中书门下平章事 ⑥右仆射 ⑦守司空同中书门下平章事 ⑧守司徒平章军国重事 ⑨司徒兼侍中山南东道节度使	元和十年（815）6月 元和十二年（817）7月 元和十四年（819）4月 元和十四年（819）9月 长庆二年（822）3月 长庆二年（822）6月 宝历二年（826）2月 太和四年（830）6月 太和四年（830）9月	相 使 相 名 相 名 相 相 使	
李逢吉	①守门下侍郎同中书门下平章事 ②检校司空同平章事山南东道节度使	元和十一年（816）2月 宝历二年（826）11月	相 使	
王涯	①守中书侍郎同中书门下平章事 ②右仆射诸道盐铁转运使同中书门下平章事	元和十一年（816）12月 太和七年（833）7月	相 使	
崔群	中书侍郎同中书门下平章事	元和十二年（817）7月	相	
李鄘	检校左仆射守门下侍郎同中书门下平章事	元和十二年（817）10月	相	
李夷简	①守门下侍郎同中书门下平章事 ②检校左仆射同平章事	元和十三年（818）3月 元和十三年（818）7月	相 相	
皇甫镈	守户部侍郎判度支同中书门下平章事	元和十三年（818）9月	相	
程异	守工部侍郎诸道盐铁转运使同中书门下平章事	元和十三年（818）9月	使	

续表

姓名	官号	授官年月	类别	备注
令狐楚	守中书侍郎同中书门下平章事	元和十四年（819)7月	相	
韩弘	守司徒兼侍中同平章事兼中书令	元和十四年（819)8月	相	
萧俛	①守中书侍郎同中书门下平章事 ②右仆射	元和十五年（820）闰正月 长庆元年（821）正月	相 名	
段文昌	①守中书侍郎同中书门下平章事 ②检校刑部尚书同平章事西川节度使	育和十五年（820）闰正月 长庆元年（821)2月	相 使	
崔植	守中书侍郎同中书门下平章事	元和十五年（820)8月	相	
杜元颖	①守户部侍郎同中书门下平章事 ②检校礼部尚书同平章事西川节度使	长庆元年（821)2月 长庆三年（823)10月	相 使	
王播	①守中书侍郎同中书门下平章事 ②检校右仆射同平章事淮南节度使 ③左仆射同中书门下平章事	长庆元年（821)10月 长庆二年（822)3月 太和元年（827)6月	相 使 相	
元稹	工部侍郎同中书门下平章事	长庆二年（822)2月	相	
牛僧孺	①户部侍郎同中书门下平登车 ②检校礼部尚书同平章事武昌节度使 ③兵部尚书同中书门下平章事 ④检校右仆射同平章事淮南节度使	长庆三年（823)3月 宝历元年（825）正月 太和四年（830）正月 太和七年（833)6月	相 使 相 使	
李程	吏部侍郎同中书门下平章事	长庆四年（824)5月	相	
窦易直	①守户部侍郎判度支同中书门下平章事 ②检校左仆射同平章事山南东道节度使	长庆四年（824)5月 太和二年（828)10月	相 使	
韦处厚	中书侍郎同中书门下平章事	宝历二年（826)12月	相	

续表

姓名	官号	授官年月	类别	备注
路随	①守中书侍郎同中书门下平章事 ②检校右仆射同平章事镇海军节度使	太和二年（828)12月 太和九年（835)4月	相 使	
李宗闵	吏部侍郎同中书门下平章事	太和三年（829)8月	相	
宋申锡	行尚书右丞同中书门下平章事	太和四年（830)7月	相	
李德裕	①守兵部尚书同中书门下平章事 ②检校兵部尚书同平章事山南西道节度使 ③吏部尚书兼门下侍郎同中书门下平章事 ④司空兼门下侍郎同中书门下平章事 ⑤守太尉兼门下侍郎同中书门下平章事 ⑥检校司徒同平章事荆南节度使	太和七年（833)2月 太和八年（834)10月 开成五年（840)9月 会昌二年（842）正月 会昌四年（844)6月 会昌六年（846)4月	相 使 相 相 相 使	
贾炼	守中书侍郎同中书门下平章事	太和九年（835)4月	相	
李固言	①守门下侍郎同中书门下平章事 ②检校兵部尚书山南西道节度使 ③守门下侍郎同中书门下平章事 ④门下侍郎同平章事西川节度使	太和九年（835)7月 太和九年（835)9月 开成元年（836)4月 开成二年（837)10月	相 使 相 使	
舒元舆	守刑部侍郎同中书门下平章事	太和九年（835)9月	相	
李固言	①守门下侍郎同中书门下平章事 ②检校兵部尚书山南西道节度使 ③守门下侍郎同中书门下平章事 ④门下侍郎同平章事西川节度使	太和九年（835)7月 太和九年（835)9月 开成元年（836)4月 开成二年（837)10月	相 使 相 使	
舒元舆	守刑部侍郎同中书门下平章事	太和九年（835)9月	相	
李训	礼部侍郎同中书门下平章事	太和九年（835)9月	相	

续表

姓名	官号	授官年月	类别	备注
郑覃	①右仆射同中书门下平章事 ②左仆射	太和九年(835)11月 开成四年(839)5月	相 名	
李石	①户部侍郎判度支同中书门下平章事 ②中书侍郎同平章事荆南节度使	太和九年(835)11月 开成三年(838)正月	相 使	
陈夷行	守工部尚书同中书门下平章事	开成二年(837)4月	相	
杨嗣复	户部尚书同中书门下平章事	开成三年(838)正月	相	
李珏	户部侍郎判户部同中书门下平章事	开成三年(838)正月	相	
崔郸	①太常卿同中书门下平章事 ②检校吏部尚书同平章事剑南西川节度使	开成四年(839)7月 会昌元年(841)11月	相 使	
李绅	①中书侍郎同中书门下平章事 ②检校右仆射同平章事淮南节度使	会昌二年(842)2月 会昌四年(844)闰七月	相 使	
李让夷	①中书侍郎同中书门下平章事 ②检校司空同平章事淮南节度使	会昌二年(842)7月 会昌六年(846)7月	相 使	
崔铉	中书侍郎同中书门下平章事	会昌三年(843)5月	相	
杜悰	①右仆射兼中书侍郎同中书门下平章事并领诸道盐铁转运使 ②右仆射 ③左仆射判度支兼门下侍郎同中书门下平章事	会昌四年(844)闰七月 会昌五年(845)5月 咸通二年(681)2月	使 名 相	
李回	①中书侍郎同中书门下平章事 ②检校吏部尚书同平章事剑南西川节度使	会昌五年(845)5月 大中元年(847)8月	相 使	
郑肃	山南东道节度使检校右仆射本官同中书门下平章事	会昌五年(845)7月	使	

续表

姓名	官号	授官年月	类别	备注
白敏中	①兵部侍郎同中书门下平章事 ②守司空同中书门下平章事兼分邠宁庆等州节度使 ③检校司徒平章事西川节度使 ④守司徒兼门下侍郎同中书门下平章事 ⑤中书令 ⑥检校司徒兼中书令凤翔节度使	会昌六年（846)5月 大中五年（851)10月 大中六年（852)4月 大中十三年（859)12月 咸通元年（860)9月 咸通二年（861)2月	相 使 使 相 名 使	单除中书令在晚唐仅此一例
卢商	中书侍郎兼工部尚书同中书门下平章事	会昌六年（846)9月	相	
崔元式	门下侍郎兼刑部尚书同中书门下平章事	大中元年（847)3月	相	
韦悰	中书侍郎同中书门下平章事	大中元年（847)3月	相	
马植	①刑部侍郎诸道盐铁转运使同中书门下平章事 ②检校礼部尚书天平军节度使	大中二年（848）正月 大中三年（849)3月	使 使	
周墀	兵部尚书判度支同中书门下平章事	大中二年（848)5月	相	
魏扶	兵部侍郎判户部同中书门下平章事	大中三年（849)4月	相	
崔龟从	户部尚书同中书门下平章事	大中四年（850)6月	相	
令狐绹	①兵部侍郎同中书门下平章事 ②司空 ③检校司徒同平章事河中节度使	大中四年（850)6月 大中十三年（859)8月 大中十三年（859)12月	相 名 使	
魏謩	户部侍郎判户部同中书门下平章事	大中五年（851)10月	相	
裴休	诸道盐铁转运使同中书门下平章事	大中六年（852)8月	使	
郑郎	①守工部尚书同中书门下平章事 ②检校右仆射	大中十年（856）正月 大中十一年（857)10月	相 名	
崔慎由	工部尚书同中书门下平章事	大中十年（856)12月	相	
萧邺	守兵部侍郎判度支同中书门下平章事	大中十一年（857)7月	相	

续表

姓名	官号	授官年月	类别	备注
刘瑑	户部侍郎判度支同中书门下平章事	大中十二年（858）4月	相	
夏侯孜	①守兵部侍郎诸道盐铁转运使同中书门下平章事 ②左仆射兼门下侍郎同中书门下平章事	大中十二年（858）4月 咸通三年（862）7月	使 相	
蒋伸	①兵部侍郎判户部同中书门下平章事 ②检校兵部尚书同平章事河中节度使	大中十二年（858）12月 咸通三年（862）正月	相 使	
杜审权	守兵部侍郎同中书门下平章事	大中十三年（859）12月	相	
毕诚	礼部尚书同中书门下平章事	咸通元年（860）10月	相	
杨收	兵部侍郎同中书门下平章事	咸通四年（863）5月	相	
曹确	①兵部侍郎判度支同中书门下平章事 ②检校司徒同平章事镇海军节度使	咸通四年（863）闰六月 咸通十一年（870）3月	相 使	
萧寘	兵部侍郎判户部同中书门下平章事	咸通五年（864）4月	相	
路岩	①兵部侍郎同中书门下平章事 ②检校司徒平章事剑南西川节度使	咸通五年（864）11月 咸通十二年（871）4月	相 使	
高璩	兵部侍郎同中书门下平章事	咸通六年（865）4月	相	
徐商	①兵部侍郎同中书门下平章事 ②检校尚书右仆射平章事荆南节度使	咸通六年（865）2月 咸通十年（869）6月	相 使	
于悰	①兵部侍郎诸道盐铁转运使驸马都尉同中书门下平章事 ②检校左仆射山南东道节度使	咸通八年（867）7月 咸通十三年（872）2月	使 使	
刘瞻	①户部侍郎同中书门下平章事 ②检校刑部尚书同平章事荆南节度使	咸通十年（869）6月 咸通十一年（870）9月	相 使	

续表

姓名	官号	授官年月	类别	备注
韦保衡	①兵部侍郎驸马都尉同中书门下平章事 ②右仆射 ③司空 ④司徒	咸通十一年（870）4月 咸通十三年（872）2月 咸通十三年（872）11月 咸通十四年（873）8月	相 名 名 名	
王铎	①礼部尚书判度支同中书门下平章事 ②检校左仆射同平章事宣武军节度使 ③左仆射兼门下侍郎同中书门下平章事 ④司徒 ⑤司徒兼门下侍郎同中书门下平章事 ⑥兼侍中 ⑦检校司徒兼中书令义成军节度使	咸通十一年（870）3月 咸通十四年（873）6月 乾符三年（876）3月 乾符四年（877）6月 中和元年（881）2月 中和元年（881）4月 中和三年（883）正月	相 使 相 名 相 名 使	
刘邺	①礼部尚书诸道盐铁转运使同中书门下平章事 ②检校左仆射同平章事淮南节度使	咸通十二年（871）10月 乾符元年（874）10月	使 使	
赵隐	户部侍郎同中书门下平章事	咸通十三年（872）2月	相	
萧仿	①中书侍郎兼兵部尚书同中书门下平章事 ②司空	咸通十四年（873）10月 乾符元年（874）11月	相 名	
裴坦	中书侍郎同中书门下平章事	乾符元年（874）2月	相	
崔彦昭	①中书侍郎同中书门下平章事 ②司空	乾符元年（874）8月 乾符四年（877）正月	相 名	
郑畋	①兵部侍郎同中书门下平章事 ②守司空兼门下侍郎同中书门下平章事、京城四面行营都统 ③司空兼门下侍郎同中书门下平章事 ④检校司徒守太子太保	乾符元年（874）10月 中和元年（881）6月 中和二年（882）2月 中和三年（883）7月	相 相 相 名	郑畋为宰相兼唐攻讨黄巢诸军统帅
卢携	①户部侍郎同中书门下平章事 ②门下侍郎同中书门下平章事	乾符元年（874）10月 乾符六年（879）12月	相 相	

续表

姓名	官号	授官年月	类别	备注
李蔚	①中书侍郎同中书门下平章事 ②检校司空判东都留守东畿汝都防御使	乾符二年（875)6月 乾符五年（878)9月	相 使	
豆卢瑑	兵部侍郎同中书门下平章事	乾符五年（878)5月	相	
崔沆	户部侍郎同中书门下平章事	乾符五年（878)5月	相	
郑从谠	①中书侍郎兼吏部尚书同中书门下平章事 ②检校司空兼平章事河东节度使 ③司空兼门下侍郎同中书门下平章事 ④太傅兼侍中	乾符五年（878)9月 广明元年（880)2月 中和三年（883)5月 光启二年（886)3月	相 使 相 名	
王徽	户部侍郎同中书门下平章事	广明元年（880)12月	相	
裴澈	①工部侍郎同中书门下平章事 ②左仆射	广明元年（880)12月 光启元年（885)3月	相 名	
萧遘	①工部侍郎同中书门下平章事 ②左仆射 ③司空	中和元年（881）正月 中和二年（882)5月 中和四年（884)10月	相 名 名	
韦昭度	①行兵部侍郎同中书门下平章事 ②左仆射兼门下侍郎 ③太保兼侍中 ④兼中书令 ⑤检校太尉兼中书令剑南西川节度使 ⑥司徒兼门下侍郎同中书门下平章事 ⑦太保	中和元年（881)7月 中和四年（884)10月 光启三年（887)8月 文德元年（888)2月 文德元年（888)6月 景福二年（893)9月 乾宁二年（895)4月	相 名 名 名 使 相 名	
孔纬	①兵部侍郎同中书门下平章事 ②左仆射司空 ③检校太保荆南节度使	光启二年（886)3月 文德元年（888)4月 大顺二年（891）正月	相 名 使	
杜让能	兵部侍郎同中书门下平章事	光启二年（886)3月	相	
张濬	①兵部侍郎同中书门下平章事 ②检校右仆射鄂岳观察使	光启三年（887)9月 大顺二年（891）正月	相 名	

姓名	官号	授官年月	类别	备注
刘崇望	①兵部侍郎同中书门下平章事 ②检校司徒同中书门下平章事武宁军节度使	龙纪元年（889）正月 景福元年（892）2月	相 使	
崔昭纬	①兵部侍郎同中书门下平章事 ②左仆射 ③右仆射	大顺二年（891）正月 景福二年（893）6月 乾宁二年（895）8月	相 名 名	
徐彦若	①户部尚书同中书门下平章事 ②检校尚书左仆射同平章事凤翔节度使 ③中书侍郎兼吏部尚书同中书门下平章事 ④左仆射兼门下侍郎 ⑤兼侍中 ⑥太保 ⑦检校太尉同平章事清海军节度使	大顺二年（891）正月 景福二年（893）正月 乾宁元年（894）6月 乾宁二年（895）6月 乾宁三年（896）3月 光化二年（899）11月 光化三年（900）9月	相 使 相 名 名 名 使	
郑延昌	①中书侍郎同中书门下平章事 ②左仆射	景福元年（892）3月 乾宁元年（894）6月	相 名	
崔胤	①户部侍郎同中书门下平章事 ②检校右仆射同平章事护国节度使 ③中书侍郎兼礼部尚书同中书门下平章事 ④检校礼部尚书同平章事武安军节度使 ⑤左仆射兼门下侍郎同中书门下平章事诸道盐铁转运使兼判度支 ⑥守司空兼门下侍郎同中书门下平章事兼判六军十二卫事 ⑦守司徒兼侍中	景福二年（893）9月 乾宁二年（895）3月 乾宁二年（895）7月 乾宁三年（896）7月 光化三年（900）6月 天复三年（903）正月 天复三年（903）2月	相 使 相 使 使 相 名	崔胤亦为宰相兼军事统帅
郑綮	礼部侍郎同中书门下平章事	乾宁元年（894）2月	相	
李磎	礼部尚书同中书门下平章事	乾宁元年（894）6月	相	
王抟	①中书侍郎同中书门下平章事 ②检校户部尚书同平章事威胜军节度使 ③吏部尚书同中书门下平章事 ④右仆射兼门下侍郎 ⑤司空	乾宁元年（894）6月 乾宁三年（896）8月 乾宁三年（896）10月 光化元年（898）正月 光化二年（899）11月	相 使 相 名 名	

续表

姓名	官号	授官年月	类别	备注
陆希声	户部侍郎同中书门下平章事	乾宁二年（895）正月	相	
孔纬	司空兼门下侍郎同中书门下平章事	乾宁二年（895）6月	相	
李知柔	京兆尹检校司徒兼户部尚书判度支诸道盐铁转运使权知中书事	乾宁二年（895）7月	使	
孙偓	①中书侍郎同中书门下平章事 ②平章事兼凤翔四面行营都统	乾宁三年（896）7月 乾宁三年（896）10月	相 使	
陆扆	户部侍郎同中书门下平章事	乾宁三年（896）7月	相	
朱朴	左谏议大夫同中书门下平章事	乾宁三年（896）8月	相	
崔远	①行兵部尚书同中书门下平章事 ②右仆射	乾宁三年（896）9月 天祐二年（905）3月	相 名	
裴贽	①中书侍郎兼刑部尚书同中书门下平章事 ②左仆射	光化三年（900）9月 天复三年003）12月	相 名	
王溥	户部侍郎同中书门下平章事	天复元年（901）2月	相	
裴枢	①户部侍郎同中书门下平章事 ②门下侍郎同中书门下平章事 ③左仆射	天复元年（901）2月 天复三年（903）2月 天佑二年（905）3月	相 相 名	
卢光启	①兵部侍郎权勾当中书事兼判三司 ②右谏议大夫参知机务	天复元年（901）11月 天复元年（901）11月	相 相	以参知机务衔为宰相在晚唐仅此一例
韦贻范	①工部侍郎同中书门下平章事 ②守户部侍郎同中书门下平章事	天复二年（902）正月 天复二年（902）8月	相 相	
苏检	工部侍郎同中书门下平章事	天复二年（902）6月	相	

续表

姓名	官号	授官年月	类别	备注
独孤损	①兵部侍郎同中书门下平章事 ②检校左仆射同平章事静海军节度使	天复三年（903）12月 天祐二年（905）3月	相 使	
柳璨	①右谏议大夫同中书门下平章事 司空诸道盐铁转运使	天祐元年（904）正月 天祐二年（905）12月	相 使	
张文蔚	礼部侍郎同中书门下平章事	天祐二年（905）3月	相	
杨涉	吏部侍郎同中书门下平章事	天祐二年（905）3月	相	张文蔚、杨涉入梁亦为宰相

表三：唐翰林学士表

《翰苑群书》卷上丁居晦《重修承旨学士厅壁记》表列唐玄宗开元二十六年（738）至唐懿宗咸通十五年（874）历朝翰林学士姓名，及其入翰、出翰时间和翰林任内迁转等项。岑仲勉先生曾对此作详细注补，见《史语所集刊》第十五本（一九四九年版）。而《厅壁记》未载之唐僖宗、昭宗、哀帝等朝翰林学士，岑先生亦勾沉史籍，作有补记，见《史语所集刊》第十一本（一九四三年版），自云“或可达乎什八矣”。今据此作一简表，列唐玄宗后每代除授翰林学士（包括侍讲、侍读、侍书学士）姓名。同朝再入者以一人计，其中任承旨，迁宰相者特以标出。表列除授所属，皆由帝即位起至崩日计之。

朝代	**翰林学士**（包括侍讲、侍读、侍书学士）**姓名**（曾充承旨或入相者均以扩号注明）	学士总数	曾充承旨者总数	学士位至宰相者总数	学士位至宰相者百分数
玄宗	吕向、君愃、刘光谦、张垍、张埱、张渐、窦华、裴士淹	8人			
肃宗	董晋（相）、于可封、苏源明、赵昂、潘炎	5人		1人	20%
代宗	常衮（相）、柳伉、张涉、李翰、于肃、于益	6人		1人	16.6%
德宗	张周、姜公辅（相）、赵宗儒（相）、归崇敬、陆贽（相）、吴通徽、吴通玄、顾少连、奚陟、吉中孚、韦执谊（相）、梁肃、韦绶、郑絪（承旨、相）、郑余庆（相）、卫次公、李程（相）、张聿、王涯、李建、凌准	21人	1人	7人	33.3%
顺宗	王叔文、王伾	2人	0	0	0
宪宗	李吉甫（承旨、相）、裴垍（承旨、相）、李绛（承旨、相）、崔群（承旨、相）、白居易、卫次公（再入、承旨）、钱徽（承旨）、韦弘景、独狐郁、肃俛（相）、刘从周、徐晦、令狐楚（承旨、相）、郭求、王涯（复入、承旨、相）、张仲素（承旨）、段文昌（承旨、相）、沈传师、杜元颖（承旨、相）、李肇	20人	11人	9人	45%
穆宗	李德裕（相）、李绅（承旨、相）、庾敬休、韦处厚（承旨、相）、路隋（承旨、相）、柳公权、元稹（承旨、相）、高钎、蒋防、韦表徽（承旨）、庞严	11人	5人	5人	45.5%
敬宗	崔郾、高重、王源中（承旨）、宋申锡（相）	4人	1人	1人	25%
文宗	郑澣、许康佐（承旨）、李让夷（相）、柳公权（复入、承旨）、丁公著、崔郸（相）、郑覃（相）、路群、薛廷老、李珏（承旨、相）、陈夷行（承旨、相）、郑涯、高重（复入）、元晦、李训（相）、归融（承旨）、郑注、黎埴、顾师邕、袁都、柳璟、周墀（相）、王起、高元裕、裴素（承旨）、高少逸	27人	6人	7人	25.9%
武宗	李褒（承旨）、周敬复、郑朗（相）、卢懿,、李讷、崔铉（承旨、相）、敬晖、韦琮（承旨、相）、魏扶（相）、白敏中（承旨、相）、封敖、徐商（相）、孙瑴（承旨）	13人	5人	6人	46.1%

续表

朝代	翰林学士（包括侍讲、侍读、侍书学士）姓名（曾充承旨或入相者均以扩号注明）	学士总数	曾充承旨者总数	学士位至宰相者总数	学士位至宰相者百分数
宣宗	刘瑑（相）、裴谂（承旨）、萧邺（承旨、相）、宇文临、沈询、令孤绹（承旨、相）、郑颢、郑处诲、崔慎由（相）、郑熏、毕诚（相）、萧寘（承旨、相）、苏涤（承旨）、韦澳、曹确（相）、庾道蔚、李淳儒、孔温裕、于德孙、皇甫珪、蒋伸（承旨、相）、苗恪（承旨）、杨知温（承旨）、严祁、杜审权（承旨、相）、高璩（承旨、相）、李贶	27人	10人	10人	34.4%
懿宗	刘邺（承旨、相）、张道符、杨收（承旨、相）、路岩（承旨、相）、赵骘、刘允璋、独孤霖（承旨）、李瓒、于琮（相）、侯备（承旨）、裴璩、郑言、刘瞻（承旨、相）、李骘、卢深、崔佩、郑畋（承旨、相）、张裼（承旨）、崔充（承旨）、韦保衡（承旨、相）、韦蟾（承旨）、杜裔休、郑延休（承旨）、薛调、韦保乂、刘承雍、崔璆、李溥、豆卢瑑（承旨、相）	29人	13人	8人	26.9%
僖宗	崔湜、卢携（承旨、相）、孔温裕、孔纬（相）、崔澹、徐仁嗣、王徽（承旨、相）、萧遘（承旨、相）、张祎、裴彻（相）、韦昭度（承旨、相）、徐彦若（相）、郑毂、乐朋龟（承旨）、柳璧、杜让能（承旨、相）、候翩、崔凝、沈仁伟、郑延昌（相）、刘崇望（承旨、相）、李磎	约22人	约7人	约10人	约45.4%
昭宗	崔昭纬（承旨、相）、崔远（承旨、相）、崔汪（承旨）、崔涓、李磎（复入、承旨、相）、李昌远、陆扆（承旨、相）、赵光逢（承旨）、薛贻矩、杨钜、王彦昌、裴光裕、郑璘、张玄晏、吴融（承旨）、韩仪乾、卢说、韩偓（承旨）、张文蔚（承旨、相）、王溥（相）、令狐涣、姚洎、柳璨（相）、沈栖远、杨注、杜晓、杜荀鹤、封渭、韦郊（承旨）	约29人	约10人	约7人	约24.1%
哀帝	张策、韩偓（再入）、杜晓（再入）、张衍	约4人	0		0

表四：唐宦官“四贵”表

宦官“四贵”为唐后期专制朝政的左、右神策军护军中尉二人、枢密使二人。掌禁军的神策军护军中尉一职设立于唐德宗之时，但其前尚有观军容使、判元帅行军司马等名目，观军容使的名号一直到唐亡亦时或有之，担当者均为宦官最有权势的人物，故也一并收入此表。所载史料不出两《唐书》、《资治通鉴》、《册府元龟》者，均不注出处，较偏的则注入备注之中。

姓名	官号	授官年代	备注
李辅国	①判元帅府行军司马 ②司空兼中书令	至德元年（756） 宝应元年（762）	
鱼朝恩	①观军容使 ②兼神策军使（专典禁兵）	乾元元年（758） 大历二年（767）	据《旧唐书·肃宗纪》：“九月庚寅加任观军容宣尉处置使，监九节度使军”
程元振	判元帅行军司马	宝应元年（762）	
董延秀	①知枢密 ②冠军大将军，知内侍省事	大历元年（766） 大历七年（772）	宦官知枢密尚为临时性差遣
窦文场	①监神策军左厢兵马 ②左神策军护军中尉	兴元元年（784） 贞元十二年（796）	中尉设官自此始
王希迁	监神策军右厢兵马	兴元元年（784）	
霍仙鸣	①监神策军右厢兵马 ②右神策军护军中尉	兴元元年（784） 贞元十二年（796）	
第五守亮	右神等军护军中尉	贞元十四年（798）	
杨志廉	左神策军护军中尉	贞元十七年（801）	
孙荣义	左神策军护军中尉	贞元十九年（803）	
吐突承璀	左神策军护军中尉	元和元年（806）	
薛盈珍	右神策军护军中尉	元和元年（806）	
刘光琦	①知枢密 ②枢密使	元和元年（806） 元和中	

续表

姓名	官号	授官年代	备注
第五国轸	右神策军护军中尉	元和二年（807）	
第五从直	右神策军护军中尉	元和五年（810）	
梁守谦	①枢密使 ②右神策军护军中尉	元和五年（810） 元和十三年（818）	梁守谦、刘光琦为史书所见最早的枢密使，此时枢密使已成固定的使职。
程文幹	右神策军护军中尉	元和五年（810）	
彭献忠	左神策军护军中尉	元和六年（811）	
第五守进	右神策军护军中尉	元和十二年（817）	
马进潭	左神策军护军中尉	元和十五年（820）	
王守澄	①枢密使 ②右神策军护军中尉	元和十五年（820） 太和元年（827）	
魏从简	枢密使	元和十五年（820）	
冯存亮	左神策军护军中尉	长庆二年（822）	
杨承和	枢密使	长庆二年（822）	
魏从简	左神策军护军中尉	宝历元年（825）	
刘弘规	左神策军护军中尉	长庆四年（824）	
韦元素	①枢密使 ②左神策军护军中尉	太和元年（827） 太和七年（833）	
王践言	枢密使	太和六年（832）	
崔潭俊	枢密使	太和七年（833）	
刘弘逸	枢密使	太和九年（835）	
薛季稜	枢密使	太和九年（835）	
仇士良	①左神策军护军中尉 ②观军容使	开成元年（836） 会昌元年（841）	
鱼弘志	右神策军护军中尉	开成元年（836）	
杨钦义	①枢密使 ②左神策军护军中尉	会昌元年（841） 大中五年（851）	
马元贽	左神策军护军中尉	会昌三年（843）	
西门季玄	①右神策军护军中尉 ②观军容使	会昌三年（843） 大中元年（847）	
刘行深	①枢密使 ②右神策军护军中尉 ③左神策军护军中尉	会昌三年（843） 大中元年（847） 咸通十一年（870）	据《旧唐书·传宗纪》刘行深于乾符四年（877）三月“拜观军容内侍监致仕”

续表

姓名	官号	授官年代	备注
宋叔康	左神策军护军中尉	大中六年（852）	据杜牧《樊川文集》卷20
吐突士晔	右神策军护军中尉	大中六年（852）	据《东观奏记》下
严季实	枢密使	大中七年（853）	
王宗实	左神策军护军中尉	大中九年（855）	
王归长	枢密使	大中十年（856）	
马公儒	枢密使	大中十年（856）	
王茂玄	右神策军护军中尉	大中十三年（859）	
杨玄价	左神策军护军中尉	咸通三年（862）	
杨玄翼	枢密使	咸通九年（868）	
杨复恭	①枢密使 ②左神策军护军中尉 ③观军容使	咸通十年（869） 光启二年（886） 光启三年（887）	
杨玄实	右神策军护军中尉	咸通十一年（870）	
韩文约	右神策军护军中尉	咸通十二年（871）	
田令孜	①枢密使 ②右神策军护军中尉 ③观军容使 ④左神策军护军中尉 ⑤诸道兵马都指挥制置诏讨使 ⑥加十军十二卫观军容制置左右神策护驾使	乾符元年（874） 乾符二年（875） 乾符三年（876） 乾符四年（877） 广明元年（880） 中和元年（882）	据《旧唐书·田令孜传》田令孜时任“观军容制置左右神策护驾十军等使”
西门匡范	右神策军护军中尉	乾符四年（877）	
李顺融	枢密使	广明元年（880）	
王彦甫	观军容使	广明元年（880）	
西门思恭	①枢密使 ②观军容使	广明元年（880） 中和元年（881）	据《通鉴》卷二五四，中和二年（882）正月辛未西门思恭加“诸道行营都都监”
杨复光	枫密使兼天下行营兵马都监	中和元年（881）	
严遵美	枢密使	光启二年（886）	
刘季述	①右神策军护军中尉 ②枢密使 ③左神策军护军中尉	文德元年（888） 乾宁四年（897） 光化三年（900）	
西门重遂	右神策军护军中尉加观军容使	大顺二年（891）	
刘景宣	左神策军护军中尉	景福元年（892）	
李周潼	枢密使	景福元年（892）	

续表

姓名	官号	授官年代	备注
骆全瓘	右神策军护军中尉	乾宁元年（894）	
景务修	左神策军护军中尉	乾宁二年（895）	
宋道弼	右神策军护军中尉	乾宁二年（895）	
刘光裕	枢密使	乾宁二年（895）	
康尚弼	枢密使	乾宁二年（895）	
王仲先	右神策军护军中尉	光化三年（900）	
王彦范	枢密使	光化三年（900）	
薛齐偓	枢密使	光化三年（900）	
韩全诲	左神策军护军中尉	天复元年（901）	
张彦弘	左神策军护军中尉	天复元年（901）	
袁易简	枢密使	天复元年（901）	
周敬容	枢密使	天复元年（901）	
第五可范	左神策军护军中尉	天复三年（903）	
仇承坦	右神策军护军中尉	天复三年（903）	
王知古	枢密使	天复三年（903）	
杨虔郎	枢密使	天复三年（903）	

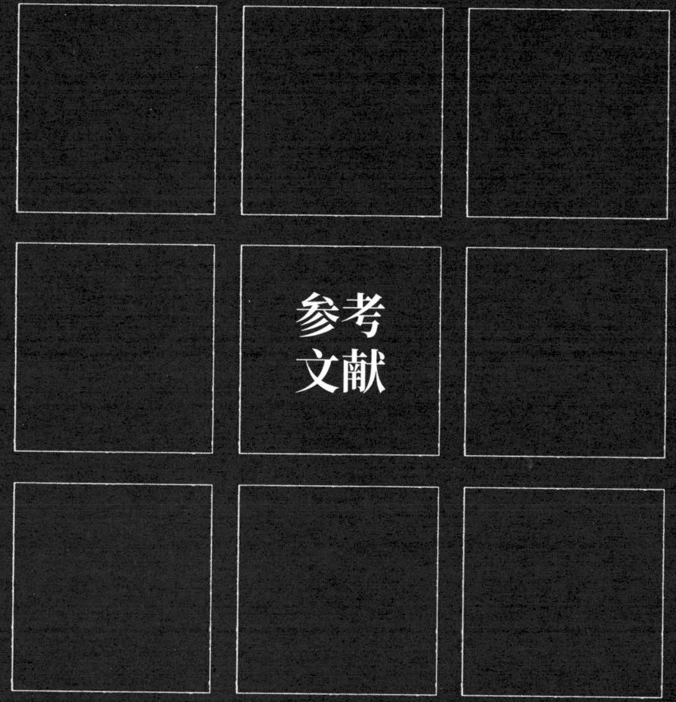

参考文献

一、古籍

编年史和正史类

1.《**资治通鉴**》 司马光
2.《**史记**》 司马迁
3.《**汉书**》 班固
4.《**后汉书**》 范晔
5.《**三国志**》 陈寿
6.《**晋书**》 房玄龄等
7.《**宋书**》 沈约
8.《**南齐书**》 萧子显
9.《**梁书**》 姚思廉
10.《**陈书**》 姚思廉
11.《**魏书**》 魏收
12.《**北齐书**》 李百药
13.《**周书**》 令狐德芬
14.《**南史**》 李延寿
15.《**北史**》 李延寿
16.《**旧唐书**》 刘昫
17.《**新唐书**》 宋祁、欧阳修
18.《**旧五代史**》 薛居正
19.《**新五代史**》 欧阳修
20.《**宋史**》 脱脱
(以上皆用中华书局标点本)

政书类

21.《**大唐六典**》 唐·敕撰
(日本)广池、内田(1973年版本)
22.《**通典**》 唐·杜佑 中华书局
23.《**唐会要**》 宋·王溥 中华书局
24.《**五代会要**》 宋·王溥 中华书局
25.《**唐大诏令集**》 宋·宋敏求 商务印书馆
26.《**通志**》 宋·郑樵 商务印书馆
27.《**文献通考**》 元·马端临 商务印书馆
28.《**职官分纪**》 宋·孙蓬吉 十万卷楼本
29.《**汉官六种**》 (辑本) 四部备要本
30.《**贞观政要**》 唐·吴兢 上海古籍出版社
31.《**唐律疏议**》 唐·长孙无忌等 中华书局
32.《**历代职官表**》 清·黄本骥 四部备要本

类书类

33.《**北堂书钞**》 唐·虞世南 海南孔氏万卷堂本
34.《**艺文类聚**》 唐·欧阳询 上海古籍出版社
35.《**初学记**》 唐·徐坚 中华书局
36.《**龙筋凤髓判**》 唐·张鷟 学津讨原本
37.《**文苑英华**》 宋·官修 中华书局
38.《**册府元龟**》 宋·官修 中华书局
39.《**太平御览**》 宋·官修 中华书局
40.《**太平广记**》 宋·官修 中华书局
41.《**玉海**》 宋·王应麟 四库全书(台湾影印本)
42.《**白孔六帖**》 唐·白居易 四库全书
宋·孔传
43.《**习学记言**》 宋·叶适 四库全书
44.《**山堂肆考**》 明·彭大翼 四库全书

文集、笔记、小说及其他

45.《**全唐文**》 清·官修 中华书局
46.《**全唐诗**》 清·官修 中华书局
47.《**文心雕龙**》 南齐·刘勰 人民文学出版社
48.《**文选**》 梁·萧统 上海古籍出版社
49.《**独断**》 汉·蔡邕 四库全书
50.《**大唐新语**》 唐·刘肃 中华书局
51.《**隋唐嘉话**》 唐·刘餗 上海古籍出版社
52.《**史通**》 唐·刘知几 商务印书馆
53.《**帝范**》 唐太宗 四库全书
54.《**因话录**》 唐·赵璘 中华书局
55.《**唐国史补**》 唐·李肇 上海古籍出版社
56.《**东观奏记**》 唐·裴庭裕 丛书集成本
57.《**刘宾客嘉话录**》 唐·韦绚 丛书集成
58.《**常侍言旨**》 唐·柳珵 四库全书
59.《**云溪友议**》 唐·范摅 四部丛刊
60.《**大唐传载**》 撰人不详 四部丛刊

61.《幽闻鼓吹》 唐·张固 学海类编

62.《朝野佥载》 唐·张鷟 中华书局

63.《安禄山事迹》 唐·姚汝能 上海古籍出版社

64.《杜阳杂编》 唐·苏鹗 学津讨原本

65.《尚书故实》 唐·李绰 百川学海本

66.《潇湘录》 唐·李商隐 唐人说荟本

67.《金銮密记》 唐·韩偓 唐人说荟本

68.《顺宗实录》 唐·韩愈 丛书集成本

69.《封氏闻见记》 唐·封演 中华书局

70.《入唐求法巡礼行记》 (日本)圆仁 上海古籍出版社

71.《云仙杂记》 唐·冯贽 唐人说荟本

72.《开元天宝遗事十种》 五代·王仁裕等 上海古籍出版社

《次柳氏旧闻》 唐·李德裕

《明皇杂录》 唐·郑处诲

《开元传信记》 唐·郑綮

《开元昇平源》 唐·吴兢

《高力士外传》 唐·郭湜

《李林甫外传》 无名氏

73.《翰苑群书》 宋·洪选辑 知不足斋丛书本

《翰林志》 唐·李肇

《承旨学士院记》 唐·元稹

《翰林学士记》 唐·韦处厚

《翰林院故事》 唐·韦执谊

《翰林学士院旧规》 唐·杨钜

《重修承旨学士壁记》 唐·丁居晦

《续翰林志》 宋·苏易简

《次续翰林志》 宋·苏耆

《翰苑遗事》 宋·洪遵

74.《长短经》 唐·赵蒙生 四库全书本

75.《樊川文集》 唐·杜牧 上海古籍出版社

76.《白居易集》 唐·白居易 中华书局

77.《元氏长庆集》 唐·元稹 四部丛刊本

78.《李文饶集》 唐·李德裕 四部丛刊本

79.《唐摭言》 五代·王定保 上海古籍出版社

80.《南部新书》 宋·钱易 丛书集成本

81.《唐语林》 宋·王谠 上海古籍出版社

82.《梦溪笔谈》 宋·沈括 学津讨原本

83.《文昌杂录》 宋·庞元英 学津讨原本

84.《唐鉴》 宋·范祖禹 上海古籍出版社

85.《容斋随笔》 宋·洪迈 上海古籍出版社

86.《唐史论断》 宋·孙甫 丛书集成

87.《直斋书录解题》 宋·陈振孙 江苏书局

88.《老学庵笔记》 宋·陆游 中华书局

89.《雍录》 宋·程大昌 四库全书

90.《考古篇》 宋·程大昌 四库全书

91.《演繁露》 宋·程大昌 四库全书

92.《困学纪闻》 宋·王应麟 四库全书

93.《朱子语类》 宋·朱熹撰, 滕珙辑 四库全书

94.《汉唐事笺》 宋·朱礼 粤雅堂丛书

95.《石林燕语》 宋·叶梦得 中华书局

96.《归田录》 宋·欧阳修 中华书局

97.《涑水记闻》 宋·司马光 中华书局

98.《唐书直笔》 宋·吕夏卿 丛书集成

99.《日知录》 清·顾炎武 皇清经解本

100.《读通鉴论》 清·王夫之 中华书局

101.《廿二史考异》 清·钱大昕 商务印书馆

102.《廿二史札记》 清·赵翼 中华书局

103.《陔余丛考》 清·赵翼 商务印书馆

104.《十七史商榷》 清·王鸣盛 商务印书馆

105.《明夷待访录》 清·黄宗羲 上海古籍出版社

106.《长安志》 宋·宋敏求 长安县志局印

107.《长安志图》 元·李好文 长安县志局印

108.《两京城坊考》 清·徐松 中华书局

109.《金石萃编》 明·王昶 北京中国书店

110.《八琼室金石补正》 清·陆增祥 文物出版社

二、近人论著

著作

1.**《隋唐制度渊源略论稿》** 陈寅恪 中华书局
2.**《唐代政治史述论稿》** 陈寅恪 上海古籍出版社
3.**《北周六典》** 王仲荦 中华书局
4.**《汉魏制度丛考》** 杨鸿年 武汉大学出版社
5.**《唐代政治社会史研究》** （日）砺波护 同朋舍
6.**《唐代政治制度研究》** （日）筑山治三郎 创元社
7.**《唐代政制史》** 杨树藩 台湾中正书局
8.**《汉唐宰相制度》** 周道济 大化书局
9.**《三省制略论》** 王素 齐鲁书社
10.**《魏晋南北朝政治制度》** 沈任远 台湾商务印书馆
11.**《隋唐政治制度》** 沈任远 台湾商务印书馆
12.**《中国政治制度史》** 曾资生 重庆文风书局
13.**《中国宰相制度》** 李俊 商务印书馆
14.**《两汉官制史稿》** 安作璋、熊铁基 齐鲁书社
15.**《唐代官制》** 张国刚 三秦出版社
16.**《唐令拾遗》** （日）仁井田陞 长春出版社
17.**《郎官石柱题名新考订》** 岑仲勉 上海古籍出版社
18.**《北魏中书省考》** 郑钦仁 台湾精华印书馆
19.**《唐仆尚丞郎表》** 严耕望 中华书局
20.**《唐代中央重要文官迁转途径研究》** 孙国栋 香港龙门书店
21.**《进士科与唐代的文学社会》** 罗龙治 台湾精华印书馆
22.**《宋枢密院制度》** 梁天锡 台北黎明公司
23.**《隋唐史》** 岑仲勉 中华书局
24.**《隋唐五代史》** 吕思勉 上海古籍出版社
25.**《国史旧闻》** 陈登原 中华书局
26.**《中国历代政治得失》** 钱穆 香港
27.**《唐代宦官权势之研究》** 王寿南 台湾正中书局
28.**《唐长安大明宫》** 中科院考古所 科学出版社
29.**《唐代的长安与洛阳》** （日）平冈武夫 陕西人民出版社
30.**《长安史迹考》** （日）足立喜六 商务印书馆

论文

31.**《唐代的使职差遣制度》** 陈仲安 《武汉大学学报》63年第一期

32.**《唐代使职的产生》** 何汝泉 《西南师大学报》87年第一期

33.**《三司使の成立について——唐宋の变革と使职》**（日）砺波护《史林》四十四卷 一九六一年

34.**《“使”制度の發生について》**（日）矢野主税 《史学研究》第十二卷第二号一九四〇年

35.**《唐代三省制之发展研究》** 陈国栋 新亚学报第三卷第一期

36.**《唐代の三省六部》**（日）砺波护 《隋唐帝国与东亚世界》

37.**《三省制度考略》** 王超 《学术月刊》一九八一年第一期

38.**《唐三省制度述论》** 姚澄宇 《南京师院学报》一九八二年第三期

39.**《唐代三省之沿革变迁考》** 邓嗣禹 台湾《清华学报》十二，一九七九年

40.**《隋唐之际三省制的特点及尚书令的缺职》**黄利平 《唐史论丛》第二辑

41.**《论唐代尚书省之职权与地位》** 严耕望 《史语所集刊》二十四、五十三

42.**《西晋三省制度之渊源、特色及其演变》** 陈启云 《新亚学报》第三卷第二期

43.**《略论西汉枢机职事与三台制度之发展》**陈启云 《新亚学报》第四卷第二期

44.**《三省六部制的形成及其在唐代的变化》** 杨友庭 《厦门大学学报》一九八三年第一期

45.**《中唐时期三省制度的削弱与变化》** 吴枫、关大虹 《东北师大学报》一九八二年第二期

46.**《北魏尚书制度考》** 严耕望 《史语所集刊》十八，一九四八年

47.**《关于魏晋南北朝门下省的两个问题》** 陈仲安 《中国古代史论丛》一九八二年第三辑

48.**《从丞相制到三省制的变迁》** 孙钺 《史学月刊》一九八二年第一期

49.**《汉魏中书》** 杨鸿年 《文史》第二辑一九六三年

50.**《唐代の给事中と封驳について》**（日）筑山治三郎 《镰田博士还历纪念历史学论丛》一九六九年

51.**《支那の詔敕と其の起草者》**（日）铃木虎雄 《东方学报》京都九. 一九三八年

52.**《唐代の制書式について》**（日）中村裕一 《史学杂志》九一，一九八二年

53.**《试论唐期的中枢机构和文书制度》** 陈贤华 《中国古代史论丛》一九八二年第二辑

54.**《隋代宰相制度》** 赵和平 《历史教学》一九八五年第三期

55.**《唐朝宰相制度初探》** 刘希为 《中国史研究》一九八四年第三期

56.**《殴唐朝政事堂制度初探》** 姚澄宇 《中国史研究》一九八二年第三期

57.**《政事堂制度辨证》** 王超 《中国史研究》一九八三年第四期

58.**《政事堂制度辨证质疑》** 陈振 《中国史研究》一九八五年第一期

59.**《唐代宰相名称与其实权之演变》** 周道济 《大陆杂志》第十六卷第四期

60.**《略论〈唐六典〉之性质与施行问题》** 严耕望 《史语所集刊》一九五三年六

61.**《关于〈唐六典〉的行用问题》** 韩长耕 《中国史研究》一九八三年第一期

62.**《〈唐六典〉的编辑刊行和其它》** 张弓 《史学月刊》一九八三年第三期

63.**《我国古代的行政法典——〈大唐六典〉》** 王超 《中国社会科学》一九八四 · 第一期

64.**《唐代の後宫と政治について》**（日）筑山治三郎 《古代学》一七～四，一九七一年

65.**《唐肃宗即位前的政治地位和肃代两朝中枢政局》** 黄永年 《唐史研究会论文集》一九八二年

66.**《关于隋唐中央集权政权的形成和强化问题》** 金宝祥 《甘肃师大学报》一九六三年第二期

67.**《成隋唐职官制度渊源小议》** 李光霁 《中国史研究》一九八五年第一期

68.**《则天武后における政治の基本姿勢と科舉出身宰相の活躍》** （日）西村元佑 龙谷史坛七十二

69.**《关于魏晋南北朝隋唐门阀政治的几个问题》** 郑欣 《中国古代史论丛》一九八一年第一辑

70.**《汉代尚书的职任及其和内朝的关系》** 劳幹 《史语所集刊》五十一

71.**《试论中国封建社会相职的演变》** 魏俊超 《华南师院学报》八十二年第一期

72.**《西汉宰相制度变化的原因》** 祝总斌 《历史研究》一九八六年第二期

73.**《北魏前期官制述略》** 陈琳国 《中华文史论丛》一九八五年第二期

74.**《论中晚唐的中枢体制》** 贾宪保 《陕西师大学报》八十五年第四期

75.**《唐代的内诸司使》**（上、下） 唐长孺 《魏晋南北朝隋唐史资料》第五、六期（武汉大学历史系）

76.**《唐代宦官述论》** 齐陈骏、陆庆夫 《中国史研究》一九八四年第一期

77.**《唐代枢密使考略》** 贾宪保 《唐史论丛》第二辑

78.**《枢密使设置时期》** （日）矢野主税 《长崎大学艺学部人文·社会研究报告》第三号一九五三年

79.**《唐代枢密使制の发展》** （日）矢野主税 《长崎大学艺学部人文·社会研究报告》第四号一九五四年

80.**《唐の官僚制と宦官——中世的側近政治の终焉序说》** （日）横山裕男 《中国中世史研究》

81.**《补唐代翰林两记》** 岑仲勉 《史语所集刊》第十一本一九四三年

82.**《翰林学士壁记注补》** 岑仲勉 同上，第十五本，一九四八年

83.**《唐宋时代における翰林學士院について》** （日）山本隆义 《东方学》一九五二，第四期

84.**《唐代における翰林學士院について》** （日）矢野主税 《史学研究》五〇纪念号，一九五三年

85.**《唐代翰林学士略论》** 杨友庭 《厦门大学学报》一九八五年第三期

86.**《论唐代翰林学士院之治革及其政治影响》** 赵康 《学术月刊》一九八六年第十期

87.**《唐大明宫发掘简报》** 马得志 《考古》一九五九年第六期

88.**《1959—1960年大明宫发掘简报》** 马得志 《考古》一九六一年第七期

89.**《唐代长安与洛阳》** 马得志 《考古》一九八二年第六期

90.**《隋唐长安城和洛阳城》** 宿白 《考古》一九七八年第六期

91.**《唐代两京的政治、经济和文化生活》** 徐苹芳 《考古》一九八二年第六期

92.**《关于长安东宫范围问题的研究》** 马得志、杨鸿勋 《考古》一九七八年第一期

初版后记

1981年底我于广州中山大学历史系毕业，次年春负笈济南，受业于著名历史学家王仲荦先生，学习魏晋南北朝隋唐五代史。仲荦先生早年师从章太炎先生，有深厚的朴学功底，对政治问题也颇为敏感。先生让我熟读《资治通鉴》，并经常提出一些政治史方面的问题进行讨论，这使我学术研究的注意力逐渐集中到中晚唐政治制度的变迁问题上。

1984年10月我撰写了《唐代的翰林学士》（论文提要发表在《文史哲》1985年第6期；文章大部发表在《文史》第33辑）作为我的硕士论文，论文通过答辩后，我留在王仲荦先生身边继续攻读博士学位，同时遵师嘱编纂《隋会要》。1986年6月4日仲荦师因心脏病猝发，溘然长逝，编纂《隋会要》的工作被迫中断。不久我开始了艰苦的博士论文的撰写工作，我决定将原硕士论文加以扩充，选题《隋唐中枢体制的发展演变》，这是因为仲荦师在世时我曾与他讨论过，他充分肯定过这个选题的学术价值，并曾有过许多具体指导。

另外，我也得到副导师郑佩欣教授指导，后来又有田昌五教授悉心指导，又曾到武汉大学向唐长孺教授、陈仲安教授，北京师范大学何兹全教授，北京大学田余庆教授请教，这几位老先生作为仲荦师的挚友，也都尽心竭力地给我以各种指导和帮助。日本京都大学谷川道雄教授、砺波护教授，东京大学池田温教授曾热情地给我寄来资料。论文于1987年9月中旬完成，年底通过答辩。答辩委员由宁可教授、漆侠教授、田昌五教授、郑佩欣教授、赵凯球教授组成，他们对我的论文也都提出了许多宝贵意见。在此，我衷心地向以上指导和帮助过我的诸位前辈师长以及关心和帮助过我的其他师友致以深切的谢意！

毕业后我离开济南来到北京大学政治学与行政管理系任教，主讲中国政治制度史，由于工作忙，已没有工夫对博士论文作进一步的修改并就原课题再进行更深入的研究。博士论文则由于缺乏市场价值而一直难以付梓，除其中某些章节抽出作为单篇论文发表外，在书橱里一放就是六年。今承蒙台湾中国文化大学邱镇京教授大力协助，台湾文津出版社愿意补贴出版，我的这本小书方得以奉献于唐史学界。出版之前请王永兴教授作一小序，先生欣然命笔，使本书增添光彩，在此一并致以衷心的感谢！

书中粗陋错误不当之处，恳请读者予以批评指正。

袁刚

1993年6月28日

于北京大学蔚秀园